KB217126

한국 신석기문화의 양상와 전개

● 집필인

공동집필자(목차순)

박근태 _ 제주고고학연구소

하인수 _ 복천박물관

고동순 _ 예맥문화재연구원

임상택 _ 부산대학교

구자진 _ 한국토지주택공사

안승모 _ 원광대학교

최종혁 _ 부경문물연구원

중앙문화재연구원 학술총서 6

한국 신석기문화의 양상과 전개

초판인쇄일	2012년 10월 12일
초판발행일	2012년 10월 15일
집 필 인	중앙문화재연구원
발 행 인	김선경
책 임 편 집	김윤희, 김소라
발 행 처	도서출판 서경문화사
	주소 : 서울 종로구 동숭동 199 - 15(105호)
	전화 : 743 - 8203, 8205 / 팩스 : 743 - 8210
	메일 : sk8203@chollian.net
인 쇄	바른글인쇄
제 책	반도제책사
등 록 번 호	제300-1994-41호

ISBN 978-89-6062-099-5   94900

ⓒ중앙문화재연구원, 2012

* 파본은 본사나 구입처에서 교환하여 드립니다.

정가 20,000원

한국 신석기문화의 양상과 전개

중앙문화재연구원 편

서 경 문 화 사

책을 펴내며

우리 연구원에서는 한국신석기학회와 공동으로 2011년 12월 『한국 신석기문화 개론』을 "중앙문화재연구원 학술총서3"으로 간행한 바 있습니다. 이 학술총서3은 한국 신석기시대 문화의 흐름을 파악할 수 있도록 15편의 논고를 수록하였고, 1년여의 기간 동안 기울인 노력의 결실로 2012년도 대한민국학술원 우수학술도서로 선정되는 영예를 얻게 되었습니다.

이러한 결실에 힘입어 우리 연구원과 한국신석기학회는 2012년 5월 18일 "한국 신석기문화의 양상과 전개"라는 주제로 공동 학술대회를 개최하였습니다. 이 학술대회에서는 8편의 주제 발표와 토론이 있었고, 이를 토대로 학술총서6을 간행하게 되었습니다.

이번에 간행하게 된 학술총서에는 신석기시대 초창기 단계의 문화양상, 남해안지역 융기문토기의 편년, 동해안지방의 오산리식토기와 융기문토기의 층위 검토, 신석기시대 중서부지역 상대편년의 종합과 병행관계, 중부서해안지역 신석기시대 마을의 친연성 검토, 동아시아 조ㆍ기장 기원 연구의 최근 동향, 남부지방 중기 생업문화에 대한 연구 등 7편의 논고를 담았습니다. 이 학술총서가 관련 연구자들과 한국 고고학계에 작으나마 보탬이 되기를 기대하며, 앞으로도 지속적으로 한국 고고학계에 도움이 될 수 있는 학술총서를 발간할 것을 약속드립니다.

끝으로 바쁘신 가운데 훌륭한 발표와 옥고를 집필하여 주신 여러 선생님들께 감사드리며, 이 학술총서가 간행될 수 있도록 애써준 한국신석기학회 하인수 회장님과 구자진 총무님, 그리고 우리 연구원 직원 여러분들께도 감사드립니다. 또한 이 학술총서의 간행을 맡아주신 서경문화사 김선경 사장님을 비롯한 관계자 여러분께도 깊은 감사의 말씀을 드립니다.

2012년 10월

중앙문화재연구원장 **조 상 기**

차 례

신석기시대
초창기 단계의 문화양상

박 근 태 제주고고학연구소

1. 머리말

후기구석기시대에서 신석기시대로의 이행과정은 지역별로 시기차와 다양한 문화양상을 보이고 있다. 이미 유럽에서는 중석기시대[1]라는 시기가 설정되어 있지만 동북아시아에서는 후기구석기시대 말기에 토기가 출현함으로써 중석기시대의 存否와 신석기시대의 개시연대에 대해서 논제가 되고 있다.

1994년 고산리유적의 발굴을 시작으로 해서 대부분의 연구자가 고산리식토기(유기물혼입혼토기)와 가압박리(눌러떼기)에 의한 양면조정 세석기가 출토되는 고산리문화를 초기 신석기문화양상을 나타내는 자료로 판단하고 있다. 최근 제주도에서 조사된 강정동유적, 병문천저류지유적(이하 저류지유적), 삼화지구유적 등에서는 비교적 다양한 유물조합을 보이고 있어 초기 신석기문화를 이해할 수 있는 자료를 제공하고 있다. 하지만 제주도지역에 한정되어 나타나는 이러한 자료가 우리나라의 초기 신석기문화양상을 대변할 수 있는지는 의문이다.

신석기문화의 성립이 곧 토기의 등장이 아니라는 것은 이라크의 자르모유적에서 농

---

1 1870년대 들어와서 일부 학자들에 의해 구석기시대와 신석기시대의 중간단계의 문화단계가 설정되었으며, 1909년 모르간(J.De Morgan)이 '중석기시대'를 처음으로 사용하였다.

경단계의 유적에서 토기가 출토되지 않음으로써 토기의 사용과 신석기 경제단계가 일치하지 않는다는 것을 알 수 있다. 이렇게 본다면 토기가 출토되지 않아도 신석기시대 초창기 단계로 설정될 수 있는 유적을 상정할 수 있을 것이다. 기존에 중석기시대 혹은 후기구석기시대 말기의 유적 가운데 석촉이 출토된 유적과 제주도의 초창기 자료를 검토하고 우리나라의 신석기 초창기 단계의 문화양상에 대해 살펴보고자 한다.

2. 자연환경의 변화

1) 기후 변화와 해수면의 변동

신석기시대는 지질학적으로 신생대 제4기의 마지막 부분인 전신세(충적세, 완신세

표 1 _ 화분분석에 의한 한반도 후빙기 편년(박용안·공우석 2002에서 재인용)

시기구분 (B.P.)	스칸디나비아 (Blytt-sernander)		한국 동해안 (조화룡 1979)		한국 동해안 영랑호 (아스다 외 1980)	
	구분	기후	화분대	기후	화분대	기후
1,000	Recent	온난건조	IIcUpper	건조	소나무속 초본류	현재
2,000	서부아틀랜틱 (Sub Atlantic)	냉량습윤 해양성	IIbPinus Quercus	습윤	낙엽광엽수	냉량습윤
2,250						
3,000	서브보리얼 (Sub Boreal)	온난건조 대륙성	IIbLower Pinus	건조	소나무속	온난건조
4,000						
5,000		온난습윤 해양성				
5,250	아틀랜틱 (Atlantic)	냉량건조 대륙성	I Quercus	습윤	낙엽광엽수	온난습윤
8,150	보리얼 (Boreal)	냉량				
9,450	프리보리얼 (Pre Boreal)					
10,000						
10,250	Late Glacial	한랭			초본류 양치류 아한대 침엽수	한랭
15,000						한랭

; Holocene epoch)에 해당하며 이 시기는 후빙기(後氷期 Post glacial age)로도 불리운다. 지구의 기후는 지속적으로 변화하고 있으며 지금도 간빙기의 한 시기에 불과할 뿐이다.

　마지막 빙하기(뷔름기)는 약 7만년 전부터 1만년 전까지 진행되는데 이 기간 중 최고로 기온이 낮아 빙하가 최대로 확장되었던 최후극빙기(빙기최성기, Last Glacial Maximum)는 대체로 20,000~18,000B.P.로 해수면이 최대 130m 정도 낮았다. 이후로도 만빙기(최후빙기 10,250~12,750B.P.)와 쿨링이벤트(8.2 kiloyear event, 8,200B.P.)가 있어 최후극빙기 이후 온난한 기후로 변화하면서도 비교적 추운 기후가 중간에 나타났다.

　프리보리얼(Pre Boreal)기인 10,250~9,450B.P.에 기후의 온난화는 기온 상승과 해수면의 변동을 초래하고 한랭건조한 기후는 온난·습윤한 기후로 바뀌면서 비가 많아지는데 이로 인해 바다로 유입되는 육지의 유기물이 많아진다. 이에 따른 수온 상승과 플

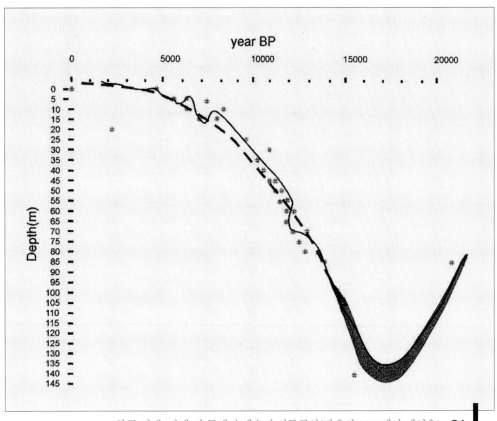

한국 서해, 남해 및 동해의 해수면 변동곡선(박용안 2000에서 재인용) 01

랑크톤이 많아지면서 해양자원이 풍부해지는데 패류와 어류, 바다짐승의 활용도가 급상승하게 된다. 이러한 기후의 변화는 식생, 동물상, 해수면의 변동 등 자연환경의 변화를 초래하여 후기구석기시대에서 신석기시대로의 전환을 촉진시키는 요인이 되었다.

신석기시대 초창기 단계에는 제주도가 섬으로써 육지와의 적극적인 교류가 제한된 상태였음에도 불구하고 이 시기의 유적이 제주도에 밀집된 현상을 보이는 것은 환경적 조건이 매우 유리하였음을 알 수 있다. 즉 섬이라는 공간 속에 따뜻한 기온과 풍부한 식량자원(동식물자원)을 예상할 수 있다.

후기구석기시대에서 최고로 추운 시기인 최후극빙기인 약 18,000B.P.에는 전세계적으로 해수면이 130m 정도까지 하강하고 있어서 황해는 거의 전부가 육지 상태였다. 그리고 이러한 해수면의 하강 상태는 5,000B.P.에 이르러서야 현재의 상태에 근접하게 되었다. 14,000~15,000B.P. 시기에는 해수면이 100m 정도 하강하여 제주도는 남해안과 연륙되어 있음을 알 수 있으며 한반도의 후기구석기 말기의 세석인문화가 유입될 수 있는 지리적 여건이 되어 있었다. 초창기 단계인 10,000B.P.를 전후해서는 25~40m 정도 하강한 것으로 추정되는데 이미 서해지역으로 바닷물이 유입되었으며 제주도는 섬으로 분리된 상태였다 (도 01 · 02).

해수면의 변화는 신석기시대 초창기의 유적이 확인되지 않는 이유와 제주도 고산리문화의 유입과정을 설명하는 근거자료가

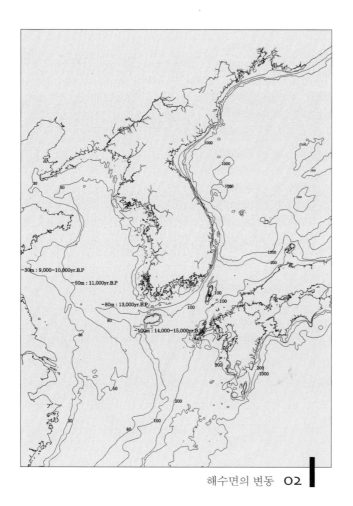

해수면의 변동　O2

되고 있다. 초창기 단계의 유적이 확인되지 않는 이유를 해수면의 변동에 따라 바닷속에 잠겨있을 것으로 예상하는 것도 일면 타당하며 일본에서는 수중에서 승문시대(繩文時代) 유적이 확인된 사례도 있다. 그러나 초창기 단계 주민 모두가 해안에서 생활하지 않았을 것이기 때문에 현재의 해안과 내륙지역에서도 유적은 확인되어야 한다.

2) 식생의 변화

신석기시대 초창기 단계의 식생에 대한 자료는 고토양층에서 석촉이 출토된 청주 사천동 재너머들유적과 광주 신촌유적에서 화분분석과 AMS분석을 통해 10,000~8,500 B.P.의 식생자료가 확인되었다.

청주 사천동 재너머들유적의 화분분석에 의하면 홀로세 초기와 중기의 식생군락이 확인되었는데 초기의 식생군락은 침엽수 - 낙엽활엽수 혼합림과 낙엽활엽수림으로 이루어졌다. 침엽수 - 낙엽활엽수 혼합림(7,980±100B.P. 이전, Cool)의 산악구릉지에는 침엽수 중 주목나무과 - 개비자나무과 - 측백나무과와 소나무 그리고 낙엽활엽수의 자작나무와 참나무 등의 수목이 혼합림형태로 생장하였으며 저지대는 범람원지대에 발달한 냇가에 오리나무가 번성하였다. 이것은 최종빙기에서 후빙기(홀로세)로 전환되면서 온난화로 인하여 혼합림이 이루어졌다고 해석된다. 화분의 산출비가 높지 않은 것으로 보아 오늘날과 비교했을 때 산림의 밀도가 높지 않으며 포자(고사리, 속새, 이끼 등)가 크게 증가하였다.[2]

광주 신촌유적의 퇴적층(10~200cm 구간)을 화분대 분석한 결과, 석촉이 출토된 지점(지표하 10cm 구간)인 심도 5~50cm 구간은 최후극빙기(LGM) 이후 해빙기(deglaciation period) 기간의 화분대로 낙엽성 참나무속 및 느릅나무속/느티나무속으로 주로 이루어진 낙엽성 활엽수림이 발달한 가운데 장미과로 이루어진 소규모 관목지(Scrubland)가 분포했다.[3]

그리고 제4기 플라이스토세 후기부터 홀로세에 이르는 강원 속초 영랑호의 화분분석결과에 의하면 17,000~15,000B.P.에는 송백류의 가문비나무속, 이깔나무속, 전나무

---

2 충청북도문화재연구원, 2009, 『청주 사천동 재너머들유적』, p.164.
3 호남문화재연구원, 2011, 『光州 新村遺蹟』, p.210.

속, 5개의 잎을 가진 소나무속(haplxylon)이 10% 내외로 나타났다. 15,000~10,000B.P. 에는 초본식물(Herb), 양치식물기로 양치류와 포자가 높은 출현율을 보이는 한랭한 빙기였다. 그리고 10,000~6,700B.P.의 참나무속(Quercus) 시기는 졸참나무속이 우세했던 시기로 호두속, 서나무, 개암나무, 느릅나무 등의 낙엽활엽수의 출현이 높다. 전국적으로 기후는 급격히 따뜻해져서 낙엽활엽수림이 발달했던 시기였다. 이와같은 견지에서 보면 10,000~6,000B.P.경의 참나무기에는 비교적 습윤했던 것을 알 수 있다.[4]

이렇게 볼 때 최후빙기 12,750~10,250B.P.에는 한랭한 기후로 초본식물과 양치식물의 출현이 우세하였다. 10,000~8,000B.P. 사이는 온난 습윤했으며 참나무과의 낙엽활엽수림이 광범위하게 분포하였다. 낙엽활엽수림인 참나무 종류는 떡갈나무를 비롯하여 갈참나무, 상수리나무, 신갈나무, 졸참나무 등이 있는데 도토리가 열매로 수확된다. 도토리는 신석기시대 저장공 등의 유구에서 출토되는데[5] 채집활동에 의해 채취되는 중요한 식량자원중 하나였다. 식생의 변화로 풍부해진 도토리와 같은 식량자원을 활용하기 위한 토기와 제분구의 출현은 필수불가결의 조건이 아닐까 생각된다.

제주도지역의 식생에 대해서 알려진 바는 없어 단언하기는 힘들지만 현재의 기후와 위도상의 위치로 볼 때 한반도지역보다 더 온난한 기후대였을 것이며, 한라산이라는 지형조건으로 인해 다양한 식생[6]이 분포하였을 것으로 추정된다.

3) 동물상의 변화

기후온난화로 인한 식생의 변화는 후기구석기시대의 수렵민에게 가장 큰 영향을 주었으며 새로운 도구(화살)의 제작을 유도한 것이 바로 동물상의 변화일 것이다. 초창기단계에 해당하는 동물유존체 자료가 확인된 사례가 없어 후기구석기시대의 동물상(표

---

4 박용안·공우석 외, 2002, 『한국의 제4기 환경』, 서울대학교출판부, p.334.
5 동국대학교 매장문화재연구소, 2007, 『蔚山細竹遺蹟 I』.
　국립김해박물관, 2008, 『비봉리유적』.
6 수직적인 식생분포를 보이는데 난대식물대, 초원지대, 활엽수림대, 침엽수림대, 관목지대, 고산식물대 등 다양하게 분포하고 있다. 그리고 중산간에 분포하는 곶자왈은 북방한계 식물과 남방한계 식물이 공존하는 특이한 지형을 갖고 있다.

표 2 _ 우리나라 후기 갱신세 시기의 출토동물상(조태섭 2008에서 재인용)

포유류(큰젖먹이짐승)			금굴		두루봉	점말	상시	구낭굴
목	과	종	3문화층	4문화층	9굴	붉은4,5,6층	1그늘	3층
소	사슴	사슴	○	○		○		○
		말사슴	○	○			○	○
		큰꽃사슴변종	○		○			
		노루	○	○		○	○	
		사향노루	○			○	○	○
		고라니	○					
	소	첫소	○					
		들소				○		
		들염소			○		○	
		산양	○	○				○
		영양	○	○				
	돼지	멧돼지	○	○	○			○
	코뿔이	쌍코뿔이	○					
		털코뿔이				○		○
	말	말	○			○		
식육	곰	불곰	○	○		○		○
		반달곰				○		
		동굴곰	○			○		
	하이에나	하이에나	○			○		
	족제비	족제비	○		○		○	
		시베리아족제비				○		
		오소리	○		○		○	○
		북쪽오소리					○	
		수달				○	○	
		돈				○	○	
		검은돈				○		
	고양이	호랑이	○	○		○	○	
		표범				○	○	
		삵	○					○
		사자	○		○	○		
	개	이리	○					
		늑대	○				○	
		여우	○	○		○	○	
		너구리	○	○	○	○	○	
원숭이	원숭이	큰원숭이			○	○		
		원숭이	○			○		○

2)과 신석기시대 조기단계 유적(표 3)에서 출토된 동물유체 자료를 정리하였다.

후기구석기시대의 유적으로 동물뼈가 출토된 유적은 금굴유적, 두루봉유적, 점말동굴유적, 상시유적, 구낭굴유적이 있다. 후기구석기시대의 동물상은 대형동물인 코뿔이가 확인되며 사슴과, 곰과 등에서 종이 다양하게 나타나고 있음을 알 수 있다. 코뿔이과

표 3 _ 신석기시대 조기단계의 동물상(조태섭 2008 참조하여 추가편집)

유적출토 동물유체 종류				남한(유적의 최하층 융기문토기 단계 자료)				북한
	목	과	종	동삼동	세죽	상노대도	비봉리	
포유류	소	사슴	사슴	O	O	O	O	O
			말사슴					
			노루					O
			사향노루					O
			고라니	O	O			
		소	물소					O
			소	O				O
			산양					O
		돼지	멧돼지	O	O	O	O	O
			집돼지					O
		코뿔이	쌍코뿔이					
			털코뿔이					
	말	말	말					O
	식육	곰	불곰(큰곰)	O	O			O
		족제비	오소리			O		
			수달	O				O
			돈					
			검은돈					O
		고양이	호랑이	O	O			O
			표범					O
			삵					O
			고양이					
			시라소니					O
		개	개	O	O		O	O
			여우		O			
			너구리	O	O		O	O
			늑대					O
	원숭이	원숭이	큰원숭이					
			원숭이					
			강치	O	O			
			고래	O	O	O		
조류			조류	O	O	O	O	

는 중기 갱신세와 이른 후기 갱신세에 큰 쌍코뿔이가 주종을 이루다가 후기 갱신세 늦은 시기에는 털코뿔이로 대체된 것으로 보인다. 후기 구석기시대 동물상의 특징으로는 늦은 시기로 갈수록 추운 기후대에 속하는 짐승이 많이 나타난다는 점이다.[7] 검토 자료가 모두 내륙지역의 동굴유적에서 확인된 것이기는 하나 바다짐승과 조류 출토예가 없는 것은 신석기시대와 비교할 수 있는 특징이라 할 수 있다.

신석기시대 조기 단계의 동물상 중 큰 특징은 코뿔이와 원숭이류의 동물이 절멸된 것이며 특히 남한지역에서는 동삼동유적을 제외하면 소의 출토예가 확인되지 않는다는 점이다. 코뿔이는 대형동물로 추운 기후대에 서식하는 것으로 알려져 있어 기후의 온난화에 의해 북쪽으로 이동하였던 것으로 짐작할 수 있다. 신석기시대 조기 단계가 되면 모든 유적에서 사슴, 멧돼지류가 주요 사냥감으로 점유되고, 특히 바다 짐승인 고래, 강치를 비롯하여 바다사자, 물범 등이 확인된다. 그리고 가마우지, 오리, 기러기 등 조류유체가 다수 확인되어 수렵의 대상이 구석기시대에 비해 다양하고 중소형화되었으며 조류와 같이 빠른 동물도 사냥의 대상이 되었음을 알 수 있다. 이렇게 변화된 수렵 대상물은 신석기시대 조기 단계의 자료이지만 이미 초창기 단계에서부터 서서히 진행된 결과라 추정할 수 있다.

이상 살펴본 동물상의 변화는 석촉의 출현, 첨두기의 다양화, 작살도구 등 기존 수렵구에서 보다 발전된 석기제작기술과 다양한 석기조합을 형성하게 하는 결정적 요인이 되었을 것으로 추정할 수 있다.

3. 신석기시대 초창기 단계[8] 설정

1) 초창기 단계의 연구현황

우리나라의 신석기시대 초창기 단계 연구는 대체로 고산리유적과 관련된 초기 신석

---

7 조태섭, 2008, 「우리나라 제4기의 동물상의 변화」, 『한국구석기학보』제17호, 한국구석기학회.
8 최근 한국신석기학회에서는 기존에 사용되던 신석기시대 초기, 초창기, 전환기, 과도기, 이행기 등의 용어를 신석기시대 초창기로 통일하는데 의견이 수렴되었다.

기문화의 기원과 성격에 관련한 연구 위주로 활발하게 진행되었다.

고산리문화의 성격과 기원에 대해서 연해주 아무르강 하류역의 오시포프카문화의 우스티노브카 3유적, 곤챠르카유적, 가샤유적, 크로마투하유적과의 연관성을 인정하는 연구가 주를 이루었다. 이동주는 고산리식토기와 지그재그문토기, 원공문토기, 융기문토기를 검토하면서 고산리식토기가 아무르강 하류역의 오시포프카문화 후반단계의 곤챠르카유적과 직접적인 관계가 있는 것으로 파악하였다. 그리고 고산리문화의 원류를 오시포프카문화가 동해안을 따라 제주도로 유입되는 경로를 제시하였다.[9] 강창화는 유기물혼입토기와 석촉, 첨두기 등 양면박리 원칙의 석기들이 우세하게 나타나며 전형적인 쐐기형 세형몸돌이 줄어드는 유물양상을 통해 아무르강 하류의 3단계문화인 오시포프카문화와의 관련성을 제시하였다. 한반도에서 확인된 예가 없고 일본의 승문초창기 문화와도 연관성이 약해 해수면의 상승과정에서 중국 동북지방을 거쳐 황해 벌판의 강줄기를 따라 유입되었을 가능성이 크다고 주장하였다.[10] 이헌종은 고산리유적의 양면석기, 창끝, 화살촉이 나타나는 양상은 극동지역의 후기구석기 최말기의 양상과 유사하지만 전형적인 세형몸돌과 새기개가 등장하지 않는 것은 우스티노브카 3유적의 양상과 유사하다고 보았다. 그리고 유기물혼입토기와 화살촉, 창끝, 석창 등 다양한 양면박리 원칙의 석기들은 후기구석기 최말기에서 신석기시대로 이행하는 과도기적 양상으로 파악하였다.[11] 하인수는 식물성 섬유질이 다량 혼입된 고산리식토기와 지그재그형의 점열문토기가 후기구석기의 종말기적 특징을 갖는 석기류와 공반되고 있는 점에서 아무르강유역의 우스치카렌카유적의 초창기 토기와 동일한 양상으로 파악하고 있다.[12]

위와 같이 고산리문화와 연해주지역의 초기 신석기문화의 연관성을 인정하는 반면 일본과의 관련성을 제시한 연구도 있다. 이상균은 고산리유적의 물고기형[漁尾形] 석촉이 가장 특징적이라 지적하면서 일본의 오오하나유적[大鼻遺蹟], 쵸우지유적[帖地遺蹟], 오오카와유적[大川遺蹟], 츠구메노하나유적[つぐめの鼻遺蹟] 등 승문조기(繩文早

---

9 이동주, 2002, 「우리나라 초기 新石器文化의 原流와 性格」, 『전환기의 고고학』 I, 한국상고사학회편.

10 강창화, 2006, 『濟州 高山里 新石器文化 研究』, 嶺南大學校 大學院 博士學位論文.

11 이헌종, 2002, 「우리나라 후기구석기 최말기와 신석기시대로의 이행기의 문화적 성격」, 『전환기의 고고학』 I, 한국상고사학회편.

12 하인수, 2006, 『嶺南海岸地域의 新石器文化 研究 -編年과 生業을 중심으로-』, 부산대학교 대학원 박사학위논문.

期)의 유적과 대비되는 양상을 보인다고 하였다.[13] 요도의명(要島義明)은 고산리유적의 몸돌과 박편의 제작에서 세석인석핵 형성에 관계되는 몸돌조정과 타면조정 등 구석기 제작의 일련의 기술공정은 확인되지 않으므로 쐐기형몸돌과 양극기법에 의한 것으로 파악하였다. 그리고 특징적인 경부를 가지는 석촉(물고기형)은 츠구메노하나유적(승문조기 말기~전기 초)에서 출토되는 작살과 가까운 형태로 작살의 기능을 가졌을 가능성을 언급하였다. 이러한 특징적인 석촉을 어로활동과 결부시켜 가고시마현 쵸우지유적의 오각형석촉과 같은 용도의 석촉으로 평가하였다.[14]

필자는 강정동유적의 세석핵에 주목하여 고산리문화는 한반도의 후기구석기시대 세석인문화가 유입된 이후 토기의 제작과 석촉이 활발하게 사용되면서 형성된 것으로 이해하였다.[15]

이외에도 후기구석기 말기에서 신석기시대로의 이행과정을 살필 수 있는 전환기 유적의 부재원인을 살피는 연구가 진행되었다. 성춘택은 세석기 유물층이 있는 유적을 중석기시대로 보는 최복규의 견해에 대해 절대연대측정값이 대개 2만년 전후의 연대값을 보이고 있기 때문에 연해주나 일본과 같이 중석기단계의 설정은 문제가 있다고 보고 있다. 홀로세 초기의 유적, 즉 신석기시대 초창기 단계의 유적이 후기구석기시대 유적에 비해 현저히 떨어지는 이유에 대해 한반도내 수렵 채집민의 규모와 네트워크를 Whallon의 수렵채집민의 영역과 교류권을 도식화한 모델에 따라 분석한 결과 한반도 남부에는 40개 정도의 수렵채집 무리를 상정하고 인구는 1,000명 정도로 추산하였다. 이는 기후변화로 초래된 동물상의 변화에 따라 훨씬 더 멀리 이동하는 로지스틱이동의 빈도와 규모가 확대되었기 때문에 주 생활무대가 되는 연해주지역은 유적이 증가하는 반면, 한반도지역은 생계활동의 방문지로서 겨울철의 임시거소나 한정행위장소로의 역할을 하기 때문에 유적의 수가 현저히 떨어진다고 보았다.[16]

이상과 같이 신석기시대 초창기 단계의 연구는 고산리문화를 중심으로 진행되었다. 그리고 고산리유적의 유물상을 연해주 아무르강유역의 고토기 출토 유적이나 일본 승

---

13 이상균, 2003, 「한반도 남해안 석기군의 양상」, 『제5회 한·일신석기시대 공동연구회 발표요지』.

14 要島義明, 2000, 「濟州道高山里遺蹟について」, 『利根川』21.

15 박근태, 2009, 「신석기시대 초창기 단계의 석기 검토 -제주도를 중심으로-」, 『考古廣場』제5호, 釜山考古學硏究會.

16 성춘택, 2009, 「수렵채집민의 이동성과 한반도 남부의 플라이스토세 말~홀로세 초 문화변동의 이해」, 『한국고고학보』72, 한국고고학회.

문시대 초창기(繩文時代 草創期) 유적과 비교하는 연구가 중심을 이루고 있다. 현재 신석기시대 초창기 단계로 설정될 수 있는 유적이 왜 제주도에서만 확인되는가란 문제에 대해 연구자들은 해수면의 변동에 의해 바닷속에 잠겨 있다는 주장과 생업시스템과 당시 수렵, 채집민의 생활반경을 검토한 연구에서 한반도의 선주민이 매우 적었을 가능성이 제시되고 있다.

2) 신석기시대 초창기 단계의 설정

앞서 살펴본 갱신세 말 홀로세 초기의 기후의 온난화로 인한 식생과 동물상의 변화, 해수면의 상승 등의 자연환경의 변화는 인류의 삶의 방식을 바꿔놓기에 충분하였다. 이로 인해 후기구석기시대 말기의 세석인문화에서 궁시(석촉)의 출현, 토기의 제작, 마제석기의 사용 등 다양하고 새로운 도구를 사용하는 신석기문화가 성립되는 계기가 마련되었다.

후기구석기 최말기에서 신석기시대로의 과도기에 나타나는 다양한 현상에 대해 구석기시대 석기문화의 다양화가 나타나며 지역별 시기에 있어서 문화의 공통성이 소멸한다. 그리고 지역성이 강한 문화의 여러 현상이 나타나며 지역별로 새롭게 통합된 형태의 문화로 진행되는 경향이 뚜렷하다. 즉 전환기는 지역에 따라 새로운 문화상이 존재하고 있어 기존의 질서는 해체되고 새로운 질서체계가 성립되는 시기라 할 수 있다.[17]

우리나라 신석기문화의 개시에 대해 신숙정은 고산리유적을 비롯한 몇 개의 유적을 중심으로 시작되며 조흔문토기, 융기문토기 등의 고식토기와 함께 구석기 제작기법이 남아 있는 돌날, 좀돌날(세석인), 좀돌날몸돌, 양면조정찌르개, 긁개, 밀개, 뚜르개, 홈날, 예비몸돌 등이 출토되는 양상을 잠정적으로 한국 신석기시대의 시작으로 삼고 있다. 즉 세석인문화 속에 양면조정석기와 토기의 출현을 한국 신석기의 시원으로 보고 있다.[18]

---

17 이헌종·홍석준, 2004, 「東北アジアの後期舊石器~新石器時代の過渡期の解體過程と統合の諸現象」, 『極東および環日本海における更新世~完新世の狩獵道具の變遷研究』.

장용준은 세석인문화종말기(12,000~8,000B.P.)를 설정하였는데 석촉의 등장, 변형세석인기법의 사용, 쐐기형기술의 소멸(고산리), 소형양면찌르개가 출현하는 시기로 보았다. 또한 한국에서 구석기시대와 신석기시대의 경계가 되는 유물은 세석인기법이 잔존해서 사용되고 있음과 동시에 활의 등장을 알리는 석촉의 출현으로 보았다. 그리고 두 경계는 기온이 급격하게 상승하는 시기이자 석촉이 출현하는 B.C.10,000~8,000년경으로 추정하였다.[19]

이렇게 변화의 시기인 신석기시대 초창기 단계를 설정함에 있어 대체로 연구자들은 후기구석기의 제작기법이 남아 있는 세석기(세석핵, 석촉)와 고식토기[고산리식토기(유기물혼입토기), 무문양토기가 출토되는 유적으로 설정하고 있다. 지금까지의 자료로 볼 때 우리나라 초창기 단계는 토기와 석촉이 출현하는 10,000B.P.(동해 기곡유적 10,200±60B.P.; 포천 화대리유적 10,130±60B.P.)를 상한연대로 삼을 수 있으며[20] 융기문토기의 조기 이전까지 해서 잠정적으로 10,000~8,000B.P.로 설정할 수 있다.

중국의 경우 호남성(湖南城)에 위치한 옥섬암(玉蟾岩 Yuchanyan) 동굴유적에서 후기구석기시대 문화층에서 18,300~15,000B.P. 시기의 토기가 확인되었다. 그리고 일본 승문시대 초창기 유적인 오오다이야마모토 I 유적[大平山元 I 遺蹟]의 토기 부착물에 대한 분석결과 보정연대가 15,500B.P.(최대 16,500B.P.)로 측정되어 승문시대 초창기의 상한연대를 올려보고 있다.[21] 이렇게 중국이나 일본, 러시아에서는 우리나라보다 훨씬 더 앞선 절대연대를 갖는 토기가 출토되고 있어 여전히 많은 시기차를 보이고 있는 점은 부인할 수 없다.

---

18 신숙정, 2011, 「신석기시대 연구의 성과와 전망」, 『한국 신석기문화 개론』, 중앙문화재연구원 학술총서 3.

19 장용준, 2006, 『韓國 後期舊石器의 製作技法과 編年研究 -石刃과 細石刃遺物相을 中心으로-』, 부산대학교 대학원 박사학위논문.

20 프리보리얼(Pre Boreal)기가 시작되는 시점으로 자연환경의 변화에 따른 생업경제방식의 변화, 즉 도구의 변화를 살필 수 있는 시기로 판단된다. 우리나라 석촉 중 가장 이른 시기로 편년될 수 있는 유적의 AMS 자료가 10,200±60B.P.(동해 기곡), 10,130±60B.P.(청주 사천동 재너머들)이며 토기 제작시기와 관련된 고산리유적이 10,180±65B.P.의 보정연대가 확인되었다.

21 國立歷史民俗博物館, 2009, 『繩文はいつから』, 企劃展示圖錄.

4. 유적 검토

1) 후기구석기 최말기 석촉 출토유적

표 4 _ 후기구석기 최말기 석촉 출토유적

순번	유적명	입지	출토유물	절대연대	비고
1	순천 월평	해발 199~220m의 송광천과 외서천을 감싸는 분지	세석핵, 유엽형첨두기	윗문화층 12,000~ 14,000년으로 추정	
2	거창 임불리	황강의 서쪽 하안단구	세석핵, 세석인, 밀개, 긁개, 석촉, 스키형격지		후기구석기시대 문화층과 신석기시대 융기문토기문화층, 봉계리식토기문화층이 확인됨. 석촉의 출토위치가 불명확함.
3	동해 월소	해발 70~80m의 해안단구로 바다에서 200m 이격	몸돌, 격지, 홈날, 석촉		
4	동해 기곡	해발 18~24m 내외의 해안단구로 바다와 500m 이격	석촉, 세석핵, 세석인, 긁개, 밀개, 새기개	1문화층 10,200±60B.P. (AMS)	
5	포천 화대리	해발 130m로 수입천 하안단구	석촉, 찌르개, 찍개, 창끝, 긁개, 밀개, 자르개	광열기루미네선스로 측정된 연대는 B.C. 22,000±1,000이며 문화층내에서 슴베찌르개와 석촉이 출토되었는데 두 유물의 공반여부는 불분명하다.	석촉 1점은 마제석촉
6	청주 사천동 재너머들	해발 40m 하천의 범람원, 하안단구	석촉, 그물추, 찍개, 긁개, 밀개, 타제석부, 모룻돌	10,130±60B.P. 9,640±80B.P. (AMS)	
7	곡성오지리	해발 55m의 섬진강 지류 묘천천의 강안충적지	석촉 , 홈날, 새기개, 긁개, 돌날, 돌날몸돌	9,180±80B.P. (AMS)	지표에서 화살촉 수습
8	광주 신촌	영산강변 충적지대 해발 20m	석촉, 격지	8,500~23,000cal.B.P. (AMS)	석촉 출토 층위가 퇴적층의 맨 윗층이기 때문에 석촉의 출토 층위 연대는 대략 8,500 ~10,000B.P.로 추정된다.
9	경주 채집품		유경촉, 무경촉		지표채집
10	현풍 성하동 채집품		유엽형첨두기		지표채집

한반도 신석기시대 초창기 자료는 지금까지 제주 고산리유적을 중심으로 한 제주도 유적군과 오진리유적, 문암리유적, 오산리유적 C지구 등에서 융기문토기 이전 시기로 편년될 수 있는 일부 자료가 확인된 것 외에는 없다. 그러나 최근에 토기는 공반되지 않지만 석촉이 출토된 후기구석기시대 최말기의 유적이 증가하고 있어 고무적이다. 이러한 유적이 한반도의 신석기시대 초창기 단계의 일단면을 보여주는 자료라 생각된다.

후기구석기 최말기의 유적으로 소개되거나 토기는 출토되지 않지만 석촉이나 유엽형첨두기가 출토된 유적을 살펴보면 〈표 4〉와 같다.

유적의 유물과 문화층의 상한연대는 14,000~12,000B.P.이며 하한연대는 10,000~8,500B.P.로 편년될 수 있다. 최근에 광주 신촌유적과 동해 월소유적에서 확인된 유경촉으로 볼 때 임불리유적 유경촉이나 경주 채집품은 신석기시대 초창기 단계의 유물로 판단해도 좋을 듯 하다. 위의 유적에서 출토된 석촉은 우리나라 출현기의 석촉양상을 보여주는 자료로 수량이 풍부하진 않지만 다양한 형태로 제작되었음을 알 수 있다. 석촉의 출현 시기는 신촌유적을 제외하면 기곡유적, 사천동 재너머들유적의 절대연대값으로 볼 때 10,000B.P.경으로 판단된다.

이들 유적의 입지는 바다와 접한 해안단구나 강과 하천의 하안단구상에 위치하고 있다. 이러한 입지는 신석기시대 이후 선사인의 취락이 형성되었던 입지와 유사하다. 유물의 수량이 많지 않은 특징을 갖고 있으며 특히 사천동 재너머들유적에서는 석기제작장이 확인되었다.

2) 신석기 초창기 단계의 토기 출토 유적

다음은 토기(고산리식토기, 무문양토기, 압날점열문토기)가 출토되는 초창기 단계 유적이다. 유적은 대부분 제주도에 분포하고 있으며 오진리유적과 문암리유적, 오산리유적 C지구의 최하층의 무문양토기와 압날구획점열문토기[22]를 포함할 수 있다(표 5).

---

22 오산리유적 C지구 토기류인 무문양토기와 압날구획문토기는 출토된 최하층의 절대연대가 B.C.6,010~5,610로 확인되었다. 절대연대상으로는 조기 단계로 편년되지만 토기제작수법이 마연기법, 문양구획, 시문 등 매우 발달된 모습을 보이고 있다. 따라서 이러한 토기가 제작되기 이전인 출현기 토기 제작단계를 고려할 수 있으며 그 토기형식은 무문양토기일 가능성이 높다고 판단된다.

표 5 _ 초창기 단계 토기 출토 유적

순번	유적명	입지	출토유물	절대연대	비고
1	고산리 유적	해발 20m 내외의 海岸段丘上	고산리식토기, 무문양토기, 점열문토기, 융기선문토기, 부정형의 세석핵, 세석인, 긁개, 석촉, 첨두기, 밀개, 새기개, 뚜르개	10,180±65B.P.	고산리식토기와 융기문토기의 공반여부가 불확실함
2	강정동 유적	악근천변의 해발 70m의 평탄대지	고산리식토기, 융기선문토기, 압날점열문토기, 무문양토기, 세석핵, 세석인, 밀개, 새기개, 첨두기, 긁개, 석촉, 갈돌, 갈판, 마제석부		
3	병문천 저류지 유적	병문천변의 해발 370m 일대의 중산간지역	고산리식토기, 융기대문토기, 융기선문토기, 두립문토기, 영선동식토기, 석촉, 첨두기, 발화석, 긁개		
4	삼화 지구 유적	삼수천변의 해발 30m 내외의 평탄대지	고산리식토기, 압날점열문토기, 무문양토기, 석촉, 첨두기, 긁개, 마제석부, 갈돌, 갈판		
5	김녕리 유적	해발 20m 내외의 해안저지대	고산리식토기, 무문양토기, 압형문토기, 석촉, 첨두기, 몸돌, 긁개		
6	외도동 유적	외도천변으로 해발 15m 내외의 해안저지대	고산리식토기, 之자문토기, 점열문토기와 석촉, 첨두기, 박편		
7	오진리 유적	암음유적	무문양토기, 석부, 찍개, 격지		
8	문암리 유적	해발 42m의 구릉지대	무문양토기, 갈판, 갈돌, 석부, 결합식낚시바늘		
9	오산리 유적 C지구	해안사구	적색압날점열구획문토기, 무문양토기, 세석핵, 세석인, 마제석부, 결합식낚시바늘, 마제석촉		B.C.5,710~5,610 B.C.6,010~5,870 B.C.5,890~5,730

5. 유물 검토

1) 석기

초창기 단계의 석기는 후기구석기시대 말기의 세석인문화를 기반으로 새롭게 등장하는 석기군인 석촉, 갈돌, 갈판, 마제석부 등이 특징적이다. 유적에서 확인되는 석기의 양상을 살펴보고 석기조합상에서 나타나는 특징을 알아보고자 한다.

표 6 _ 초창기단계 유적별 석촉 조합상(정확한 수량을 알지 못하나 출토사례가 있는 경우는 유로 표시함)

유적	수렵구		어로구				가공구				식료가공구								채집, 농경구	기타	
	석촉	첨두기	세석인	세석핵	조합식조침	어망추	밀개	새기개	마제석부	뚜르개	지석	대석	갈돌	갈판	고석	홈돌	긁개	자르개	타제석부	성형석기	장신구
임불리	1		유				유										유				
월소	1															1					
기곡	3		9	4			18	2		14											
화대리	2						19	1		7							136	11			
사천동 재너머들	2					4	3										3			1	
오지리	1	돌날몸돌 11점, 돌날과 격지 452점					8			1							7				
신촌	2			1																	
경주	3																				
현풍성하동		1																			
고산리	1160	93	581	32			7	9	2		1	1	1	2			53	6		447	
삼화지구	102	14	5				4	2	2			3	18	(63)	5	15	10				1
강정동	15	2	5	15			2	2	3				8	5		3	9	1		7	
저류지	10	1	6							1				1						1	
김녕리	15	2	4	5													6	1		6	
오진리										1											
문암리				5		1				3		1	2								
오산리C	유(마제)		유	유				유	유		유		유				유				

이외에 월소유적에서는 몸돌, 격지, 홈날, 기곡유적에서는 찍개, 주먹대패, 톱니날, 째개, 화대리유적에서는 찍개, 사천동 재너머들유적에서는 찍개, 홈날 등 비교적 대형 석기가 출토되었다. 육지부의 유적들보다 제주도의 초창기 단계 유적의 유물의 수량과 종류가 다양함을 알 수 있다.

이러한 유물 가운데 초창기 단계의 특징적인 석기인 수렵어로구(세석핵, 석촉, 첨두기), 가공구(밀개, 새기개, 마제석부), 식료가공구(갈돌, 갈판)에 대해 살펴보고자 한다 (표 6).

(1) 수렵어로구

① 세석핵

세석핵은 세석인을 박리하는 몸체석기로 세석인은 복합도구(조합식찌르개, 植刃 器)를 만드는 부속품이 되며 대형동물의 사냥구, 강을 중심으로 한 어로구, 사슴류의 수

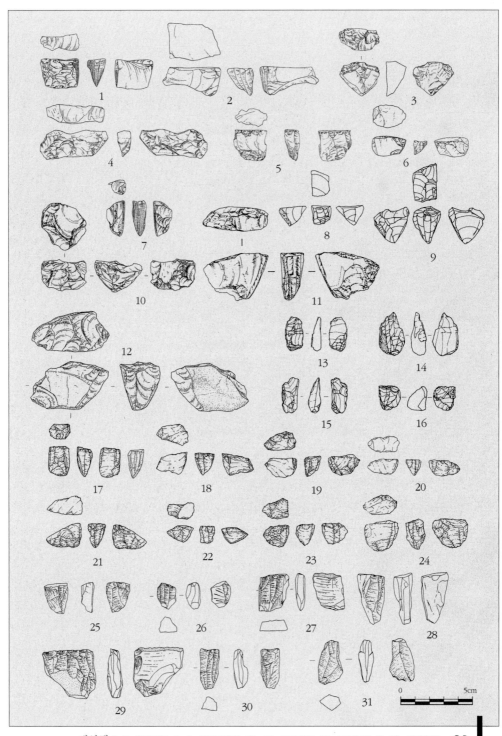

세석핵 (1~7 : 월평유적, 8 · 9 : 장년리유적, 10 · 11 : 하가유적, 12 : 신촌유적, 13~16 : 기곡유적,
17~24 : 강정동유적, 25~31 : 고산리유적)

렵구 등으로 판단된다. 세석인문화의 쇠퇴기(후기구석기시대 최말기)가 되면 양면조정을 하여 몸체를 만든 세석핵은 거의 사라지고 한면조정을 하거나 생략된다. 그러면서 쐐기모양의 작업면형태가 아닌 각주형, 방형, 소형 삼각형 등의 비정형성을 띠는 세석핵으로 제작된다.[23] 신석기시대 초창기 단계에서도 세석핵과 세석인이 출토된다.

강정동유적에서 출토된 세석핵은 후기구석기시대의 세석핵과 동일한 제작기술을 갖고 있다. 몸체조정은 양면조정된 것과 한면조정된 것으로 분류되며 타면제작에는 스폴을 박리하는 것과 박리면을 이용하는 것, 세부조정을 하는 것으로 분류된다. 작업면의 형태(단면형태)는 삼각형, 쐐기형, 방형, 오각형 형태로 다양하다. 세석인을 박리하는 작업면의 수는 대부분 하나의 타면에 작업면이 하나이지만 하나의 타면에 두 개의 작업면을 갖는 유물도 있다.[24]

고산리유적의 세석핵은 후기구석기시대에 나타나는 정형성을 띤 형태[25]가 아닌 양쪽으로 떼어낸 박리흔이 있고[양극기법(兩極技法)] 형태도 일정하지 않은 부정형이다. 이러한 세석핵의 기술방식은 석촉 등의 소재박편을 떼어내는 몸돌에서도 확인된다. 보통 한쪽면에 타격면을 조정하여 박리를 시작하는데 고산리유적의 경우는 타격면이나 박리방향에 관계없이 소재박편을 박리하였다. 고산리유적의 세석핵은 일본 승문 초창기의 유적에서 출토되는 설형석기(楔形石器)[26]와 유사한데 정형성을 띤 세석핵 형태는

---

23 장용준, 2006, 앞의 글.

24 박근태, 2009, 앞의 글.

25 정형성을 띤 세석핵이라는 것은 몸체조정과 타면조정, 작업면의 수, 작업면의 형태에서 규격화된 세석핵을 의미한다고 할 수 있다.

26 설형석기(楔形石器)는 소형박편의 양면에 박리흔이 남아있는 석기로 전체적인 형태는 주로 사각형이나 삼각형, 紡錘形을 하고 있다. 용도로는 뼈를 해체할 때 사용하는 쐐기나 박편을 박리할 때 사용하는 간접구로 보기도 하지만 대부분은 양극석기(석핵)로 보고 있다. 유물의 시기는 후기구석기부터 야요이[彌生]시대까지 일본 전지역에서 확인된다. 증근유적(曾根遺蹟)에서

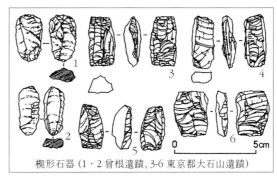

楔形石器 (1・2 曾根遺蹟, 3-6 東京都大石山遺蹟)

繩文草創期 조형문(爪形文)계 토기와 공반하는 것이 주목되어 기술적인 측면에서 구석기시대와 승문시대와의 관련성을 해명하는 것으로서 증근형석핵(曾根形石核)으로 불린다.

戶澤充則, 1994, 『繩文時代研究事典』, 東京黨出版.

아니지만 세석인을 떼어내었던 박리흔이 남아 있다.

삼화지구유적에서는 세석핵의 타면제작기술과 관련된 스폴이 확인되어 세석인기법의 석기 제작기술을 갖고 있었던 것으로 추정할 수 있다.

동해 기곡유적의 세석핵은 석영을 소재로 하였으며 부정형의 형태를 하고 있다. 몸체조정과 관련된 세부조정은 확인되지 않으며 세석인을 떼어낸 박리흔만 남아 있다. 이러한 기술적 요소는 고산리유적의 세석핵과 유사하다고 판단된다.

광주 신촌유적의 세석핵은 작업면의 형태가 삼각형이며 마지막 박리 공정이 실패되어 넓고 큰 박리흔이 남아있다. 타면조정은 세부잔손질을 하였으며 몸체조정은 후면은 자연면을 그대로 이용하였고 전면에 일부만 조정하였다. 세석핵은 유경식 석촉과 공반되고 있다.

② 석촉

석촉은 토기와 함께 신석기시대의 개시를 알리는 표지적인 유물이며 투창용 석기군보다 훨씬 정확하고 강력한 힘을 발휘할 수 있는 새로운 수렵구이다. 후기구석기시대 말기에 기후의 온난화로 초래된 환경적 변화에 의해 대형 포유류 사냥에서 중 · 소형 포유류와 조류, 어류 등 다양한 대상물을 대상으로 하는 수렵 · 어로활동으로 변하게 된다. 이에 대해 적절하게 대응력을 발휘한 도구가 석촉인 셈이다.

석촉은 미늘의 유무, 장착방식, 무게, 길이에 따라 다양한 형태로 제작되었다. 석촉은 평면형태에 따라 크게 유경식, 무경식, 첨기형으로 구분되며 신부형태(삼각형, 오각형, 유엽형), 슴베의 형태(삼각형, 사각형, 물고기형), 밑변의 형태(만입형, 평기형), 미늘의 각도에 따라 세분할 수 있다

우리나라의 후기구석기시대 문화층(토기를 공반하지 않는 석기문화층)에서 출토되는 석촉은 화대리유적, 동해 기곡유적, 동해 월소유적, 청주 사천동 재너머들유적, 광주 신촌유적이 있으며 이외에 곡성 오지리유적, 거창 임불리유적, 경주 채집품이 있다. 무경촉은 화대리 · 기곡유적에서, 유경촉은 월소 · 신촌 · 오지리 · 임불리 · 경주에서, 만입촉은 기곡 · 사천동 재너머들유적에서 출토되었다. 이러한 형태는 제주도의 고산리 문화단계의 유적에서도 동일하게 나타난다(도 04). 다만 고산리유적(1997년 조사지역)에서는 독특한 물고기형석촉이 확인되고 있다.[27]

석촉은 제작방법에 따라 타제석촉과 마제석촉으로 구분되고 소재박편의 종류와 제작기법에 따라 석인촉, 양면조정촉으로 크게 구분할 수 있다. 양면조정촉은 전체적으

로 조정되기 때문에 소재 박편의 종류를 알아보기 힘들지만 공반되는 격지나 몸돌의 형태로 소재박편을 추정할 수 있다. 북한 동북지방에서 석인촉의 출토예가 있지만 남한에서는 아직까지 석인촉이 출토된 바 없으며 모두 양면조정촉이다.[28] 그리고 소재박편도 오지리유적을 제외하면 돌날이 아닌 일반격지를 이용하여 제작된 것으로 보인다. 제주도지역의 석촉은 그 수량과 형태가 매우 다양한 편으로 제작과정 중인 석촉을 통해 볼 때 돌날보다는 규격화되지 않은 일반격지(부정형격지[29])를 소재로 하여 제작되었

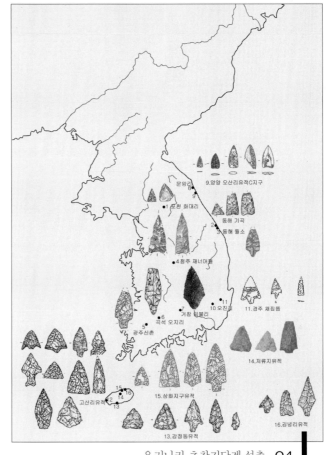

우리나라 초창기단계 석촉 **04**

다. 따라서 우리나라 초창기 단계의 석촉은 일부 돌날을 소재박편으로 하지만 보편적으로 일반격지를 소재로 하여 제작되었음을 알 수 있다.

---

27 고산리유적 외에 물고기형석촉이 출토된 바 없으며 고산리유적 안에서도 1997년 조사지역을 중심으로 확인되고 있어 다른 형태의 석촉과는 시기차를 고려할 수 있다.

28 석인촉은 중국 동북지방, 연해주, 북한 동북지역, 일본 북해도지역을 중심으로 나타나는 특징적인 석기이다.

29 돌날, 횡장박편 등 규격화된 격지를 박리하기 위해서는 타면조정, 몸체조정 등의 일련의 예비과정을 거치는 반면, 부정형격지는 몸돌에서 격지를 떼어낼 때는 예비과정을 생략한 채 몸돌에서 박리함으로서 격지의 형태나 규격이 일정하지 않다.

표 7 _ 제주도 초창기 단계 석촉 분류1(유경촉)

형식	유물
IA	
IB	
IC	
ID	
IE	
IF	1~3 · 12~15 · 21~23 · 37 · 38 · 45 · 46 : 삼화지구유적, 19 : 외도동유적, 4 · 24 · 28~30 : 강정동유적, 5 · 31 · 48 : 김녕리유적, 47 : 용담동유적, 6 · 20 · 25 · 35 · 36 : 저류지유적, 7~11 · 16~18 · 26 · 27 · 32~34 · 39~44 : 고산리유적

표 8 _ 제주도 초창기 단계 석촉 분류2(무경촉 · 첨기형)

형식	유물
IIA	
IIB	
IIC	
IID	
III / IV / V	
VI	1~3 · 12~14 · 20~22 · 27 · 37 : 삼화지구유적, 4 · 5 · 23 : 강정동유적, 6 · 7 · 17 : 저류지유적, 27 : 삼양동유적, 8~11 · 15 · 16 · 18 · 19 · 24~26 · 28~36 · 38 : 고산리유적

③ 첨두기

첨두기는 제작기술이나 소재박편, 기부의 형태에 따라 슴베찌르개, 양면조정첨두기, 유경첨두기로 분류되고 있다. 여기에서는 초창기 단계의 유적에서 출토되는 양면조정첨두기와 유경첨두기에 대해 살펴본다.

양면조정첨두기는 몸돌이나 격지를 양면조정하여 제작되며 크기가 5cm 이상으로 평면형태에 따라 유엽형, 타원형, 菱形, 삼각형으로 구분된다. 유엽형첨두기는 석장리유적, 신북유적, 월평유적과 고산리유적, 현풍 성하동 채집품이 있다. 그리고 고산리유적, 강정동유적, 삼화지구유적, 외도동유적에서는 타원형, 능형, 삼각형의 다양한 형태로 제작되며 크기도 소형화된다.

유경첨두기[有莖尖頭器(유설첨두기 有舌尖頭器)]는 대체로 기부(슴베)를 형성하고 있는 5cm 이상으로 제작된 양면조정첨두기이다.[30] 슴베를 가진다는 점에서는 슴베찌르개와 공통점을 갖고 있지만 전체적으로 눌러떼기 조정을 하는 점에서 기술적 차이가 있다.[31] 제주도에 위치한 저류지유적, 고산리유적, 사계리유적에서 확인되었다. 저류지유적 유경첨두기는 크기가 5.3cm이며 슴베는 삼각형으로 일본의 柳又形 유경첨두기와 유사하다. 사계리 지표채집품은 상단부가 결실되었지만 잔존형태로 볼 때 유경첨두기로 판단된다. 그리고 고산리유적의 유경첨두기는 슴베부분이 신부에 비해 짧거나 폭이 넓게 제작되었으며 선단부가 예리하지 않다. 또한 유엽형첨두기와 형태가 유사하나 기부를 형성하는 형태도 확인된다.

(2) 가공구

① 밀개

밀개는 격지 또는 돌날의 선단부에 연속적으로 조정박리를 통해 활모양으로 날을 두텁게 제작한 것이다. 후기구석기시대의 밀개는 원형, 부채꼴형, 정방형, 방형, 장방형

---

30 일본의 유경첨두기 연구성과를 보면 4단계(Ⅰ~Ⅳ기)로 구분되는데 Ⅳ기로 갈수록 소형화 되면서 3cm 정도의 유경첨두기로 제작된다.
　　藤山龍造, 2003, 「石鏃出現期における狩獵具の樣相 - 有舌尖頭器を中心として」, 『考古學研究』50-2호, 考古學研究會, p.68.
31 필자는 이러한 소형의 유경첨두기는 투창보다는 화살촉에 가깝다고 생각된다. 이런 점에서 유경첨두기가 소형화되는 과정에서 유경식 석촉으로 변화된 것으로 판단되는데 소형화된 슴베찌르개의 기부제작기술과 양면조정첨두기의 제작기법이 결합되어 유경촉이 출현하는 기술적 토대가 된 것이다.

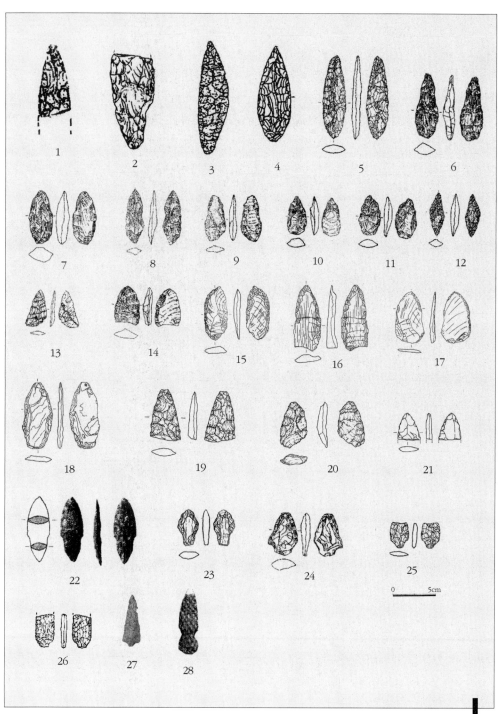

첨두기 (1 : 신북유적, 2 : 월평유적, 3 : 석장리유적, 4 : 성하동유적, 5~14 · 22~25 · 28 : 고산리유적, 15~18 : 삼화지구유적, 19 · 20 : 강정동유적, 21 : 외도동유적, 26 : 사계리유적, 27 : 저류지유적)

05

등으로 구분된다.[32] 밀개의 소재박편은 후기구석기시대에는 돌날을 주로 이용하며 초창기 단계에서는 돌날보다는 부정형격지를 주로 이용한다. 강정동유적의 밀개는 돌날과 부정형격지 두 가지로 제작되었다. 돌날의 한쪽 끝부분을 배면에서 등면쪽으로 한쪽 방향만 조정하여 날을 두껍게 제작하였으며 날을 둥글게 조정하였다. 고산리유적의 밀개는 부정형격지를 소재박편으로 하여 양면조정하여 날을 두껍게 형성하는 특징을 보인다.[33]

② 새기개

새기개는 석기의 한 쪽 모서리부분에 날과 수평방향으로 새기개면을 만든 석기이다. 돌날이나 격지를 소재박편으로 하여 제작되었다. 소재박편의 타격축에 대한 새기개면의 각도는 일정하지 않고 그 형상에 따라 가로날모양, 경사날형 등으로 구분된다.[34] 일반적으로 뼈를 조각하거나 석인기(세석인복합도구)를 제작할 때 나무나 뼈에 홈을 만드는 도구로 세석인문화의 석기조합에 구성되는 도구이다.

강정동유적의 새기개는 일반격지에 하단부 등면 양쪽을 타격하여 끝이 모아지게 새기개면을 제작하였다. 새기개면의 형태는 경사날형이다. 고산리유적의 새기개는 일반격지의 타격축에 대한 새기개면의 각도를 경사지게 처리한 경사날에 가깝다. 따라서 새기개의 퇴화형식이거나 새기개의 정형성을 상실한 부정형의 새기개로 보고 있다.[35]

③ 마제석부

후기구석기시대 말기에는 국부마제석부가 제작·사용되다가 신석기시대 초창기 단계가 되면 전면마제석부로 변화한다. 그리고 신석기시대 조기가 되면 편인석부, 합인석부와 같이 인부의 형태와 크기 등이 다양화되면서 활발하게 제작·사용되는 것으로 판단된다. 마제석부는 벌목용과 목재 가공구로 사용되었는데 기후의 온난화로 초래된 침엽수림과 낙엽활엽수림의 숲을 효과적으로 이용하는 도구인 셈이다.

후기구석기시대 말기의 국부마제석기가 출토된 유적은 수양개유적, 신북유적, 진주 집현유적이 있는데 세석인문화에 해당하는 유적들이다. 신석기시대 초창기 단계의 마

---

32 장용준, 2006, 앞의 글.
33 박근태, 2009, 앞의 글.
34 국립대구박물관, 2003, 『머나먼 진화의 여정 - 사람과 돌』, 특별전 도록.
35 강창화, 2006, 앞의 글.

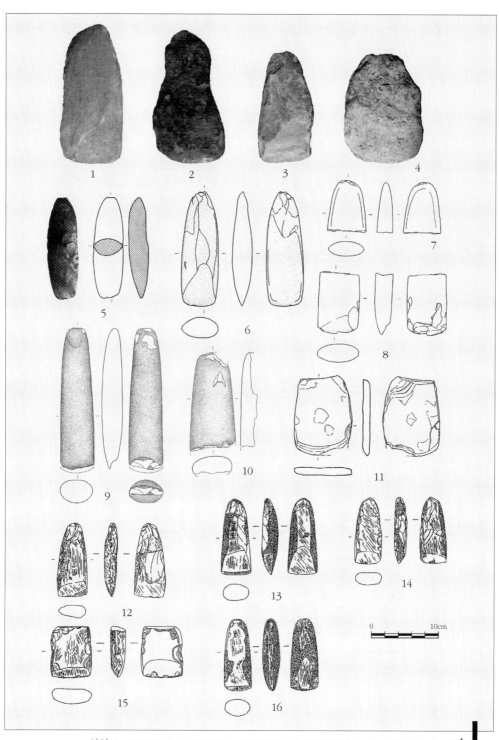

석부 (1 : 신북유적, 2~4 : 집현유적, 5 : 고산리유적, 6~8 : 강정동유적, 9 · 10 : 삼화지구유적, 11 : 오진리유적, 12~16 : 오산리유적 C지구)

제석부가 출토된 유적은 고산리유적, 강정동유적, 삼화지구유적, 오산리유적 C지구, 오진리유적, 문암리유적이 있다.

고산리유적 석부는 국부마제석부의 형태이지만 석부의 형태와 표면에 남아있는 마연기법으로 볼 때 전면마제석부를 염두하고 제작된 것으로 판단된다. 강정동유적에서 출토된 2점의 전면마제석부는 단면형태가 렌즈형이며 인부는 곡선형이다. 삼화지구유적에서도 마제석부 2점이 출토되었는데 강정동유적 석부와 동일한 형태를 하고 있다. 반면 오진리유적의 마제석부 평면형태는 방형이며 단면형태는 세장방형이다. 두께가 얇고 한쪽날이 짧게 제작되어 앞서의 것들과는 다른 형태를 하고 있다.[36] 그리고 오산리유적 C지구 최하층에서는 편인석부와 양인석부가 다수 출토되었는데 석부의 종류와 크기가 다양화되었다는 점에서 사용이 활발하였음을 알 수 있다.

(3) 식료가공구

① 갈판

후기구석기시대 유적에서 작은 절구 형태로 월평유적에서 출토된 적은 있지만[37] 갈판이 출토된 예는 아직 없다. 대형갈판은 정착생활과 관련된 유물로 판단되며 신석기시대 유적에서는 보편적으로 갈돌과 셋트로 출토된다. 사용면의 형태에 따라 U자형과 편평형으로 구분되는데 갈돌의 크기나 사용면 형태에 따라 갈판의 사용면 형태가 바뀐다. 이는 사용방법이나 사용량, 사용 대상물의 차이를 간접적으로 시사하는 것이라 하겠다.

초창기 단계의 갈판 분류

A형 - 사용면이 U자형인 대형갈판으로 무게가 20kg 이상이다. 세트가 되는 갈돌의 사용면이 U자형이나 둥근형태의 사용면을 갖고 있는 경우이다. 고산리유적, 강정동유적, 삼화지구유적에서 출토되었다.

B형 - 사용면이 U자형인 갈판으로 아주 정교하게 그릇형태로 제작되었다. 형태에 따라 접시형, 천발형으로 구분되며 강정동유적의 갈판은 바닥면에 굽을 형성한 것도 확인된다. 이러한 돌그릇 형태의 갈판은 강정동유적과 삼화지구유적에서 확인되었다.

---

36 박근태, 2009, 앞의 글.
37 조선대학교, 2004, 『순천 월평유적』.

현재 확인된 신석기시대 초창기 단계의 갈판은 사용면이 U자형으로 편평한 형태는 확인되지 않았다. 갈판의 용도에 대해서 초창기 단계에는 굴지구와 같은 석기가 없어 농경과 결부짓기는 다소 어렵다. 따라서 기후온난화로 확산된 참나무과의 상록활엽수림과 연관되어 도토리류, 나무열매의 견과류와 참마류 같은 근경류의 제분가공에 사용되었을 것으로 추정된다. 대형갈판은 초창기 단계에 이미 수렵, 어로, 채집에 의한 생업경제가 안정되면서 정착생활을 했을 가능성을 비춰주고 있다.

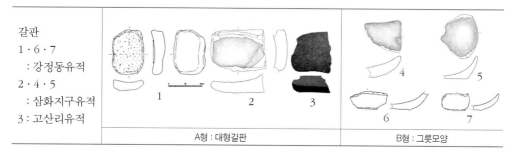

갈판
1·6·7
  : 강정동유적
2·4·5
  : 삼화지구유적
3 : 고산리유적

A형 : 대형갈판	B형 : 그릇모양

② 갈돌

초창기 단계 제주도지역에서 확인된 갈돌은 평면형태와 작업면의 형태, 사용방법에 따라 3형식으로 분류할 수 있다.

A형 : 봉형 갈돌

봉형으로 제작된 갈돌은 대체로 넓은 면이 사용면이 되지만 제주도 초창기 단계 유적에서 확인된 갈돌은 사용면을 봉상의 한쪽 끝을 사선 방향으로 해서 사용하였다. 봉형 갈돌은 신부의 형태에 따라 직선형, 곡선형으로 세분할 수 있으며 크기에 따라 대형, 중형, 소형으로 세분된다. 사용면은 넓은 U자형을 하고 있다. 출토유적으로는 강정동유적, 삼화지구유적이 있다.

B형 : 삼각형 갈돌

평면형태가 삼각형으로 크기(무게)에 따라 소형(한손 사용), 대형(두손 사용) 갈돌로 구분되며 사용면은 넓은 U자형을 하고 있다. 출토유적으로는 강정동유적, 삼화지구유적이 있다.

C형 : 타원형 갈돌

평면형태가 타원형으로 보통 신석기시대의 갈돌은 양쪽 넓은 면이 사용면이 되지만 삼화지구유적 출토유물은 가장자리를 사용면으로 하였다. B형의 대형 갈돌과 사용방법이 같을 것으로 추정된다.

　이러한 갈판과 갈돌은 제분하고자 하는 대상물과 양에 따라 다르게 선택되어 사용되었을 것으로 추정되며 사용면이 U자형을 하고 있는 것이 특징이다.

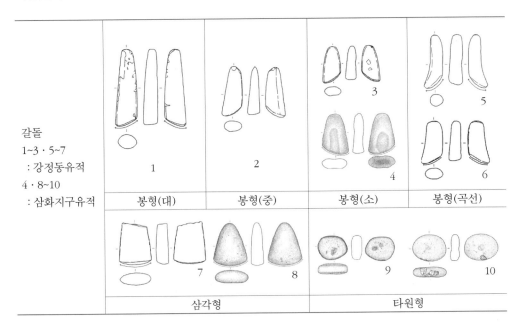

갈돌
1~3 · 5~7
　: 강정동유적
4 · 8~10
　: 삼화지구유적

	봉형(대)	봉형(중)	봉형(소)	봉형(곡선)
	1	2	3 · 4	5 · 6

삼각형		타원형	
7 · 8		9 · 10	

　이상 초창기 단계의 유적에서 확인되는 특징적인 석기를 살펴보았다. 이 외에도 유적에서는 대형찍개, 긁개, 홈날, 뚜르개, 홈돌, 고석, 지석, 장신구 등이 확인된다.

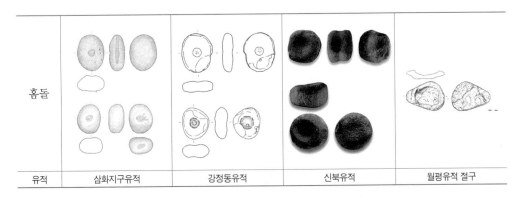

유적	삼화지구유적	강정동유적	신북유적	월평유적 절구
홈돌				

　삼화지구유적과 강정동유적에서 출토된 홈돌은 후기구석기시대 유적인 신북유적에서 출토된 홈돌이나 월평유적의 소형 절구에서 그 선형을 찾을 수 있을 것으로 보인다. 이렇게 본다면 후기구석기시대 말기부터 제분구가 사용되었음을 고려해 볼 수 있다.

　이상과 같이 석기의 출토양상으로 볼 때 후기구석기 최말기 유적, 제주도 초창기 단계 유적, 융기문토기 이전 문화층 유적의 석기조성 및 제작기술은 확연한 차이를 보이고 있다. 따라서 시기와 지역차가 인정되며 3개의 유적군으로 분류할 수 있다.

◎ 후기구석기 최말기 유적

　(화대리유적, 기곡유적, 월소유적, 사천동 재너머들유적, 오지리유적)

　- 석촉은 출토되지만 수량이 많지 않으며 찍개 등 대형석기의 출토량이 많은 편이다. 재너머들유적에서는 어망추가 확인된다. 오지리유적은 많은 수의 돌날과 격지가 출토되었지만 수렵구는 지표에서 수습된 석촉 1점 뿐이다. 그리고 양면조정 세석기의 제작도 매우 드물다.

◎ 제주도 초창기 단계 유적

　(고산리유적, 강정동유적, 삼화지구유적, 저류지유적 등)

　- 눌러떼기에 의한 양면조정 세석기가 발달하였으며 석기조성이 다양하다. 석기 조성 중 특히 석촉의 비중이 높아 수렵구 중심으로 제작되었다. 또한 새로운 도구인 갈돌, 갈판이 등장하며 마제석부가 소량이지만 사용되고 있다.

◎ 융기문토기 이전 무문양토기 출토 유적

　(오진리유적, 문암리유적, 오산리유적 C지구)

　- 양면조정 세석기의 제작이 급격히 줄어들며 마제석기의 비중이 높다. 오산리유적 C지구 최하층에서는 석촉이 마제석촉으로 확인되었다. 그리고 문암리유적, 오산리유적에서는 결합식낚시바늘, 어망추가 출토되어 어로구의 제작이 활발하다.

　초창기 단계의 석기 특징을 종합하면 다음과 같다.

　① 세석인문화가 쇠퇴하며 소멸된다. ② 제주도지역 초창기 유적에서만 수렵구(석촉, 첨두기)의 비중이 높으며 석기의 수량도 풍부하다. ③ 석촉, 갈돌, 갈판 등 새로운 도구가 출현한다. ④ 어로구가 증가되는데 어망추, 결합식낚시바늘은 어로방법의 다양화를 의미한다(사천동 재너머들, 문암리, 오산리). ⑤ 벌채구인 마제석부의 제작이 증가한다.

2) 토기

　우리나라에서 토기의 출현기 양상[38]을 보이는 유적은 주로 제주도지역에 한정되어 나타나는데 고산리식토기, 무문양토기, 압날점열문토기가 초창기 단계의 토기 형식이다. 현재 융기문토기는 대체로 조기 단계로 인정되고 있기 때문에 강정동유적, 고산리유적, 병문천저류지유적에서 출토된 융기문토기와 두립문토기는 제외하였다.[39]

(1) 초창기 단계의 토기 형식

① 고산리식토기(유기물혼입흔토기)

우리나라에서 고산리식토기가 출토되는 유적은 지금까지 제주도에만 확인되는데 고산리유적을 비롯하여 강정동유적, 삼화지구유적, 병문천저류지유적, 김녕리유적, 도두동유적, 외도동유적, 예례동유적, 성읍리저류지유적 등 제주전역에 분포하고 있다.

토기의 특징은 소성후 기면에 남아 있는 식물의 잎이나 줄기와 같은 유기물흔적이다. 일본, 러시아에서는 동물의 털이 혼입된 토기도 확인된다. 삼화지구유적의 고산리식토기 식물규산체분석에서 혼입된 유기물은 대부분 벼과의 억새속형, 기장족형이 산출되었으며 목본류와 강아지풀속형, 쇠풀족형 및 잔디속형도 일부 확인되었다.[40] 고산리식토기의 기형은 발형이며 저부형태는 대부분 평저로 김녕리유적에서만 원저의 기형이 확인된다. 층위에 따른 토기의 기형변화와 유적의 선후관계에 따르면 고산리식토기는 저부형태에서 평저가 원저에 선행되는 것으로 판단되며 구순부의 형태는 편평〉곡선〉내경, 외경 순으로 제작된다.[41] 그리고 토기의 제작수법은 적륜법과 점판법이 사용되고 있다. 점판법의 특징으로는 유기물흔이 사방으로 흩어지는 양상을 보이며 토기 기벽 사이에서 점토판 부착흔이 확인된다. 적륜법의 특징은 유기물흔이 수평방향으로 비교적 일정하게 배열된다. 그리고 때로는 이 두 가지 방법을 혼용하여 제작하였던 것으로 판단된다.[42]

토기의 경도는 소성상태와 정면수법에 따라 아주 단단하고 마연된 것에서부터 소성

---

38 후기구석기시대의 석기제작기술에 의한 가압박리의 양면조정 세석기와 공반되는 토기로 고산리식토기(유기물혼입흔토기), 무문양토기, 압날점열문토기가 있다.

39 조기단계의 융기문토기 중 일부가 초창기 단계의 토기형식일 가능성을 배제할 수 없다. 강정동유적 최하층의 융기문토기는 고산리식토기와 동일한 사질점토로 성형되었으며 초창기 단계 일본이나 연해주에서는 융기문토기가 주를 이루는 토기형식이기 때문이다.

40 동양문물연구원, 2011, 앞의 글.

41 박근태, 2008, 「제주 강정동유적 조사개보」, 『한국신석기연구』16호, 한국신석기학회.

42 일본에서는 점판법이 적륜법에 비해 고식의 토기제작방법으로 알려져 있다(日本歷史民俗博物館, 2009, 앞의 도록).

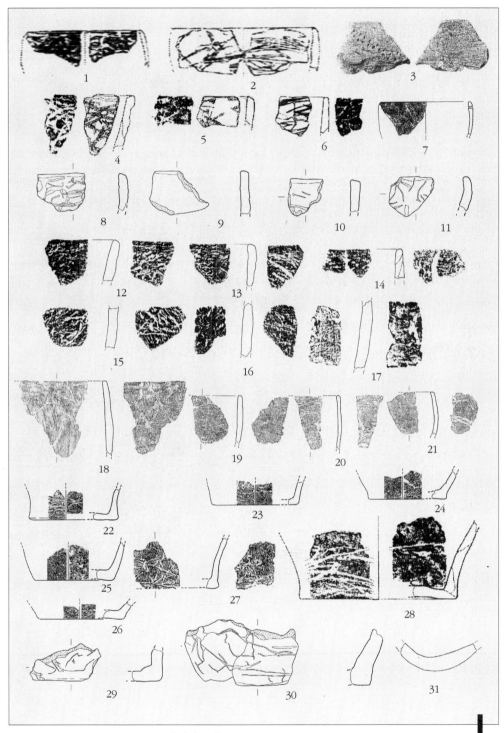

고산리식토기 (1~6 · 12~17 · 28 : 고산리유적, 7 · 18~27 : 삼화지구유적,   O7
8~11 · 29 · 30 : 강정동유적, 31 : 김녕리유적)

상태가 매우 불량하여 쉽게 부스러지는 토기까지 다양하다. 공반되는 압날점열문토기가 대부분 강도가 강하고 마연으로 기면을 정면하는 기술이 확인된다. 토기제작기술의 발전양상을 고려할 때 강도가 약하고 소성상태가 불량한 것이 앞선 단계의 토기로 설정할 수 있다.

지금까지 확인된 유적의 층위상황과 공반유물의 양상으로 보면 고산리식토기 단독 사용시기가 인정되며(강정동유적 하층, 저류지유적 아래문화층), 후에 무문양토기와 압날점열문토기가 공반되는 것으로 이해된다. 강정동유적 5층에서 고산리식토기와 고식융기문토기가 공반되며 4층에서는 무문양토기와 고산리식토기가 공반되고 있어 고산리식토기가 무문양토기에 비해 선행하는 토기형식으로 판단된다.

이러한 고산리식토기의 특징은 고산리유적에서 2열의 산형문 자돌로 시문된 토기와 삼화지구유적의 구순부 바로 밑으로 공열문이 시문된 토기[43]를 제외하면 문양이 시문되지 않는 것이 특징이다. 일본 승문 초창기 유적과 러시아 연해주지역에서도 유기물혼입혼토기는 확인되지만 일반적으로 융기문이나 점열문이 시문된다는 점에서 차이를 보이고 있다.[44]

② 무문양토기

고산리식토기와 공반되는 무문양토기는 고산리유적, 강정동유적, 삼화지구유적, 김녕리유적에서 출토되고 있는데 고산리식토기를 반출하는 유적에서는 대부분 공반되고 있다. 무문양토기의 태토는 고산리식토기와 동일한 사질점토질 태토와 현무암 사립이 혼입된 태토로 구분된다. 삼화지구유적에서 기형복원된 발형의 평저토기가 있으며 강정동유적에서는 원저의 무문양토기 저부편이 확인되었다. 이처럼 무문양토기는 발형의 기형에 저부형태가 원저와 평저인 토기가 확인되고 있다.[45]

한반도에서 융기문토기보다 선행하는 층에서 무문양토기가 출토된 유적으로는 청도 오진리유적,[46] 오산리유적 C지구, 고성 문암리유적, 비봉리유적이 있다. 무문양토기

---

43 고산리식토기에 공열문이 시문되어 있지만 투공된 상태로 볼 때 자돌문을 깊게 시문하다보니 투공된 것으로 보인다. 일부는 반투공 상태로 남아 있으며 뾰족한 도구로 깊게 찍었기 때문에 투공 너비도 좁다.

44 박근태, 2010,「濟州道 新石器時代 草創期 土器 檢討」,『釜山大學校 考古學科 創設20週年記念論文集』, 釜山大學校 考古學科.

45 박근태, 2010, 앞의 글.

46 부산대학교박물관, 1994,『청도 오진리 암음 유적』.

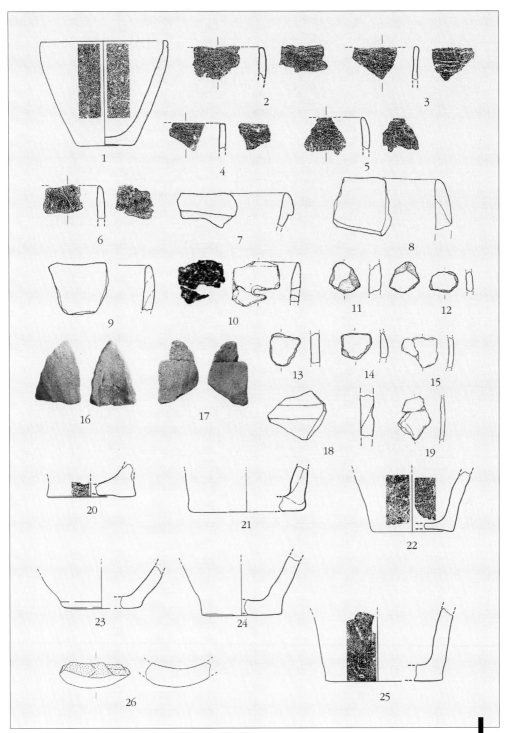

무문양토기 (1~6 · 20 · 22~25 : 삼화지구유적, 7~9 : 김녕리유적, 10~19 · 21 : 고산리유적, 26 : 강정동유적)　o8

의 기형은 鉢形, 壺形, 盌形이 있으며 저부형태는 평저, 원저, 첨저의 기형을 하고 있다. 마연이나 주칠의 정면수법이 관찰되기도 하며 원시적인 문양시문이나 정면수법상의 문양이 남아 있다. 이 가운데 오산리유적 C지구에서는 융기문토기 아래층인 최하층(고토양층 상면)에서 압날구획점렬문토기와 무문양토기가 출토되었다. 기형은 盌形, 鉢形이며 평저의 저부형태를 하고 있다. 공반유물로 세석핵과 세석인, 마제석부, 결합식낚시바늘, 석촉 등이 있다.[47] 최하층의 AMS분석결과 B.C.6,010~5,610로 확인되어 조기단계로 편년되고 있지만 마연기법이나 주칠 등의 토기제작기술에서 상당히 발전된 모습을 보이고 있다. 이러한 점을 고려한다면 무문양토기와 압날구획점렬문토기의 제작기술의 토대가 되었던 앞선 단계의 출현기 토기제작시기를 설정할 수 있을 것이다.

③ 압날점렬문토기

압날점렬문토기가 출토된 유적은 고산리유적, 김녕리유적, 강정동유적, 삼화지구유적,[48] 외도동유적, 오산리유적 C지구가 있다. 제주도 초창기 단계의 압날점렬문토기의 문양시문은 다치구나 단치구로 기면전체에 시문된다. 그리고 문양대는 평행선문, 삼각집선문, 거치문, 사격자문, 之자문, 능형문 등이 복합문의 형태로 시문되는 특징을 갖고 있다. 특히 삼화지구유적에서 출토된 점렬문토기는 문양대구성에 있어서 기존 고산리유적에서 출토된 之자문토기를 비롯한 일련의 문양대가 복합문으로 시문되는 양상을 보여주고 있다. 특히 복합문양대를 구성하고 있는 개개의 문양구성은 〈표 9〉와 같다.

강정동유적에서는 구순부 1cm 아래에 두 줄이 교차하면서 점렬문이 시문된 토기 1점[49]을 제외하면 압날점렬문토기의 특징은 토기 바닥면까지 시문되었다. 바닥면은 시문 후 마연기법으로 정면조정되어 시문이 약하게 남아 있다. 시문 후 마연기법이 행해지는 제작방법은 오산리유적이나 문암리유적에서도 확인된다.[50]

---

47 고동순, 2009,「東海岸 鰲山里 C地區 最下層遺蹟의 調査成果」,『韓·日 新石器時代의 漁撈와 海洋文化』, 韓國新石器學會·九州繩文研究會.
48 삼화지구유적의 경우 당시 하나의 집단이 남긴 문화층이 모두 조사되었는데 334점의 고산리식토기, 무문양토기, 점렬문토기가 확인되었다. 대부분 파편이여서 토기 개체수를 논하기에는 어렵지만 점렬문토기의 문양구성으로 볼 때 비교적 많은 수량의 토기 개체가 제작된 것으로 추정할 수 있다. 특히 점렬문토기의 소성상태나 마연 기술 등 토기제작 기술로 볼 때 토기의 출현기 단계에서 벗어난 발전된 양상을 보이고 있다. 삼화지구유적의 토기 소성온도는 520~867℃로 확인되어 매우 높은 소성온도를 보이고 있다.
49 고산리식토기의 태토와 동일한 사질점토태토이며 소성상태가 불량하고 경도가 매우 약한 특징을 갖고 있어 다른 압날점렬문토기보다 시기적으로 앞선 단계로 설정할 수 있다.
50 고동순, 2009, 앞의 글.

표 9 _ 제주도 초창기 단계 압날점열문토기 문양대

구연부	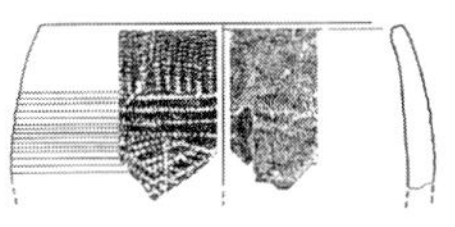 1	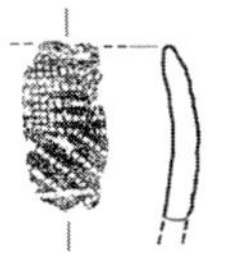 2	 3	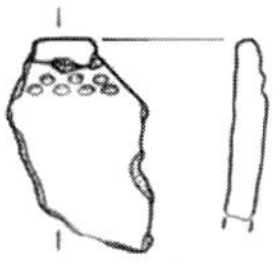 4
	之자문+평행선문+집선문	之자문+사선문	之자문	사선 점열
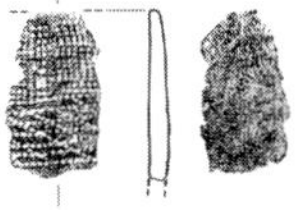 5	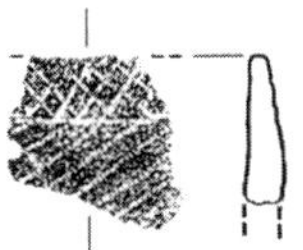 6	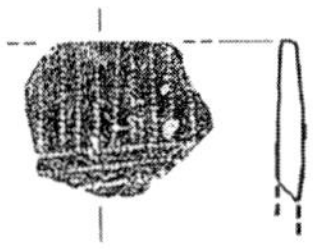 7	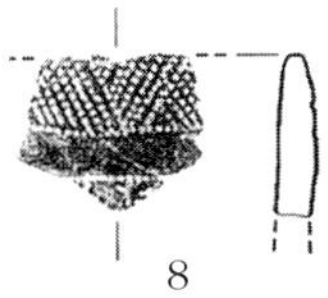 8	 9
방격문+격자문	격자문+사선문	수직문+평행선문	삼각집선문	삼각집선문+평행선문
동체부	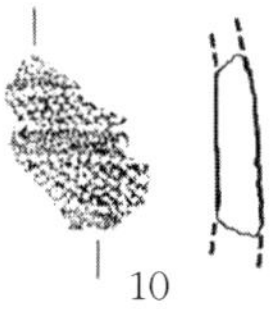 10	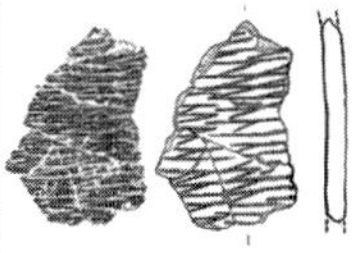 11	 12	 13
	평행사선문	之자문	평행선문, 삼각집선문	삼각집선문+거치문
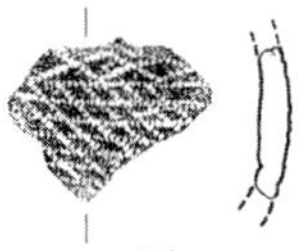 14	 15	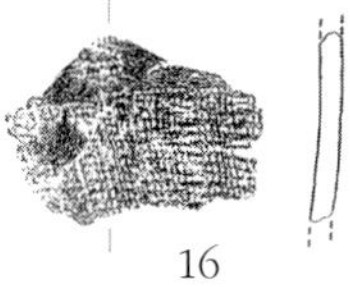 16	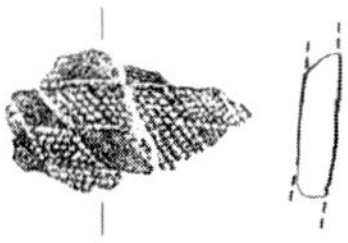 17	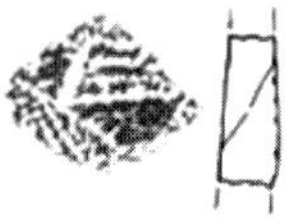 18
격자문+능형문	방격문	방격문	능형집선문	삼각집선문
 19	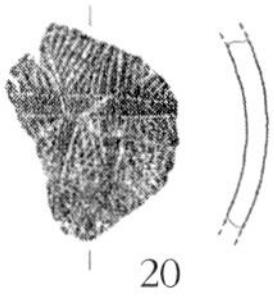 20	 21	1 · 2 · 5~10 · 12~14 · 16 · 17 · 19 · 20 · 22 : 삼화지구유적 3 · 15 : 고산리유적 4 · 23 : 강정동유적 18 : 김녕리유적 24 : 외도동유적	
집선문+평행선문 +거치문	집선문+구획문	능형문		
저부	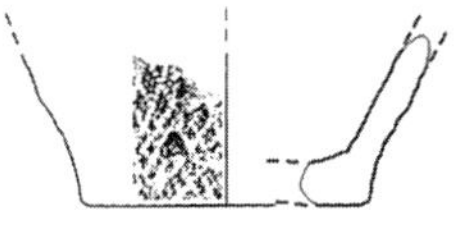 22	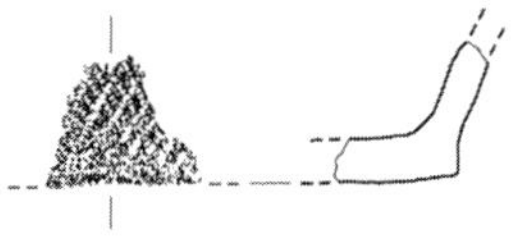 23	 24	
	사격자문	사격자문	사격자문	

강정동유적과 삼화지구유적의 압날점열문토기 문양대는 능형문, 삼각집선, 사격자, 평행, 복합문 등이 있으며, 고산리유적의 자돌문토기는 고산리식토기에 2열의 자돌문이 시문되어 있는데 산형문토기의 문양대와 유사하다. 삼화지구유적에서 확인되는 문양대는 융기문토기, 영선동식토기 등 후행하는 토기의 문양대 구성과 유사성이 인정된다.[51]

이처럼 고산리식토기와 공반되는 압날점열문토기는 마연기법의 사용, 전면시문, 시문방법, 문양대의 형태는 고산리식토기와는 다른 이질적인 요소로 판단된다.

(2) 초창기 단계 토기의 의미

토기의 발생에 대해서는 첨두기와 조합식찌르개[植刃器] 위주의 수렵·어로기술에서 화살과 작살을 이용한 새로운 방식의 수렵·어로기술은 생산량의 증대를 불러오고, 오래 보관할 수 있는 조리법의 개발에 따른 조리용기의 제작을 유도하였을 것이다. 소량으로 제작되기 시작한 토기는 성형이나 소성기술의 발달로 신석기시대의 다양한 토기문화로 발전하게 된다. 따라서 석촉, 첨두기, 갈돌, 갈판 등의 발전된 석기제작기술을 가진 초창기 단계의 수렵·어로기술은 출현기의 토기제작을 유도하였던 것으로 추정된다.[52]

토기의 용도는 일반적으로 불을 가열하는 음식의 조리용구와 곡식이나 가루 등의 식재료 저장용구이다. 조리용구로서의 토기제작의 의미를 살펴보면 토기가 제작되기 시작하면서 조리방법의 다양화가 진행되었다는 점이다. 이전에는 생식, 굽기, 훈제, 노지(집석유구)를 이용한 찜 등의 조리법으로 음식을 조리하였다면 토기가 출현한 이후에는 끓이기 조리법이 가능해지면서 국물(스프)의 섭취가 가능해졌다고 할 수 있다. 이것은 영양학적인 측면에서 식재료의 활용을 극대화 할 수 있는 장점이라 할 수 있다. 토기를 이용한 끓이기의 조리법은 육류의 끓이기, 어패류의 조리, 도토리나 근경류의 전분류 조리, 나물류의 데친 후 말리기로 저장이 가능해지게 된다. 곤충류의 조리법도 해당된다.[53]

---

51 박근태, 2010, 앞의 글.
52 출현단계의 토기의 사용에 대해서 민속지 연구를 통해 송어나 연어 등 어류의 조리, 육류의 가공, 물고기 기름의 추출, 동물뼈에서의 지방 추출, 뿔에서 아교를 제조할 때 쓰는 용기로 사용하기 위해 만들어졌을 것으로 추정하고 있다.
　B.A.トゥゴルコフ・齊藤舞二驛, 1981, 『トナカイに乗った狩人たち』, 刀水書房.
　Medvedev. V. E, 1994, 『カシャ遺蹟のロシアのアジア地域東部における土器出現の問題について』.

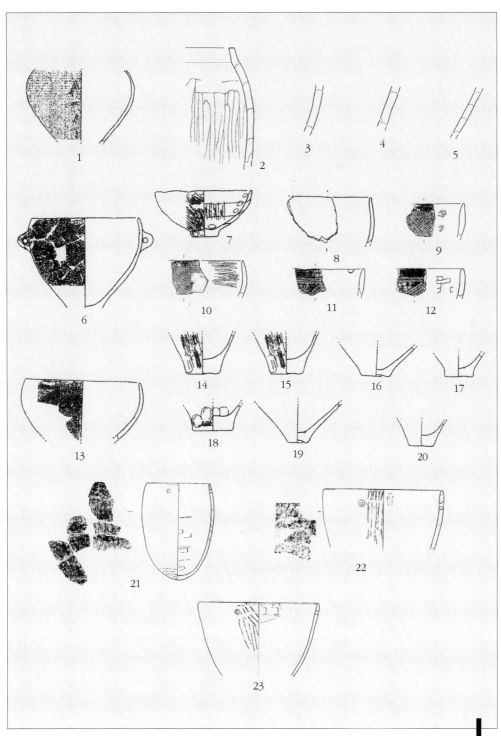

한반도 초창기 관련 토기 (1 : 비봉리유적, 2~5 : 문암리유적, 6~20 : 오산리유적 C지구, 21~23 : 오진리유적) **09**

참나무과의 상록활엽수림이 확대되는 초창기 단계는 도토리와 같은 과실류와 근경류의 채집활동에 의한 식량자원의 확보는 수렵, 어로와 같이 큰 비중을 차지하는 생업 경제방식이다. 특히 겨울을 나기 위한 식량의 확보는 생존을 위해 저장용구로서 토기의 필요성이 제기된다.

일본이나 중국의 출토사례를 볼 때 18,000~15,000B.P.를 상회하는 토기가 확인되고 있는데 대부분 몇 개체 혹은 파편 몇 점에 지나지 않는다.[54] 이것은 출현기의 토기가 소량만 제작된 것이 특별한 목적을 위해 생산되었다는 측면에서 보면 설득력이 있다.[55] 더욱이 일본에서는 소량의 토기가 제작되는 양상은 승문초창기 단계에 지속되다가 온난한 기후가 되는 승문조기 단계에서 비약적으로 토기 보유량이 늘어난다.[56]

유기물혼입혼토기는 러시아뿐만 아니라 일본에서도 확인되고 있어 동북아시아 일대에서 공통적으로 나타나는 출현기 토기의 제작수법임을 알 수 있다. 그리고 토기의 성형온도를 볼 때 삼화지구유적의 분석결과 520~867℃의 고온에서 소성되었음을 알 수 있다. 또한 압날점열문토기의 문양대 구성의 다양화, 제작수법 중 마연기술이 확인되는 점을 통해 볼 때 고산리문화의 토기제작기술은 동북아시아 일대의 출현기 토기보다는 다소 기술력이 진전된 토기로 추정할 수 있다. 따라서 동북아시아 출현기 토기의 연대와 고산리문화 상한연대와의 시기차를 인정할 수 있다.

3) 유물로 본 초창기 단계의 성립과 전개

지금까지 살펴본 유적과 유물을 통해 볼 때 우리나라에도 신석기시대 초창기 단계로 설정할 수 있는 유적이 증가하는 양상을 엿볼 수 있다. 여기에서는 지금까지의 자료 검토를 통해 고산리문화의 始原과 전개양상, 그리고 한반도의 신석기시대 초창기 단계

---

53 兒玉健一郎, 2000, 「土器出現の意義」, 『九州の細石器文化Ⅲ』, 第24回九州舊石器文化硏究會.

54 고토기가 확인된 극동과 일본의 주요유적이 대부분 어로를 통해 얻을 수 있는 식료를 재생산하는 것이 될 수 있는 환경조건이다. 다양한 종류의 음식을 재생산하고 민족지연구에서 얻을 수 있는 어지(물고기기름) 추출을 위해 토기가 사용된 것이라는 견해가 제시되었다.

55 이헌종·홍석준, 2004, 앞의 글.

56 谷口, 2004, 「日本列島初期土器群のキャリブレーション14C年代と土器出土量の年代的推移」, 『考古學ジャーナル』519호, pp.4~10.

의 양상을 살펴보고자 한다.

초창기 단계의 석기조합상은 세석핵, 석촉, 유엽형첨두기, 밀개, 새기개, 긁개 등의 후기구석기 전통의 석기와 갈돌, 갈판, 마제석부, 홈돌, 고석 등의 새로운 마제석기의 조합으로 구성된다. 이 가운데 특징적인 것으로 세석핵과 석촉, 대형갈판, 갈돌, 마제석부를 들 수 있다.

고산리유적에서 출토된 부정형(퇴화형) 세석핵은 격지를 소재로 한 퇴화형의 세석핵으로 소멸기의 양상으로 이해되었다. 그러나 강정동유적에서 몸체조정과 타격면조정 등 정형성을 띤 세석핵이 확인되어 초창기 단계의 세석핵이 후기 구석기시대 말기의 세석인 문화의 연속선상에 있음을 알 수 있었다. 강정동 세석핵 중 2개의 작업면을 갖고 있는 것과 몸체조정에서 동일한 제작방식을 갖고 있는 유물 등을 종합적으로 고려해 볼 때 강정동유적을 비롯한 고산리문화의 세석핵은 지리적으로 가까운 전남지역의 후기구석기 유적인 월평·장년리·금평리유적 등의 세석인문화와 연관성을 엿볼 수 있다. 따라서 제주도 초창기 유적의 세석인문화는 한반도의 세석인문화에서 유입되

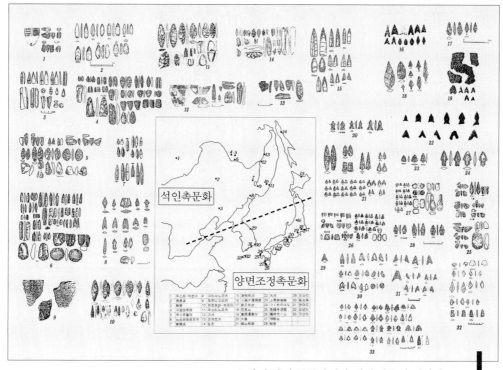

었을 가능성이 높다고 하겠다.

다음으로 석촉은 제주도 초창기의 유적에서 〈표 7·8〉과 같이 다양한 형태로 구성되는 것이 특징이며, 특히 물고기형석촉은 고산리유적에서만 확인되고 있다. 물고기형석촉을 제외하면 화대리유적, 기곡유적, 신평유적 등 육지부에 위치한 후기구석기 말기 유적의 석촉과 제작방식이 형태적으로 동일하다. 전체적으로 양면조정되어 소재박편을 알기 힘들지만 고산리유적의 석촉 제작과정을 엿볼 수 있는 몸돌이나 격지, 그리고 제작과정 중인 유물을 통해 볼 때 고산리문화의 석촉 제작 소재박편은 부정형격지를 이용하였다. 이것은 정형성을 띤 소재박편으로 도구를 만들어내는 기술에서 벗어나 다양한 형태의 소재박편을 이용하여 석기를 제작하는 것으로 매우 발달한 석기제작기술이라 할 수 있다. 우리나라 후기구석기시대 석기제작기술 변화과정에서도 말기가 되면 석인기술(돌날기법)은 쇠퇴한 것으로 여겨진다.[57] 이와 달리 지금까지 연관성이 제기되었던 아무르강유역의 석촉제작 방식은 석인(돌날)을 이용한 석인촉 문화권에 해당한다. 연해주지역의 신석기문화는 늦게까지 석인기술(돌날제작기술)이 남아있다. 따라서 양지역간의 석촉제작 방식에서 큰 차이점이 인정된다고 할 수 있다. 이외에 유엽형첨두기나 밀개, 새기개의 유물조합상은 우리나라 후기구석기 말기의 유적군에서 보이는 것과 동일하다.

대형갈판과 갈돌은 초창기 단계에 처음 등장하는 유물이면서 우리나라에서 가장 오래된 것으로 추정된다. 이러한 갈돌과 갈판은 기후변화로 초래된 참나무과 삼림에서의 도토리나 근경류의 채집활동이 확대됨에 따라 생겨난 도구로 일본 남구주의 소우지야마유적[掃除山遺蹟], 오쿠노니타유적[奧ノ仁田遺蹟]에서도 확인되고 있어 주목된다. 신북유적의 홈돌과 월평유적의 소형절구에서부터 제분구의 사용이 예상되며 초창기 단계의 갈돌, 갈판의 선형이라고 볼 수 있다. 마제석부는 후기구석기시대에 이미 진주 집현유적 등에서 국부마제석부가 확인되고 있으며 기후변화로 초래된 낙엽활엽수림의 확대와 대형갈돌이나 유적 상황을 통해 볼 때 정착생활을 위해서 필요한 벌채구로 사용된 것이라 판단된다.

이상의 세석핵, 석촉, 갈돌, 갈판, 마제석부 등 특징적인 초창기 단계의 석기조합상

---

57 초창기 단계 유적에서 돌날은 소량 확인되지만 소재박편으로 이용되는 부정형의 격지와 수량에서 큰 차이를 보이고 있다. 따라서 소량의 돌날은 석인기술에 의해 박리된 것이 아니라 부정형의 격지를 떼어 내는 과정에서 우연히 생겨난 것으로 볼 수 있다.

으로 볼 때 고산리문화는 한반도의 남부지역의 후기구석기시대 관련 유적과 연관성을 엿볼 수 있으며 특히 갈돌, 갈판 등의 제분구는 기후변화로 초래된 상록활엽수림이 확대된 지역에서 공통적으로 나타나는 특징적 석기군이라 판단된다. 따라서 우리나라의 신석기시대 초창기 단계의 대표적인 고산리문화는 한반도 남부지역에서 유입된 후기구석기전통의 석기제작기술에서 그 기원을 찾을 수 있으며 기후변화로 초래된 식생, 동물상의 변화에 대응하여 나타난 석기와 토기의 제작기술의 발전과정속에서 성립한 것으로 판단된다.

한반도의 초창기 양상은 후기구석기시대 말기의 세석인문화 쇠퇴기에 무경촉과 유

표 10 _ 신석기시대 초창기 전개양상

연대	제주도		한반도	
	문화양상	유적	문화양상	유적
후기구석기시대 말기 15,000~ 12,000B.P.	15,000~14,000B.P. 경에 해수면의 변동에 따라 육지와 연류된 상태에서 전남지역의 후기구석기시대의 세석인문화가 유입되어 10,000B.P.까지 지속됨	후기구석기시대의 유적은 아직까지 확인되지 않지만 가능성 제시	세석인문화의 발전기	상무룡리 하화계리 작은솔밭 (13,390±60) 장흥리유적 월평유적 장년리유적 옥과유적 금평리유적
12,000~ 10,000B.P.			세석인문화의 쇠퇴기 - 무경촉의 발생 - 무토기 신석기시대 초창기 전개 가능성(?)	포천 화대리유적 동해 기곡유적 (10,200±60) 청주 사천동 재너머들유적 (10,130±60B.P. 9,640±80B.P.)
신석기시대 초창기 10,000~ 9,500B.P.	고산리문화의 형성 - 석촉의 제작 - 고산리식토기 제작	고산리유적 강정동유적 최하층 저류지유적 최하층	- 무토기 초창기 단계 - 유경촉의 발생	동해 월소유적 곡성 오지리유적 (9,180±80B.P.) 광주 신촌유적 (8,500~23,000 cal.B.P.)
9,500~ 8,500B.P.	고산리문화의 발전 - 토기제작기술의 발전 (무문양토기, 압날점열문토기의 제작) - 석촉제작의 확대 - 갈돌·갈판의 사용	고산리유적 강정동유적 삼화지구유적 저류지유적 김녕리유적		
8,500~ 8,000B.P.	고산리문화의 쇠퇴 - 고산리식토기의 소멸 - 물고기형석촉의 제작	고산리유적	무문양토기, 부정형 세석핵(세석인문화 소멸), 석촉 사용	오산리유적 C지구?

경촉이 발생되며 홈돌, 소형절구, 국부마제석부 등 마제석기가 등장 사용된다. 그리고 토기의 출현에 대해서는 오산리유적 C지구의 자료보다 앞선 초창기 단계의 토기사용 시기를 설정할 수 있다고 판단되며 8,500~8,000B.P.에 초창기 토기 사용시기로 설정할 수 있다.[58]

6. 맺음말

우리나라의 신석기문화는 갱신세에서 홀로세로 넘어가는 10,000B.P.를 전후하여 기후의 온난화에 따른 기존 대형동물을 대상으로 하던 수렵활동이 중소형동물로 변화하며 수렵구의 변화를 가져왔다. 그리고 참나무과의 상록활엽수림으로의 변화는 도토리류의 열매와 근경류의 채집활동과 강이나 바다의 해양자원을 활용한 어로활동이 시작되면서 토기의 출현을 가능하게 하였다. 이러한 양상은 초창기 단계의 유물조합상에서도 확인할 수 있다.

지금까지 초창기 단계로 설정되는 한반도의 유적은 후기구석기시대 최말기로 편년되는 토기가 공반되지 않는 10,000B.P.를 전후한 시기의 석촉을 반출하는 유적들이다. 육지부(한반도)는 후기구석기 최말기 단계에 석촉이 출현하며 신석기시대 초창기 양상을 띤다고 할 수 있으나 유물구성이 빈약하여 문화상을 파악하기는 어렵다. 이와는 달리 제주도의 경우는 고산리식토기와 함께 구석기전통의 석기제작기술로 제작된 세석기가 공반되는 유적들이다. 한반도와 제주도의 초창기 단계의 유적들은 유물의 양과 토기의 공반여부에서 차이를 보이고 있다. 이러한 차이는 10,000B.P. 이후 제주도에서 토기의 출현이나 제분구가 먼저 등장할 수 밖에 없었던 환경적 요인이 있었을 것이다. 초창기 단계에 한반도에서 이른 시기의 토기가 출토되지 않는 이유는 일본 繩文 초창기의 토기 출토 양상이 수 점에 불과한 유적이 있듯이 우리나라도 비슷할 것으로 판단된다. 따라서 소량의 석기와 토기가 존재하는 소규모유적을 중심으로 확인될 가능성이 높다.

---

58 오산리유적 C지구 최하층 압날구획점열문토기와 무문양토기가 절대연대로 B.C.6,010~5,610을 보이고 있어 융기문토기 이전 단계로 설정될 수 있다. 유적에서는 B.C.6,000년경에 구획된 다양한 점열문의 문양대, 마연기법, 주칠 등에 의한 토기제작기술이 확인된다는 점은 외부에서 이주한 선주민의 물질자료가 아니라면 우리나라에서 이보다 앞선 단계의 토기 출현기의 자료가 확인될 가능성이 높다고 할 수 있다.

參考文獻

참고문헌

國文

강원고고학연구소, 2005, 『포천 화대리 쉼터구석기유적』.

강원문화재연구소, 2005, 『동해고속도로 확장공사구간내 유적 발굴조사보고서 동해기곡유적』.

강창화, 2005, 「제주도 신석기문화의 형성과 전개」, 『제주도의 고고학』, 제13회 호남고고학회 학술대회 발표요지.

_____, 2006, 『제주 고산리 신석기문화 연구』, 영남대학교 대학원 박사학위논문.

국립김해박물관, 2008, 『飛鳳里』.

국립대구박물관, 2003, 『머나먼 진화의 여정-사람과 돌』, 국립대구박물관 특별전 도록.

국립문화재연구소, 2004, 『高城 文岩里遺蹟』.

국립진주박물관, 1999, 『牧島貝塚』.

고동순, 2009, 「東海岸 鰲山里 C地區 最下層遺蹟의 調査成果」, 『韓·日 新石器時代의 漁撈와 海洋文化』, 韓國新石器學會·九州繩文研究會.

김상태, 2009, 「제주지역의 구석기시대」, 『섬, 흙, 기억의 고리』, 국립제주박물관 기획특별전 도록.

김은정, 2002, 『전남지역의 좀돌날몸돌 연구 -1990년대 이후의 유물을 중심으로-』, 조선대학교 대학원 석사학위논문.

동국대학교 매장문화재연구소, 2007, 『蔚山細竹遺蹟Ⅰ』.

동양문물연구원, 2011, 『제주 삼화지구유적-제주 삼화지구 가-2구역(2차)내 유적』.

마한문화재연구원, 2008, 『谷城 梧枝里遺蹟』.

박근태, 2006, 『고산리유적 석촉 연구』, 부산대학교 대학원 석사학위논문.

_____, 2008, 「제주 강정동유적 조사개보」, 『한국신석기연구』16호, 한국신석기학회.

_____, 2009, 「신석기시대 초창기 단계의 석기 검토 -제주도를 중심으로」, 『考古廣場』제5호, 釜山考古學研究會.

_____, 2010,「濟州道 新石器時代 草創期 土器 檢討」,『釜山大學校 考古學科 創設20週年記念論文集』, 釜山大學校 考古學科.

_____, 2011,「제주도 신석기시대 석기 검토」,『한국신석기학보』제21호, 한국신석기학회.

박용안·공우석 외, 2002,『한국의 제4기 환경』, 서울대학교출판부.

부산대학교박물관, 1994,『청도 오진리 암음 유적』.

성춘택, 1998,「세석인제작기술과 세석기」,『韓國考古學報』38, 韓國考古學會.

_____, 2009,「수렵채집민의 이동성과 한반도 남부의 플라이스토세 말~홀로세 초 문화변동의 이해」, 『한국고고학보』72, 한국고고학회.

_____, 2011,「수렵채집민 연구의 동향과 후기 구석기 사냥 기술의 변화」,『한국 선사시대 사회와 문화의 이해』, 중앙문화재연구원 학술총서2.

신숙정, 2011,「신석기시대 연구의 성과와 전망」,『한국 신석기문화 개론』, 중앙문화재연구원 학술총서3.

안춘배, 1989,「居昌 壬佛里 先史 住居址 調査概要(Ⅰ)」,『嶺南考古學』6, 嶺南考古學會.

예맥문화재연구원, 2010,『東海 墨湖津洞 月梳遺蹟』.

오연숙, 1999,『濟州道 新石器時代 土器 變遷에 대한 硏究』, 한양대학교 대학원 석사학위논문.

이동주, 1996,『韓國 先史時代 南海岸 有文土器 硏究』, 동아대학교 대학원 박사학위논문.

_____, 2002,「우리나라 초기 신석기문화의 원류와 성격」,『전환기의 고고학Ⅰ』, 학연문화사.

이상균, 2003,「한반도 남해안 석기군의 양상」,『제5회 한·일신석기시대 공동연구회발표요지』.

이융조·윤용현, 1994,「한국 좀돌날몸돌의 연구 -수양개수법과의 비교를 중심으로-」,『先史文化』2.

이헌종, 2002,「우리나라 후기구석기 최말기와 신석기시대로의 이행기의 문화적 성격」,『전환기의 고고학Ⅰ』, 한국상고사학회편.

장용준, 2002,「우리나라 찌르개(尖頭器)연구」,『한국구석기학보』제6호, 한국구석기학회 .

_____, 2005,「구석기시대의 자연환경과 도구로 본 생활방식」,『머나먼 진화의 여정 사람과 돌』, 국립대구박물관 특별전 도록.

_____, 2006,『韓國 後期舊石器의 製作技法과 編年硏究 -石刃과 細石刃遺物相을 中心으로-』, 부산대학교 대학원 박사학위논문.

제주대학교박물관, 1998,『제주 고산리유적-도판』.

_____, 2003,『제주 고산리유적』.

제주도민속자연사박물관, 1999,『제주 김녕리유적』.

제주문화유산연구원, 2009,『제주시 지방하천 수해복구예정구역내 문화재발굴조사 현장 설명회 자료』.

_____, 2010,『제주 강정동유적』.

조선대학교, 2004,『순천 월평유적』.

_____, 2008,『장흥 신북 구석기유적』.

조태섭, 2008,「우리나라 제4기의 동물상의 변화」,『한국구석기학보』제17호, 한국구석기학회.

최복규, 1983, 「구석기문화의 비교 I (동북아와의 비교)」, 『한국사론』12, 국사편찬위원회.

_____, 1993, 「홍천 하화계리 중석기시대 유적의 조사연구」, 『박물관기요』9, 단국대 중앙박물관 .

충청북도문화재연구원, 2009, 『청주 사천동 재너머들유적』.

하인수, 2003, 「신석기시대 석기의 종류와 양상」, 『머나먼 진화의 여정-사람과 돌』, 국립대구박물관 특
        별전 도록.

_____, 2006, 『영남해안지역의 신석기문화 연구 -편년과 생업을 중심으로-』, 부산대학교 대학원 박사학
        위논문.

한국상고사학회, 2002, 『전환기의 고고학 I 』.

호남문화재연구원, 2011, 『광주 신촌유적』.

日文

谷口, 2004, 「日本列島初期土器群のキャリブレーション14C年代と土器出土量の年代的推移」, 『考古學
        ジャーナル』519號, pp.4~10.

國立歷史民俗博物館, 2009, 『繩文はいつから』, 企劃展示圖錄.

藤山龍造, 2003, 「石鏃出現期における狩獵具の樣相-有舌尖頭器を中心として」, 『考古學研究』50-2號, 考
        古學研究會.

鈴木道之助, 1981, 『圖錄石器の基礎知識Ⅲ 繩文』, 柏書房.

Medvedev.V.E, 1994, 『カシャ遺跡のロシアのアジア地域東部における土器出現の問題について』.

B.A. トウゴルコフ・齊藤舞二驛, 1981, 『トナカイに乗った狩人たち』, 刀水書房.

児玉健一郎, 2000, 「土器出現の意義」, 『九州の細石器文化Ⅲ』, 第24回九州舊石器文化研究會.

要島義明, 2000, 「濟州道高山里遺蹟について」, 『利根川』21.

이헌종・홍석준, 2004, 「東北アジアの後期舊石器~新石器時代の過渡期の解體過程と統合の諸現象」,
        『極東および環日本海における更新世~完新世の狩獵道具の變遷研究』.

戸澤充則, 1994, 『繩文時代研究事典』, 東京黨出版.

橫浜市ふるさと歷史財團, 1995, 『花見山遺跡』.

남해안지역
융기문토기의 편년

하 인 수 복천박물관

1. 머리말

융기문토기는 융대문과 융선문을 기본으로 양자가 결합하거나 두립문, 자돌점열문, 침선문, 압날문 등의 문양요소가 복합되어 다양한 문양대를 구성하며, 여기에는 지역적 혹은 시간적 변화에 따라 많은 변이가 존재한다. 이러한 특징을 갖는 융기문토기는 다양한 관점과 방법으로 연구가 진행되어 많은 논고가 발표되었으나 연구주제는 편년과 계통문제로 대별할 수 있다. 이 중 융기문토기의 편년문제는 즐문토기 연구 가운데 가장 많은 논문이 발표되었을 뿐만 아니라 연구자의 관심이 집중된 주제라고 할 수 있다.

특히 최근 들어서는 융기문토기의 세부 편년과 지역성, 융기문토기와 동해안지역 토기문화와의 관계, 융기문토기의 출자와 계통문제 등 다양한 관점에서 새로운 논의가 활발히 진행되고 있다.[1] 이러한 논의와 더불어 그동안의 연구로 융기문토기 실체와 편년의 대강을 이해할 수 있는 바탕을 마련하였음은 분명하나 세부적으로는 연구자의 관점과 방법론적인 차이에 따라 커다란 시각차를 보여 통일된 의견을 도출하지 못하고

---

1 김은영, 2006, 「한반도 중동부지역 신석기시대 평저토기의 시공적 위치에 대하여」, 『석헌 정징원교수 정년퇴임기념논총』, 부산고고연구회.
　김은영, 2011, 「가칭 연대도문화 연구」, 『박물관연구논집』17, 부산박물관.
　하인수, 2011, 「동해안지역 융기문토기의 검토」, 『한국고고학보』79, 한국고고학회.

있는 것도 부인할 수 없다.

지금까지 융기문토기의 편년과 변천과정에 대한 연구는 주로 문양의 속성 분석을 통한 형식학적 방법을 이용하여 이 문제를 검토해 왔다고 할 수 있으나[2] 아직 납득할 만한 견해가 없는 실정이다.

그것은 층서적으로 안정된 단일 형식의 문화층과 주거유적의 빈곤 등으로 인해 분류된 형식간의 선후 관계 및 그 변화 과정을 검증할 수 있는 장치가 불충분한데 1차적인 원인이 있을 뿐만 아니라 융기문토기를 구성하는 주요 요소인 융기문의 다양성과 문양의 속성변이가 풍부한 것도 편년연구의 장애요인으로 작용하였음은 분명하다. 융기문토기가 일제강점기에 동삼동패총의 조사로 처음 인식된 후 많은 유적이 발굴되고 연구결과가 발표되었음에도 불구하고 토기 형식[3]이 설정되지 못한 것도 이러한 여건과 밀접한 관련을 가진다고 할 수 있다.

이러한 사실은 다양한 문양대와 변이가 많은 융기문토기의 편년체계를 구축하는데 기존의 방법론적인 분석에 문제가 있음을 의미하며, 융기문토기의 변천 과정과 편년을 구체적으로 파악하기 위해서는 새로운 방법론적인 모색이 필요함을 보여 주는 것으로 생각된다.

필자는 이러한 인식을 바탕으로 토기조성론[4]적 관점과 문양의 형태, 시문수법 등의 속성분석법을 병용하여 남해안유적의 융기문토기를 재검토하고 이전에 발표했던 기존의 견해[5]를 수정, 보완하는 새로운 편년안을 제시하고자 한다.

---

2 융기문토기 편년에 대한 연구사적인 검토와 문제점은 하인수(1997, 「영남지방 융기문토기의 재검토」, 『영남지역의 신석기문화』, 영남고고학회 ; 2002, 「남해안 즐문토기연구 현황과 과제」, 『박물관연구논집』9, 부산박물관), 廣瀨雄一(1998, 「韓國新石器時代の諸問題(1)」, 『研究紀要』4, 佐賀縣立名護屋城博物館), 田中聰一(2000, 「한국 중·남부지방 신석기시대 토기문화 연구」, 동아대학교 대학원 박사학위논문)의 논고에 상세히 언급되어 있기 때문에 여기서는 다루지 않는다.

3 남해안지역을 중심으로 하는 남부지역에서는 시기별로 영선동식, 수가리1·2식, 봉계리식, 율리식 등의 토기 형식명이 사용되고 있다. 그러나 조기를 대표하는 토기 형식명은 현재 사용되지 않고 있다. 이전에 융기문토기를 중심으로 신암리식토기(이상균, 1996, 「융기문(신암리식)토기의 제문제」, 『호남고고학보』3, 호남고고학회)와 우봉리식토기(동아대학교 박물관, 1997, 『울산우봉리유적』)라는 형식명이 제안되기도 하였으나 일반적으로 수용되지 않았다. 시기적으로 문화적 특징을 표상하고 타지역 토기 문화와 비교 검토를 위해 형식의 설정이 필요하다고 한다면, 필자는 신암리식이나 우봉리식보다 조기 즐문토기를 대표하는 형식명으로 동삼동식토기라는 명칭을 사용하는 것도 하나의 방안이라고 생각한다. 특히 동삼동패총 출토 융기문토기의 다양성과 관련 자료의 풍부함, 학사적인 측면, 유적의 규모와 대표성, 타지역 토기문화와의 차별성 등에서 본다면 기존에 제시된 형식명보다 동삼동식토기라는 것이 적당한 것이 아닌가 한다.

4 藤村東男, 1983, 「繩文土器組成論」, 『繩文文化の研究』5, 雄山閣.
　藤村東男, 1986, 「組成論 - 大洞式土器」, 『季刊考古學』17, 雄山閣.

2. 융기문토기의 유형설정

주지하는 바와 같이 남해안에서는 패총을 비롯한 주거 등 생활유적에서 융기문, 점열문, 침선문, 압날문, 지두문, 채색, 단도마연 등 다양한 문양 형태를 갖는 토기류가 출토되고 있다. 이 중에서 융기문토기는 문양의 형태와 시문수법, 문양 요소 간의 복합 양상에 따라 많은 변이를 보여주고 있어 전술한 바와 같이 형식분류와 시간적 서열을 결정하는데 어려움을 주고 있다.

이러한 문제점을 해결하고, 융기문토기의 변천과정을 체계적으로 이해하기 위한 하나의 분석방법이 안정된 층위(유구)나 문화층에서 출토되는 토기조성(기형, 문양, 시문수법 등의 조합관계)과 문양의 속성조합이 일정한 패턴을 보이는 일군의 토기를 선별 확정하여 하나의 형식 혹은 유형으로 설정하는 것이다. 그리고 설정된 유형이 타유적의 융기문토기 조성과 차별성과 공통성(동질성)을 가진다면 또 이를 기초로 유형 간의 시간성을 검증할 수 있다면 기존의 형식편년의 오류를 어느 정도 보완할 수 있을 것으로 생각한다.

다시 말하면 여러 유적에서 출토되는 융기문토기군의 특징적인 속성조합을 추출하여 표식 유형[6]으로 설정하여 상호 비교함으로써 편년이 가능하고 기존의 형식학적 방법에서 오는 편년의 혼선을 극복할 수 있을 것으로 판단된다.

본고는 이러한 방법과 기준으로 비교적 토기의 출토양이 많고 층위 상태가 안정적인 유적에서 출토되는 토기의 형식조성과 문양의 속성조합을 분석하였으며, 그 결과 남해안지역의 융기문토기는 동삼동 1·2형, 세죽형, 범방형, 연대도형(분묘 출토품), 종말기형의 6유형[7]으로 나눌 수 있다. 그러면 설정된 토기 유형의 형식적인 특징에 대해 살펴보도록 하겠다.

---

5 하인수, 1997, 「영남지방 융기문토기의 재검토」, 『영남지역의 신석기문화』, 영남고고학회.
　하인수, 2001, 「융기문토기의 성립과 전개」, 『한국 신석기시대의 생업과 환경』, 동국대학교 매장문화재연구소 제1회 학술회의.
6 유적에서 출토되는 유물에서 일정한 조성관계와 특정한 속성조합이 보이고 이러한 양상이 타유적에서도 인정된다면 하나의 형식(유형)으로 설정할 수 있다. 그리고 설정된 유형 간의 상대서열이 층위적으로 혹은 절대연대상으로 검증할 수 있다면 형식편년이 가능할 것이다.
7 융기문토기의 유형 설정은 첫째, 층위적으로 안정성을 보이며 출토유물의 형식적 속성에 동질성이 인정되고 둘째, 특정 기종과 문양, 시문수법의 존재 셋째, 문양이나 시문 수법상에서 특징적인 조합을 기

1) 동삼동형 융기문토기

동삼동패총은 주지하는 바와 같이 한반도에서 처음으로 융기문토기가 발굴되었고 이후 여러 차례 조사로 많은 융기문토기 자료가 출토되었다. 그러나 발굴지점에 따라 시기를 달리하는 유물의 혼재 양상이 심해 층위적으로 융기문토기의 형식과 그 특징을 추출하는데 많은 문제점을 가지고 있다. 따라서 본고에서는 비교적 안정적인 층위상태를 보여주는 동삼동패총 정화지역 자료[8]를 기초로 동삼동패총 융기문토기를 검토하기로 한다.[9]

동삼동 융기문토기는 유적의 층위와 융기문의 형태적인 특징을 기준으로 A피트 최하층[10]과 9층 융기문토기를 지표로 하는 1형과 8층의 융기문토기 조성을 중심으로 하는 2형으로 구분할 수 있다. 이를 동삼동 1형 융기문토기, 동삼동 2형 융기문토기로 한다. 그러면 동삼동패총 발굴 자료를 중심으로 각 유형의 융기문토기 형식조성과 그 특징에 대해 살펴보고자 한다.

(1) 동삼동 1형 융기문토기

본 유형은 지두로 각목한 A형 융대문[11]을 주요 문양으로 하는 융대문토기(도 01)를 표식으로 한다. 대표적인 유적으로는 동삼동 A피트 최하층, 9층, 비봉리 3패층이 있으며, 세죽유적의 일부 융대문토기도 여기에 속한다. 동삼동 1형 토기의 기종조성(문양형태, 시문 기법 등)과 타문양토기와의 조합상, 융기문토기 내에서의 변이 등은 관련 자료

준 요소로 하였다. 그러나 이러한 기준으로 분류했을 때 유적에 따라 모든 요소가 존재하는 것도 있지만 유적의 조사 여건과 범위 등 그 양상에 따라 부분적으로 나타나는 경우도 있다. 그리고 본고에서는 융기문토기가 조성관계와 형식적인 특징에서 다소 불안정한 면도 있기 때문에 형식 개념보다 편의상 유형이라는 개념을 사용하였음을 밝혀 둔다.

8　부산박물관, 2007, 『동삼동패총정화지역발굴조사보고서』.
　하인수, 2009, 「동삼동패총 문화에 관한 시론」, 『한국신석기연구』18, 한국신석기학회.

9　국립중앙박물관의 3차에 걸친 발굴 자료에는 이른 단계부터 늦은 시기까지 다양한 형식의 융기문토기가 포함되어 있다. 그러나 층위적으로 유물의 혼재 양상이 심해 유물의 분류와 시기를 특정하는데 문제가 많다. 따라서 본고에서 이러한 점을 감안하여 국립중앙박물관 조사 자료는 단순히 참고만 하였고 동삼동정화지역 자료를 중심으로 융기문토기를 분류하였다.

10　복천박물관, 2012, 『동삼동패총정화지역 즐문토기』, 도판.

11　하인수, 2001, 앞의 글.

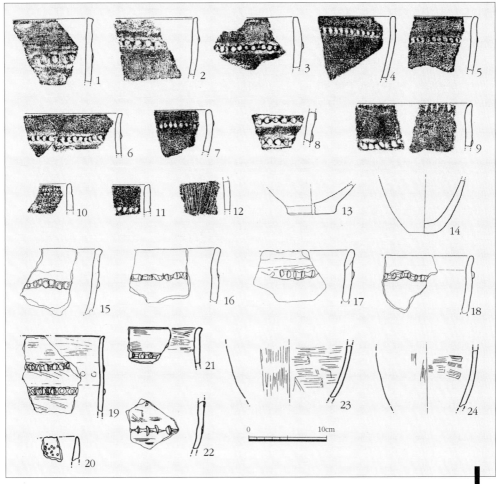

동삼동 1형 융기문토기 (1~14 : 동삼동패총 9층, 15~18 : 세죽유적, 19~24 : 비봉리유적 3패층)　**O1**

가 부족하여 불투명한 실정이다.[12]

　동삼동 1유형의 토기조성에는 침선문토기, 두립문토기, 구순각목토기, 자돌문토기 , 자돌+두립문토기도 일부 확인되나 이 중 융기문토기가 85%의 점유율을 보이고 나머지 토기는 10% 이하로 점유율이 매우 낮다. 융기문토기 이외의 토기류는 동삼동 8층 토기조성에서도 확인되는 것인데, 상층에서 혼입된 것인지 아니면 동삼동 1형 융기문토기

---

12 동삼동 1형 융기문토기의 구체적인 형식적 조성과 양상은 앞으로 자료 증가를 기다려야 할 것으로 생각되며, 앞으로 이와 관련한 단순 유적이 발견될 것으로 기대된다.

와 조성관계를 가지면서 공존하는 것인지는 앞으로 검토가 필요하다고 생각된다.

동삼동형 1형 융기문토기는 주로 구연하에 지두로 각목한 1~수열의 평행융대문을 시문하는 것이 특징이며, 후술하는 동삼동 2형과 세죽형 융기문토기 조성에서 보이는 융선문토기와 기하학적 복합융대(선)문토기가 공존하지 않거나 극히 미미하다.[13]

그리고 융대문의 형태가 지두로 각목한 것(A형)이 80%, 시문구로 각목한 것(B형)이 20%를 차지하는 것으로 보아 A형 융대문를 갖는 융대문토기가 주체를 이루고 있음을 알 수 있다. 시문 기법과 층위적으로 보아 A형이 B형보다 이른 것으로 추정되며, 이러한 사실은 비봉리유적에서도 확인된다. B형 융대문토기는 세죽형과 동삼동 2형 융기문토기 조성에서 주체를 점하는 형식이라고 할 수 있는데, 이러한 사실은 융대문의 시문 기법이 시기에 따라 달랐음을 반영하는 것으로 생각된다.

따라서 동삼동 1형은 후술하는 다른 유형의 융기문토기 조성보다 층위적으로나 절대연대상으로 세죽형이나 범방형보다 선행할 뿐만 아니라 융기문의 시문수법, 문양대의 속성 등에서 명확히 구분된다. 현재까지 발견된 융기문토기 자료로 볼 때 융기문토기의 가장 이른 초원 형태로 볼 수 있을 것 같다.

(2) 동삼동 2형 융기문토기

본 유형은 동삼동 8층 출토 융기문토기(도 02) 조성을 표식으로 한다.[14] 물론 8층 이외에 국박 발굴 자료와 우봉리, 범방패총 1기층[15] 등에서도 출토되고 있으나 층위적으로 형식 조성을 파악하기는 어렵다.

동삼동 8층 토기 204점의 문양별 점유율은 융대문 27%(56점), 융선문 26%(53점), 복

---

13 동삼동 9층 출토 융기문토기 115점(미보고 자료 포함)을 분석한 결과 융대문이 95%(109점), 융선문이 5%(9점)를 차지한다. 융선문토기의 형식적인 특징으로 보아 8층 유물이 혼입된 것으로 판단된다. 전반적인 출토양상으로 볼 때 동삼동 1형의 토기 조성에는 기본적으로 융선문토기가 포함되지 않는 것으로 추정되지만, 융선문이 공반하더라도 극히 미미할 것으로 추정된다.

14 동삼동 8층 토기를 중심으로 설정된 동삼동 2형 융기문토기 조성은 패총 층위가 갖는 한계와 문제점으로 다소 불확실한 면도 없지 않다. 따라서 8층 출토 토기가 모두 본 유형에 속하는 것은 아니며, 일부이지만 동삼동 1형과 후술하는 세죽형, 범방형도 혼재되어 있다. 그러나 큰 틀에서 본다면 타유형과 차별화되는 형식적인 특징을 갖는다고 할 수 있다.

15 범방패총의 1기층(13, 12층)에서는 범방형토기도 일부 포함되어 있으나 두립문토기와 동해안계의 죽변리식토기의 존재, 복합문양대를 갖는 융기문토기가 일정한 점유율을 보이는 등 융기문토기의 형식조성에서 동삼동패총 8층과 같은 특징을 보인다.

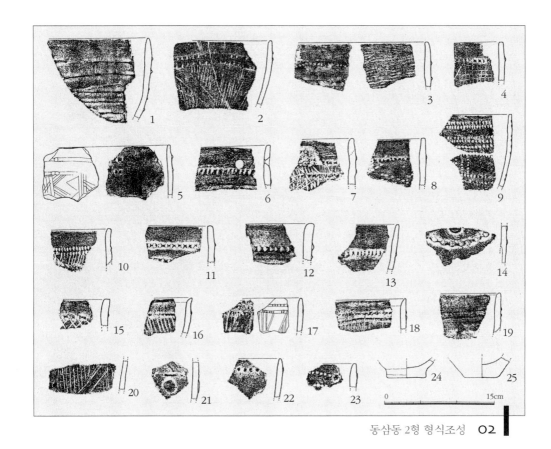

합융기문토기 18%(37점), 기타 두립문, 자돌문, 침선문, 자돌+침선문, 자돌+두립문 등이 27%(58점)를 차지한다. 여기서 융기문토기(147점)만을 살펴보면 융대문 38%, 융선문 36%, 복합융기문토기 26%(융대+융선, 융대+침선, 융선+침선, 융대+융선+침선, 융대+자돌, 융대+두립, 융선+두립)의 점유율을 보인다.

이러한 분석 결과를 통해 본다면 동삼동 2형의 형식 조성은 문양의 속성변이가 풍부하고 다양한 문양 형태가 상호 복합하는 복합 문양대가 성행함을 알 수 있다. 이와 더불어 융선문토기가 증가[16]하고 두립문이 융대문토기와 복합하는 양상도 보인다. 그리고 동해안계(죽변리식토기) 토기인 내경구연토기, 파수부토기, 단도마연토기(도 08-

---

16 융대문토기와 융선문토기의 선후관계는 연구자 간에 의견이 분분하였으나 동삼동패총의 층위별 토기 조성과 세죽유적을 비롯한 타유적에서의 형식 조성관계의 사례를 통해 볼 때 융대문이 먼저 출현하고 그 다음에 융선문이 성행하면서 양자간 상호 복합하여 다양한 문양대를 갖는 융기문토기가 성립한 것으로 추정된다.

2~4)가 공반한다.

동삼동 2형토기 조성에는 후술하는 세죽형과 범방형토기가 일부 포함되어 있으나 침선문토기와 융대(선)문에 침선이 시문범위를 달리하여 문양대를 구성한 토기가 많은 것은 동삼동 1유형과 세죽유형에서는 확인되지 않는 특징이다.[17] 그리고 범방형의 특징적인 기법으로 융대문을 시문한 토기와 채색토기, 융선문에 침선을 그은 복합문양대, 첨저(원저) 내지 猪口形 저부[18]는 거의 보이지 않는다.

동삼동 2형의 자료가 대부분 편이라 전체 문양 형태와 문양대의 형식적인 특성은 자세하지 않으나 국박 자료를 참고하여 보면, 평행융선문, 기하학상의 융선(대)문, 횡대구획의 융선문토기 등 문양의 변이가 다양하고 두립문과 침선문 등 여러 문양 요소와 결합하는 복합 문양대를 이루는 것이 특징이라고 할 수 있다. 이러한 양상은 동삼동 1유형과 세죽유형과는 확연히 다른 모습이며, 후술하는 범방형과는 뚜렷이 구분되는 형식적인 특징이라고 할 수 있다.

그러나 전후 단계에 위치하는 융기문토기 속성 점유율의 변화 및 특정 문양과 시문기법의 공존, 다시 말하면 범방형에는 보이지 않는 두립문, 자돌문의 존재, 세죽형 융대문 감소와 융선문토기가 증가하는 면에서 세죽형에서 범방형으로 전환하는 현상도 보인다고 할 수 있다.

2) 세죽형 융기문토기

본 유형은 동해안 하단부에 위치하는 세죽유적 출토 융기문토기 중 1군 토기를 표식으로 한다. 세죽유적은 4개층으로 대별되며 2~4층이 유물 포함층이다. 해안가에 입지하는 유적의 특성상 보고자도 언급한 바와 같이 퇴적 층서상 문제가 있지만, 층위에 따른 토기 형식의 점유 경향성은 어느 정도 인정된다.

세죽유적의 융기문토기는 기형과 문양 속성, 시문수법, 문양의 층위별 점유 양상 등

---

17 동삼동 2유형에서는 1유형에 보이지 않던 융선문토기와 타문양 요소가 복합된 복합융대문대 토기가 일정한 점유율(26%)을 보이고 시문구로 각목한 B형 융대문토기가 증가한다.
18 동삼동 2유형의 저부 형태는 동삼동 1형과 마찬가지로 평저가 주류를 이루나 범방형 저부의 주체인 환저(원저)나 저구형 저부의 점유율은 극히 낮다.

을 분석한 결과 형식조성을 달리하는 2개군으로 구성되어 있음을 알 수 있다. 즉 융대문토기를 주체로 자돌문, 두립문토기가 함께 조성하는 1군과 융선문토기를 중심으로 채색토기, 저구형 및 원저 저부를 갖는 토기가 조성을 이루는 2군으로 구분할 수 있다(도 03).

2군 융선문토기는 기형과 구연부의 형태,[19] 융선문의 시문수법, 집선상의 문양대 구성, 타문양과의 복합 양상 등은 1군의 융대문토기와 명확히 구분될 뿐만 아니라 범방형 융기문토기의 형식적인 특징을 보인다. 그리고 세죽유적은 층위적으로 기종간에 혼재하는 양상을 보이지만, 융선문토기는 상층에서, 융대문토기와 두립문, 자돌, 압날문토기는 주로 하층에서 출토되는 경향을 보인다.[20]

따라서 2군 토기는 후술하는 범방형 융기문토기의 형식조성과 맥락을 같이 할 뿐만 아니라 시기적으로 1군 토기와 구분되기 때문에 융대문토기를 주체로 1군 토기를 세죽형 융기문토기로 설정한다.

그러면 세죽형토기의 형식조성과 특징에 대해 살펴보기로 한다. 먼저 세죽토기 중 유문양 토기 725점의 문양별 점유 양상을 살펴보면 융대문토기 57%(412점), 복합융대문 6.6%(48점), 융선문토기 8%(59점), 복합융선문 1%(7점), 두립문토기 4%(34점), 두립복합문 1.7%(13점), 자돌 및 압날문토기 19%(141점), 자돌복합문 0.4%(3점), 침선문토기 1%(8점)이다. 여기서 주목되는 것은 융대문토기가 전체 토기조성에서 약 65%의 점유율을 보이며, 세죽유적의 주체적인 토기라는 점과 융선문토기가 10% 이하의 매우 적은 비율을 차지한다는 점이다.[21]

융대문과 복합되는 문양 형태 중 가장 높은 결합률을 보이는 것은 두립문으로, 두립문은 융선문과 결합되는 1점을 제외하고 모두가 융대문과 결합되는 특징을 보이며, 그 밖의 문양과의 결합율은 1% 이내이다. 이러한 양상은 세죽 다음 단계로 추정되는 동삼

---

19 세죽유적 융기문토기의 기형은 기본적으로 발형을 이루나 융대문과 융선문토기는 동체 상부 혹은 구연부의 형태에서 차이를 보인다. 융대문토기는 동체 상부가 내만 내지 직립하는 것이 많고 융선문토기는 구연 아래쪽에서 외반하는 형태를 이룬다.

20 세죽유적의 융대문과 융선문토기는 형식적인 차이뿐만 아니라 속성배열법으로 분석한 결과와 토기 탄화물의 연대측정상에서도 구분된다. 융대문토기, 융대문+두립문토기, 자돌점열문은 B.C.5,400년 전후, 융선문토기는 B.C.5,250년 전후로 차이를 보인다(동국대학교 매장문화재연구소, 2007, 『울산 세죽유적』I).

21 융기문토기만을 대상으로 했을 때 융대문 78%(412점), 융선문 11%(59점), 복합융대문 9%(48점), 복합융선문 1%(7점)의 점유율을 보인다. 전체적으로 볼 때 융대문이 약 90%를 차지하고 융선문은 10% 정도의 비율을 보인다. 이러한 양상은 전술한 동삼동 2형 융기문토기의 조성과는 다른 특징이다.

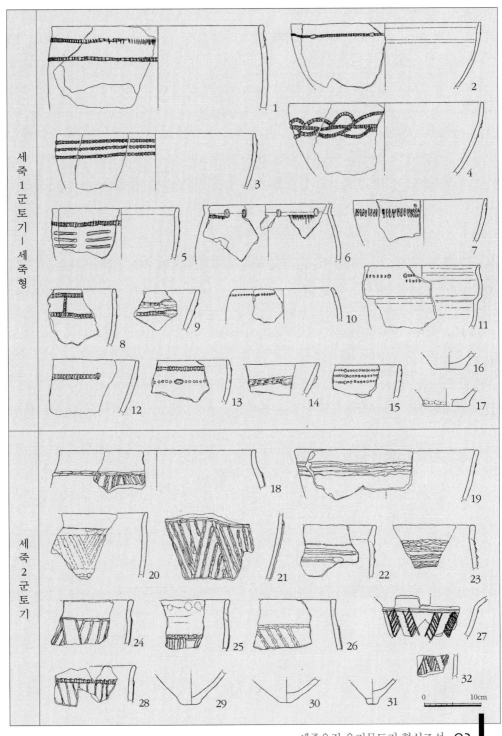

동 2형에서도 확인된다.

세죽형 토기조성에서 주목되는 것은 자돌, 압날문토기와 두립문토기가 일정한 비율을 차지한다는 점이다. 이것은 후술하는 범방형과 연대도형에서는 보이지 않는 현상이며, 이러한 사실은 융기문토기의 형식조성이 기종구성(문양과 시문기법)과 함께 변화함을 보여주는 것으로 생각된다. 특히 두립문과 자돌문은 저부 형태와 더불어 세죽형 기종구성의 표지자로써 시간성을 잘 반영하는 것으로 추정된다.

따라서 세죽형 융기문토기는 시문구로 각목한 B형 융대문(97% 점유)을 특징으로 하는 융대문토기를 중심으로 두립문과 자돌문, 융대문과 두립문 등 타문양이 결합된 복합융대문을 주요 문양대로 하는 형식적인 특징을 보이며, 여기에 자돌문, 두립문, 압날문토기 등이 공존하는 것으로 생각된다.

세죽형 융대문토기의 문양형태는 구연하에 약간의 여백을 두고 1열에서 수열의 평행융대문을 시문한 것이 주류를 이루는 것으로 보아 평행융대문이 기본 문양으로 생각된다. 횡대를 구획하고 내부에 기하학적 문양과 횡으로 파상의 융대문을 시문한 것도 있지만, 출토 비율이 적은 것으로 보아 기하학적 문양대는 그다지 성행하지 않은 것으로 추정된다.

평행융대문 중에는 세죽과 동삼동패총의 사례와 같이 융대문이 동체 상부를 일주하지 않고 끊어지는 節狀 융대문[22]도 있으며, 융대문이 끝나는 부분에는 두립문이 복합되는 경우가 많다. 이러한 문양대는 다른 유형에서 보이지 않고 세죽형에서만 보이는 특징이다. 기형은 심발형이 주체를 점하지만, 대부분 편들이라 전체 기형은 자세하지 않다. 저부의 형태는 2군에 속하는 원저와 저구형을 제외하면 대부분이 평저로 추정된다.[23]

세죽형토기와 같은 형식조성을 보이는 것은 죽변과 동삼동·우봉리유적 등에서 확인되고 있다. 특히 죽변유적[24]에서 출토되는 세죽형 융대문토기는 소위 죽변리식토기와 공반되고 있어 향후 남해안과 동해안 토기문화의 병행관계를 파악하고 지역 간의 교류와 동태를 이해하는데 중요한 자료가 될 것이다.[25]

---

22 국립박물관 동삼동패총 2차 발굴 자료 도면 786·787, 세죽유적 도면 534·543·613.
23 동삼동 1·2형과 세죽형의 저부 형태가 저면이 납작한 평저인 반면에 범방형, 연대도형은 원저 내지 첨저가 주류를 이룬다. 세죽유적의 저부는 평저 86%(44점), 저구형 12%(6점), 원저 2%(1점)를 차지한다.
24 하영중, 2010, 「울진 죽변리유적」, 『이주의 고고학』, 한국고고학회.

세죽형은 문양대의 형식적인 특징, 타기종과의 조성관계, 절대연대 등으로 보아 동삼동 1형보다는 후행하고 동삼동 2형보다는 선행하는 것으로 생각된다. 그리고 오산리토기와 죽변리식토기와는 병행할 것으로 추정된다.

3) 범방형 융기문토기

범방유적 구와 6-1·6-2·7층 출토 융기문토기 조성을 표식으로 하며(도 04), 비봉리유적 2패층, 연대도유적 3·4층, 신암리, 송도유적 주거지 및 4층 출토품도 본 유형에 속한다. 특히 범방유적 구출토 융기문토기는 기형이나 시문수법, 타기종과의 조성 관계 등에서 남해안의 타유적 융기문토기군과 뚜렷이 구분되는 형식조성을 보여 준다. 뿐만 아니라 조기 단계의 특정 시기에 존재했던 융기문토기의 형식을 잘 반영하는 것으로 추정된다.

범방유적에서 보이는 융기문토기의 형식적인 특징과 기종조성이 비봉리유적의 2패층과 송도유적, 연대도유적 3·4층에서 동일하게 간취된다는 점에서 범방형 융기문토기가 타유적 융기문토기군과 상대 편년 작업에 표식자로 활용할 수 있을 것으로 생각된다. 범방형 융기문토기에서 보이는 형식적인 특징과 조성상의 특징은 다음과 같다.

① 수평으로 구획된 점토띠 위에 기면과 점토띠 사면에 걸쳐 시문구로 각목한 융대문을 갖는다.[26] 이러한 융대문은 범방형 융기문토기의 가장 큰 형식적인 특징이라고 할 수 있다. 문양대는 구연하에 일정한 공백을 두고 수열의 융대와 융선문으로 평행문이나 횡대구획문을 시문한 형태인데, 동삼동 1·2형이나 세죽형에서는 확인되지 않는다.

② 융선문 위에 세침선으로 격자문이나 사선문을 그어 결합한 문양대를 갖는다. 일부이지만 융대문에 침선문을 그은 복합문도 존재하나 주류를 이루는 것은 융선문 위에

---

25 죽변유적은 아직 보고서가 간행되지 않아 토기조성 등 유적의 전반적인 양상은 자세하지 않으나 발표된 자료를 통해 본다면 기존에 알려진 토기와는 다른 형식적인 특징을 보이고 있다. 필자는 죽변유적에서 출토되는 동체 상부 혹은 구연부가 내경하는 토기와 두립문토기, 단도마연토기 등을 토기조성으로 하는 일군의 토기를 죽변리식토기로 불러도 좋다고 생각한다. 죽변유적에서 출토하는 융기문토기는 전체 토기조성에서 차지하는 점유율이 매우 낮고 비주체적 토기로 판단되며, 세죽형에서 보이는 평행융대문토기가 주류를 이루는 것으로 생각된다.

26 필자는 일반적으로 융선 위에 지두나 시문구로 수직으로 눌러 각목한 융대문 수법과 달리 융선의 사면과 구연쪽 기면에 동시에 눌러 시문한 형태의 융대문을 범방형 융대문이라 부르고자 한다.

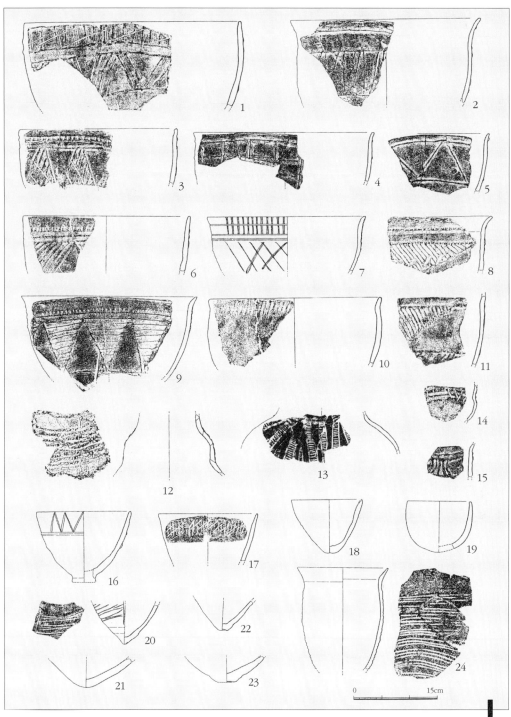

(1 · 3~7 · 10~15 · 18 · 20 · 21 · 23 · 24 : 溝, 2 · 17 : 6-1층, 19 · 22 : 6-2층, 8 · 9 : 6층, 16 : 7층)

침선문을 시문한 것이다. 이러한 문양형태는 범방형 융기문토기에 보이는 특징이라고 할 수 있다.

③ 문양대 구성은 구연하에 융대 혹은 융선문으로 횡대를 구획하고 그 내부에 집선상의 기하학적인 융선문을 배치하는 것이 특징이며, 범방형 융대문을 제외하고 대부분 융선문이 주류를 이룬다.[27] 융선문토기는 기본적으로 횡대를 구획하고 그 상하에 융선이나 침선문을 시문한 특징을 보인다. 문양대는 기본적으로 평행 혹은 횡대구획문이 주류를 이루지만, 횡대구획 없이 집선상의 융선문을 시문한 경우도 있다. 융대문토기는 6% 정도의 낮은 점유율을 보이며,[28] 동삼동 1형의 특징적인 지두로 각목한 A형 융대문토기는 존재하지 않는다.

④ 기형은 심발형을 기본으로 호형과 굴곡형토기(도 04-12·13)가 있으며, 저부 형태는 평저가 거의 없고 원저(도 04-21) 내지 저면이 좁은 저구형(도 04-22·23)이다.[29] 저구형의 경우도 융기문토기에 일반적으로 보이는 폭이 넓은 평저가 아니라 폭이 좁거나 저면의 중앙이 약간 오목하게 처리된 저부이다.

⑤ 호형 또는 발형토기에 평행 혹은 능형 침선문을 시문하고 침선 사이의 여백에 단을 바른 채색토기(도 04-13·24)와 공반하며, 두립문토기 또는 두립문과 결합된 복합융

---

27 범방유적 구에서 출토한 274점(미보고자료 포함) 토기 문양의 점유율 분석 결과는 범방형 융대문토기 28%(76점), 융선문 19%(53점), 융대문 6.2%(17점), 융선문+융대문 2.5%(7점), 융선문에 침선결합 23%(63점), 융대문에 침선 결합 2.52%(6점), 융대(융선)문에 침선 복합 4.7%(13점), 침선문 14%(38점), 자돌점열문 0.4%(1점)이다. 여기서 주목되는 것은 침선문토기는 일정한 점유 상태를 보인 반면에, 자돌 점열문과 두립문토기가 공반하지 않다는 것이다. 그리고 범방형 각목을 갖는 융대문을 제외하고 대부분의 융기문토기는 융선문을 주요 문양으로 하여 여기에 침선을 그은 문양대가 주류를 이루는 점이다. 그리고 융기문 위에 침선이 결합한 것 중 융선문 위에 침선을 그은 것이 90% 이상을 차지하고, 융대문 위에 침선을 그은 형태가 9% 정도이다.

28 범방유적 구 출토 융대문토기 중 시문구로 각목한 평행융대문 중에는 세죽형 혹은 동삼동 2형으로 보이는 형태도 있고, 평저도 수점 존재하는 것으로 보아 범방유적에는 일부지만, 세죽형 혹은 동삼동 2형 단계의 융기문토기 조성도 존재하는 것 같다. 그러나 주체를 이루는 것은 범방형 융기문토기이다.

29 범방유적 구 및 미보고 자료 63점을 분석한 결과 원저 내지 첨저가 48%, 저면 폭이 좁은 저구형의 저부가 48%, 평저가 4%를 차지한다. 이러한 저부 점유율은 동삼동형이나 세죽유적의 저부와는 다른 양상이며, 범방유적의 융기문토기 조성에서 보이는 특징이라고 할 수 있다. 범방유적에서 보이는 저부 형태는 시기적으로 앞서는 세죽과 동삼동 1·2형 융기문토기의 기형과 관련하여 추론하면 융기문토기 초기에는 평저가 유행하다가 후반에 접어 들면서 저구형 혹은 환저로 변하고 다음 단계인 전기의 원저로 바뀌는 것으로 해석할 수 있다. 따라서 범방유적의 저부 형태는 세죽형에서 전기의 영선동식토기 단계로 전환하는 과도기적인 모습을 보여주는 것으로 추정된다.

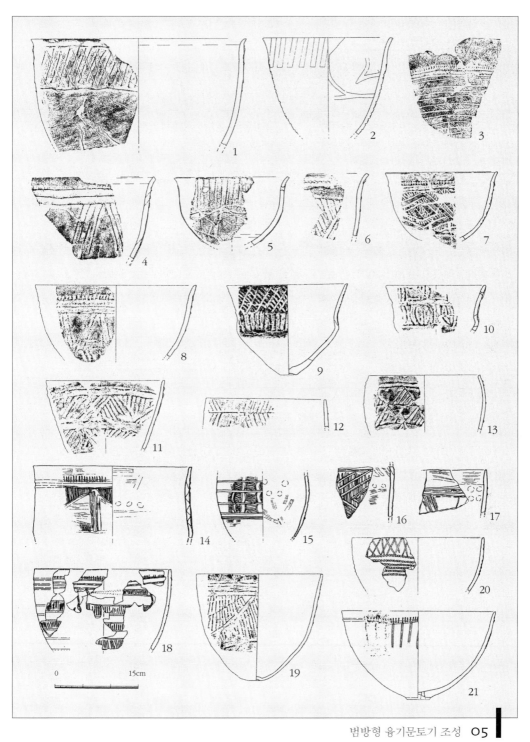

대문토기와는 공존하지 않는다.[30] 범방형 단계에는 두립문토기가 존재하지 않는 것이 가장 큰 특징이다. 이러한 토기조성은 범방형 토기가 출토하는 타유적에서도 동일하게 나타난다.

이상은 범방유적의 구를 표식으로 하는 범방형 융기문토기의 형식조성과 특징이며, 이러한 특징은 동삼동 1·2형과 세죽형 융기문토기에서는 확인되지 않는다. 이에 반해 신암리유적, 연대도패총 P~U피트 3·4층토기군, 비봉리유적 제2패층, 송도유적 4층 및 주거지(도 05), 세죽유적 2군토기[31](도 03-18~32)를 포함하여 우봉리유적, 가덕도 장항유적, 경도 내동유적, 제주 삼양동유적의 일부 토기에서 보이는 융기문토기 조성은 부분적으로 관련 요소가 누락된 것도 있으나 융대문의 시문기법, 채색토기, 융선에 침선을 그은 문양대, 저부형태, 문양대 구성, 두립문 및 두립 복합융대문토기가 공존하지 않는 점 등은 기본적으로 범방형과 동일하다.

4) 연대도형 융기문토기

본 유형은 문화층이나 토기조성 면에서 안정적인 양상을 보여주는 사례가 적어 전체적인 토기조성 관계나 형식적인 특징을 파악하는데 다소 어려운 점이 있다. 그러나 유적 간에 나타나는 부분적인 토기조성과 속성 교차 조합을 통해 어느 정도 그 윤곽을 짐작할 수 있다. 따라서 본고에서는 시간적인 동시성을 강하게 반영하는 분묘 자료와 이와 같은 형식적인 특징을 반영하는 패총 층위 자료를 기준으로 하여 유형을 설정하였다.

---

30 자돌점열문토기는 범방유적 구와 7층에서 2점이 확인되고 있으나 범방형 융기문토기가 출토되는 신암리나 연대도 3·4층, 비봉리 2패층에서 출토되지 않는 것으로 보아 범방형 토기조성에는 기본적으로 포함되지 않는 것으로 생각된다. 자돌점열문토기는 범방형의 전단계인 세죽과 동삼동 2유형에서 일정한 점유율을 보인다.

31 세죽유적의 융선문토기는 점토띠의 접합 형상에 따라 첨부융선문과 삼각융선문으로 구분되며(동국대학교 매장문화재연구소, 2007, 앞의 보고서), 문양대 형태는 수열의 점토띠를 평행하게 시문한 것과 구연 하에 일정한 여백을 두고 횡대를 구획하여 집선상의 융선문을 기하학적으로 시문한 것으로 구분된다. 융선문 위에 침선문을 그은 복합 문양은 보이지 않으나 채색토기와 저구형 저부는 공존한다. 이러한 특징은 범방형에서 보이는 양상과 같다.

유형 설정은 층위적으로 전술한 동삼동 1·2형과 세죽형에 후행하면서 형식적으로 구별되는 동삼동 7층을 표준 형식명으로 할 수 있지만, 시기를 달리하는 유물이 다소 혼재되어 부적당한 것으로 생각된다. 따라서 형식조성의 내용은 다소 빈약하지만 시간성과 형식의 안전성을 고려하여 연대도 자료를 중심으로 연대도형(도 06)으로 설정하고자 한다.

본 유형은 토기 조성에서 있어 관련 자료가 부족하여 문양의 점유율 경향을 파악할 수 없으나, 범방형과 마찬가지로 자돌문과 두립문이 공존하지 않는 특징을 보인다. 그리고 융대문보다는 융선문의 시문 비율이 높은 것으로 추정된다. 융대문은 전 단계에 이어 존속하지만 수량이 적으며, 문양대 역시 가늘고, 전형적인 것과 다소 차이를 보인다. 융선문은 전형적인 것보다 세융선이 많으며, 문양대 형태는 주로 평행 혹은 호선상으로 집선 융선문을 시문하는 경우가 많다(도 06-7~9·13). 복합융기문은 융대 혹은 융선문에 침선이 결합되며, 타문양과의 복합 양상은 보이지 않는다.

기종구성은 전술한 유형과 마찬가지로 심발형을 기본으로 한 단순한 형태를 보이지만, 가덕도와 연대도, 동삼동 7층, 여서도패총에서 보이는 바와 같이 원저 장경호(도 06-7·17)와 완형토기(도 06-14·15·24), 직립단경호(도 06-1·2·21)가 새로운 기종으로 추가된다.

특히 연대도 7호분 장경호와 가덕도 출토품은 동일한 기형으로 긴 목에 세융선이 평행 혹은 기하학적 문양을 시문하고 있다. 동삼동 7층 출토품(도 06-7)은 경부만 남아 있어 전체 기형을 알 수 없으나 연대도와 가덕도 출토품과 동일 기형임이 틀림없다. 이 같은 기형의 장경호는 무문양 원저 발형과 2단굴곡형토기,[32] 세융선문토기 등과 조합을 이룬다. 이밖에 저부의 형태도 평저가 사라지고 원저로 대체되는 양상을 보인다.

연대도형에서 보이는 이러한 형식적인 특징은 연대도 7호·11호 분묘(도 06-10~17)와 동삼동패총 7층(도 06-1~7·9), 가덕도 장항유적의 일부 분묘 부장품, 여서도 5층의 토기 조성에서 확인된다. 그 밖에 국립중앙박물관의 동삼동 자료(도 06-8)와 연대도 2층(도 06-19), 선진리유적(도 06-18)의 일부 융기문토기에서도 찾을 수 있다.

---

32 2단굴곡형토기는 동삼동 7층과 가덕도 분묘 부장품으로 출토되고 있다.

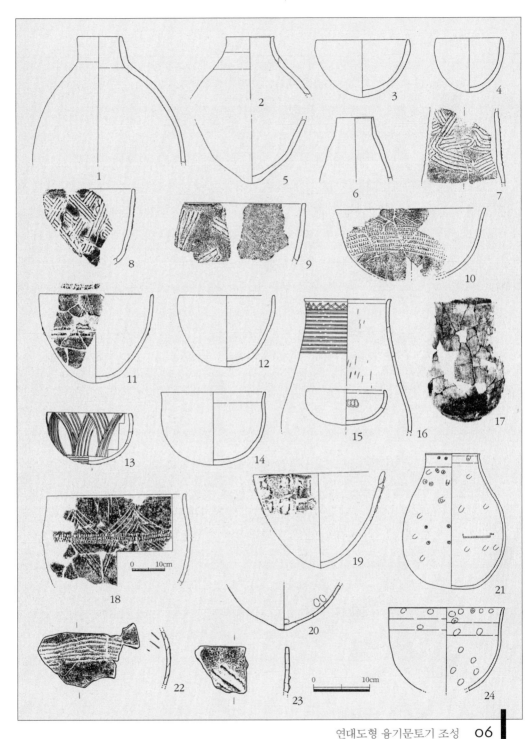

5) 종말기형 융기문토기

본 유형은 기존에 파상융기대문,[33] 유사융기문[34] 혹은 교호각목융기문토기[35]로 불리는 것이다.[36] 융기문의 형태적 특징과 시문 기법이 일반적인 것과 구분되고, 시기적으로 조기의 종말기에 위치하기 때문에 필자는 기존의 전형 융기문토기와 달리 변형된 융기문을 갖는 일군의 토기를 종말기형 융기문토기[37]로 부르고자 한다.

종말기형 융기문토기는 형식조성과 문양형태의 점유 양상 등은 자세하지 않으나 문양대가 단순하고, 구순에 각목한 형태가 많은 것이 특징이다. 점토띠를 붙여 융선문을 시문한 형태는 보이지 않으며 기면을 변형시켜 융선문 효과를 내는 유사융선문토기만 존재하는 것으로 추정된다. 융대문도 전형적인 것과 달리 시문구로 상호 엇갈리게 각목하여 융대문을 시문하는 것이 특징이다. 기형은 호형도 존재하나 원저 발형이 주류를 이루는 것으로 생각된다. 이러한 형식적인 특징은 전술한 융기문토기 유형과는 다른 모습이다.

종말기형은 타 기종과의 조성관계는 자세하지 않으나 시문 기법에 따라 기면을 집거나 시문구로 기면을 엇갈리게 눌러 융선문 효과를 내는 1형(도 07-1~4)과 점토띠 위에 시문구로 지그재그형으로 상호 엇갈리게 압인기법으로 각목하여 융대문을 만든 2형(도 07-5~14)으로 구분할 수 있다. 1형은 동삼동·조도·북정·가덕도패총에서 출토되며, 2형은 동삼동·연대도·비봉리·범방·가덕도·연대도·상노대도·영선동패총에서 출토된다.

이들 종말기형 융기문토기는 동삼동 3호 주거지, 비봉리 1패총, 범방 6층에서 영선동식토기와 공반되고, 동삼동과 비봉리유적 출토품 중에 영선동식의 압인횡주어골문

---

33 정징원, 1985, 「남해안지방 융기문토기에 대한 연구」, 『부대사학』9.
34 정징원, 1993, 「남해안지방 초기 즐문토기의 일검토」, 『영남고고학보』7, 영남고고학회.
   하인수, 1997, 앞의 글.
35 田中聰一, 2000, 앞의 글.
36 기존에 유사 융기문토기 혹은 교호각목융기문토기로 분류되어 온 융기문토기를 전형적인 융기문토기와 시문수법과 문양형태에서 차이를 보인다는 점에서 변형 융기문토기로 부르는 것도 좋다고 생각한다. 필자는 종말기형을 이전 논고에서 조기 마지막 단계의 융기문토기로 분류하고 편년하였다(하인수, 2002, 앞의 글).
37 표식 유적이 없어 형식명으로 다소 문제가 있지만, 종말기형 형식조성과 특징을 보여주는 새로운 유적이 발견되기 전까지 임시로 사용하기로 한다.

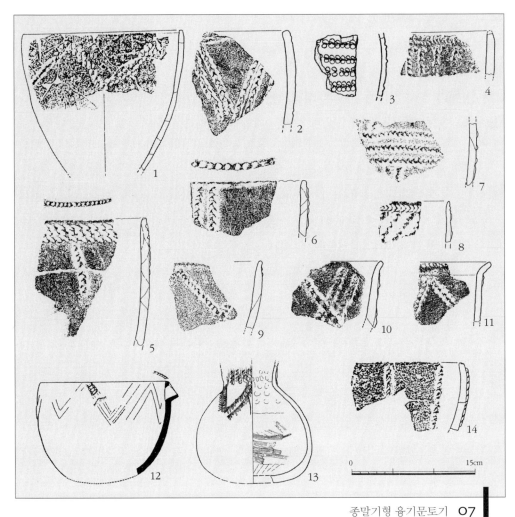

(1 : 연대도 마층, 2 · 3 · 5~8 : 동삼동(중박), 4 : 동삼동 3호 주거지, 9 : 욕지도, 10 · 11 : 범방유적 6층,
12 : 영선동, 13 : 비봉리1패층, 14 : 상노대도)

이 복합되는 것(도 07-4 · 8 · 13)으로 보아 전기의 영선동식토기와도 밀접한 관련이 있
음을 알 수 있다.

한 토기에 시기를 달리하는 문양이 혼재하는 것은 융기문토기에서 영선동식토기로
의 이행 양상을 보여 준다는 점에서 조기와 전기 문화의 전환 과정을 연구하는데 주요
한 자료라고 판단된다. 그러나 아직 관련 자료가 충분치 않아 이들 토기의 형식 조성과
특징이 자세하지 않으며, 문화적 실체(주거, 생업, 토기 및 도구도성 등)도 불투명한 실
정이다. 따라서 종말기형 융기문토기를 어느 시기에 편입시킬 것인지에 대해서는 앞으

로 구체적인 검토가 필요하다고 생각된다.[38]

3. 편년과 전개

남해안지역에서 출토된 융기문토기는 전술한 바와 같이 시문수법과 문양요소, 문양 구성 등에서 다양한 특징을 보여 주며, 이에 대한 분류와 편년은 연구자 간에 다양한 견해가 제시되어 있다. 그러나 필자는 최근 조사된 동삼동, 비봉리, 범방, 죽변, 연대도, 가덕도 장항유적 등에서 출토한 남해안 융기문토기를 분석한 결과 유적 간에 나타나는 토기 조성관계와 형식적인 차별성을 기준으로 동삼동 1형, 세죽형, 동삼동 2형, 범방형, 연대도형, 종말기형의 6유형으로 나누고자 한다.

각 유형 중에는 패총 자료가 갖는 한계로 앞으로 구체적인 검토와 분석이 필요한 부분도 있지만, 융기문토기 문화층의 층서적인 사례와 형식조성의 일괄성, 절대연대 등으로 본다면 남해안지역[39] 융기문토기는 동삼동 1형⇒세죽형⇒동삼동 2형⇒범방형⇒연대도형⇒종말기형으로 변천한 것으로 추정된다. 그리고 각 유형은 형식조성의 유사성과 절대 연대상으로 볼 때 4단계로 편년 할 수 있다. 그러면 각 유형별 상대편년에 대해 살펴보기로 한다.

동삼동 1형은 관련 유적이 적어 전체적인 토기조성과 형식적인 특징은 불투명하지

---

38 김은영(2010, 「영선동식토기의 편년」, 『부산대학교고고학과창설20주년기념논문집』40, 부산대학교 고고학과 · 2011, 앞의 글)은 유사융기문 혹은 교호각목융기문토기를 영선동식 압인문과 복합되는 양상, 문양 모티브가 영선동식에 계승된다는 형식학적 관련성 등을 들어 영선동식토기의 이른 단계(영선동기)로 편년하고 있다. 그러나 필자는 융기문에 초점을 맞추어 일단 조기의 마지막 단계의 융기문토기로 분류해두고자 한다.

39 최근 김은영(2011, 앞의 글)은 남해안지역의 융기문토기(연대도문화) 지역성을 문양대 형식적 속성과 분포양상을 기준으로 부산 울산지역과 남해안 도서지역으로 나누고 있다. 이러한 지역 구분은 유적 내에 혼재하는 다양한 융기문토기의 형식조성과 시간차를 고려하지 않은데 검토의 여지가 있다고 생각한다. 예를 들면 부산 · 울산과 남해도서지역의 분류 기준으로 삼은 융대문과 융선문의 분포비중은 동시기의 지역차가 아니라 시간성을 반영하는 것이며, 지역성을 구분하기 위해서는 양지역의 토기 형식에 대한 동시기성이 전제가 되어야 함에도 불구하고 이에 대한 구체적인 검증 절차와 근거가 결여되어 있기 때문이다. 따라서 필자는 현재까지의 자료를 통해 볼 때 지역색을 보일 만큼 토기 형식 차가 없고 제일성을 가지기 때문에 남해안지역의 공간과 편년의 범위를 울산지역까지 확대하여 다루고자 한다.

만, 현재까지 한반도에서 확인된 융기문토기 중 가장 고식의 형식으로 추정된다.[40] 지두로 각목한 A형 융대문을 기본으로 한 문양대의 형태와 시문 수법의 단순성[41]은 융기문토기의 발생기적인 모습을 보여주는 것으로 생각된다.

동삼동 1형은 층위적으로 동삼동 2형보다 선행하는 것은 분명하나 세죽형과의 선후관계는 알 수 없다. 그러나 동삼동 9층의 절대연대(B.C.5,785년)가 세죽유적 1군토기의 탄화물 연대(B.C.5,400년 전후)보다 이르고, 전술한 바와 같이 융대문의 각목기법의 형태[42]와 융대문토기의 점유율 변화가 동삼동 1형에서 세죽형, 동삼동 2형, 범방형으로 순차적으로 변화하는 경향성을 보이는 점에서 동삼동 1유형이 세죽형보다 선행하는 것은 분명하다고 생각된다.[43]

세죽형과 동삼동 2형토기는 선후 관계를 결정할 객관적 자료가 없어 단정 할 수 없으나 세죽형에서 보이지 않는 융대(선)문에 침선문이 복합하는 융기문과 융선문이 증가하고, 세죽형의 융대문이 감소하는 문양의 속성변화와 형식조성의 차이로 보아 세죽형이 빠르고 동삼동 2형이 늦은 것으로 생각한다. 그러나 동삼동 2형에는 동해안계의 죽변리식토기(도 08)인 내경구연토기, 파수부토기와 두립문토기가 공반하고 세죽형 토기조성도 일부 포함되어 있는 것으로 보아 시기 차는 크지 않을 것으로 생각된다.

동삼동 2형토기는 대부분이 편들이라 융기문토기의 형식적인 특징이 자세하지 않아 앞으로 구체적인 검토가 필요하겠지만 전술한 바와 같이 동삼동 2형은 세죽형과 범방형의 과도기적인 양상을 반영할 가능성도 있다고 생각한다. 이에 대해서는 추후에 다시 검토하고자 한다.

---

40 하인수, 2001, 앞의 글.

41 A형 융대문은 점토띠를 기면에 부착하는 시문 기술이 시문구로 각목한 B형 융대문보다 고졸하다.

42 융대문의 각목기법은 동삼동 1형에서 A형이 80%, B형이 20%의 점유율을 보이는 반면에 세죽형에서는 A형이 3%, B형이 97%를 차지한다. 유적에 따른 융대문 형태의 점유율 변화는 시간성을 반영하는 것으로 볼 수 있으며, 이러한 현상은 비봉리유적의 문화층에서도 확인된다.

43 동삼동, 세죽, 범방형 융기문토기의 문양형태를 복합문 융기문토기를 제외한 순수 융기문토기만을 대상으로 한 조성비를 살펴보면 융대문은 동삼동 1형에서 95% 이상, 세죽형에서 87%, 동삼동 2유형에서 47%, 범방형에서 25%의 점유율을 보인다. 융선문의 경우는 동삼동 1형이 5% 이하, 세죽형이 11%(2군토기 포함), 동삼동 2형이 53%, 범방형이 75%의 점유율을 보인다. 이러한 양상은 융기문토기가 초기에는 융대문이 주류를 이루면서 점점 감소하는 경향을 보이고 융선문은 초기에는 거의 미미하게 존재하다가 융대문의 감소와 더불어 증가하는 경향성을 반영하는 것으로 볼 수 있다. 따라서 이러한 점유율의 증감은 융기문토기의 문양 형태가 시간의 흐름에 따라 형식적으로 변하고 있음을 보여주는 것으로 해석할 수 있다.

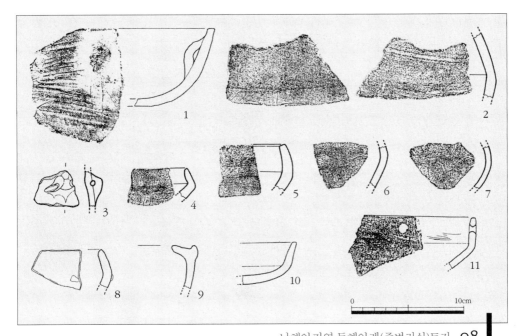

(1 : 동삼동(중박), 2~3 : 동삼동 8층, 4 : 동삼동 5층, 5 : 동삼동 교란층, 6 · 7 : 동삼동 9층, 8 : 안도 나유적,
9 : 욕지도, 10 · 11 : 범방패총 13 · 12층)

　　세죽형 · 동삼동 2형과 범방형의 선후 관계는 양자간에 형식적인 차가 크고 절대연대와 층위상으로 보아 전자가 선행하는 것은 분명하다. 먼저 양자간의 절대연대 자료를 비교하면 세죽형 중 융대문토기와 두립복합융대문토기에 부착된 탄화물의 연대는 B.C.5,400~5,200년 정도이고, 범방형에 속하는 범방유적의 구출토 목탄과 토기 탄화물의 연대는 B.C.4,900~4,800년이다. 범방형과 동일한 형식조성을 보이는 비봉리 2패층은 B.C.4,860년, 연대도 3층은 B.C.4,900년 전후한 연대를 보이고 있다.[44]

　　그리고 범방형에서는 세죽과 동삼동 2형에 보이는 문양 조성과 두립문토기와 자돌점열문이 보이지 않고, 동삼동 7층에서 범방형의 특징적인 시문기법을 보이는 융대문토기와 채색토기가 출토되는 점도 범방형이 세죽형이나 동삼동 2형토기보다 시기적으로 늦게 출현한 형식임을 반영하는 것으로 생각된다.

---

44 동삼동 2형의 절대연대(B.C.5,650년)는 동삼동 8층의 예가 있으나 세죽보다 연대가 올라가는 것으로
　보아 하층의 동삼동 1형 연대를 반영하는 것으로 보인다.

한편 김은영은 범방형과 동일한 형식조성을 보이는 신암리유적을 세죽유적의 토기 조성보다 이른 시기로,[45] 세죽형과 연대도 2층 토기조성(필자의 연대도형)을 동시기로 편년하고 있다. 그러나 그가 동해안적 요소라는 것이 시기적으로 후행하고 새로운 요 소라는 근거는 없으며, 동삼동패총에는 시기를 달리하는 다양한 형식의 융기문토기(이 른 단계에서 종말기의 토기까지)가 존재함에도 불구하고 하나의 토기조성으로 인식한 점, 전술한 바와 같이 세죽형이 절대연대나 층위적으로 선행한다는 점에서 문제가 있 다고 생각한다.

그리고 동삼동·세죽 토기조성을 연대도 2층토기(분묘 출토품 포함)와 동시기로 편 년한 점 역시 양자가 형식적으로 전혀 연결되지 않을 뿐만 아니라 형식차가 매우 크다 는 점에서 재검토가 필요하다고 생각된다.[46] 연대도 2층의 토기조성은 환저의 저부와 기형, 문양 형태 등에서 융기문토기의 거의 마지막 단계의 형식적인 특징을 보이며, 이 러한 양상은 동삼동 7층, 가덕도 분묘 토기조성에서도 나타난다.

범방형과 연대도형 융기문토기의 선후 관계는 범방형 형식조성을 보이는 연대도 3 ·4층과 연대도형의 분묘 출토품과의 층위적인 중복 관계, 평저 발형에서 원저 발형으 로의 형식적 변화,[47] 문양 형태와 속성의 차이 등으로 보아 범방형이 선행함은 분명하다.

종말기형과 연대도형의 선후 관계는 관련 자료가 부족하여 확정할 수 없으나 융기 문의 시문 수법과 문양 형태 등에서 연대도형이 범방형과 유사도가 높고, 종말기형은 전형적인 융기문에서 변질된 특징을 보이며, 영선동식토기 요소를 포함하고 있다는 점 에서 연대도형이 선행하는 것으로 추정된다. 그러나 기형과 기종 조성에서 유사한 점 도 있는 것으로 보아 시간적인 차는 크지 않을 것이다.

종말기형 융기문토기는 영선동식토기의 전형적인 문양인 압인횡주어골문과 복합 되어 있고, 기형이라든가 시문 수법, 구순각목 등에서 영선동식토기 요소가 강하므로

---

45 김은영, 2011, 앞의 글.
　동삼·세죽 토기 조성에는 새로운 요소(구순각목 융기문토기, 자돌문·압날문·두립문을 공반한 융기 문토기)가 포함되어 있고 동삼동과 유사한 토기가 선진리에서 연대도 2층의 토기와 공출하는 점을 들 어 신암리토기조성에서 동삼동·세죽 토기조성으로 변천하는 것으로 추정하고 있다.
46 김은영은 연대도 2층과 동삼동·세죽 토기조성에서 보이는 차이(세죽 - 융대문·평저, 연대도 2층 - 집 선용융기문·원저가 주체)를 시기적인 것보다 동해안지역의 영향에 따른 지역성으로 보고 있다. 그러나 이것은 지역성을 반영하는 것이 아니라 시간성을 나타내는 것이다.
47 연대도형 토기에는 범방형에 보이는 평저 혹은 저구형 저부는 보이지 않으며, 영선동식 기형에 가까운 원저 발형이 주체를 점한다.

기존의 견해대로 융기문토기의 퇴화형으로 마지막 단계로 추정된다. 종말기형 토기는 양 시기의 토기 요소가 공존함으로 조기에서 전기로 전환하는 과도기적인 토기 형식이라고 할 수 있다. 그러나 이를 조기 말에 편년할지 영선동식기의 전기 초로 편년할지는 유물 복합체와 생업문화 등을 구체적으로 파악한 후에 결정해야 할 것으로 생각된다.

이상에서 살펴본 각 유형별 융기문토기의 상대편년을 살펴보았는데, 필자는 이를 기준으로 남해안 조기 융기문토기를 4기로 편년하고자 한다.

I 기는 동삼동 1형을 표식으로 하며 A형 융대문토기가 주체를 이루는 시기이다. 융대문의 시문 형태로 보아 발생기의 융기문토기 단계라고 추정된다. 융선문토기의 존재는 극히 미미하거나 공존하지 않은 것으로 보이며, 두립문이나 자돌 점열문토기 역시 비주체적인 존재로 생각된다. 중심연대는 B.C.5,700~5,500년 정도로 추정된다.

II 기는 세죽형과 동삼동 2형을 표식으로 하며, A형융대문토기는 거의 사라지고 B형 융대문토기와 복합융기문토기가 성행하는 시기이다. 이와 더불어 자돌 점열문, 두립문토기가 일정한 점유 상태를 보인다. 이 시기는 동해안계 토기문화와 접촉이 활발히 전개되며, 남해안 융기문토기 문화가 동해안지역까지 확산한다. 중심 시기는 세죽유적의 연대로 보아 B.C.5,400~5,200년으로 추정된다.

III기는 범방형 융기문토기를 중심으로 하는 시기이다. 범방형 융대문과 채색토기, 굴곡형토기가 새로이 출현하여 성행하며, 전 단계의 융대문토기는 감소하고 두립문과 자돌문토기가 소멸한다. 중심 시기는 연대도, 비봉리, 범방유적의 절대연대 자료로 보아 B.C.5,200~4,800년으로 추정된다.

IV기는 연대도형과 종말기형 융기문토기를 표식으로 한다. 동삼동 7층, 연대도 7호, 11호, 가덕도 분묘 출토품의 융기문토기 조성에서 보는 바와 같이 전형적인 융기문토기 형식에서 변화된 특징을 보여주며, 영선동, 동삼동, 비봉리 1패층에서 출토되는 변형 융기문토기(유사융기문 내지 교호각목융기문토기)가 성행한다.

본 단계의 후반은 앞 시기의 융기문토기와는 시문수법과 문양형태에서 변질된 특징을 보여줄 뿐만 아니라 영선동식토기의 특징적인 압인횡주어골문이 병존한다는 점에서 조기와 전기의 전환기적인 양상을 보인다. 중심 시기는 절대연대 자료가 없어 확정할 수 없으나 영선동식토기의 편년을 참고하면 B.C.4,800~4,500년 정도로 추정된다.

4. 맺음말

이상에서 최근 발굴 자료를 중심으로 기존의 편년방법과 다른 관점에서 남해안지역의 융기문토기를 분류하고 이전에 발표한 구고의 내용을 수정 보완하는 편년안을 제시하였다. 그러나 관련 유적의 자료 부족과 형식조성의 불안정으로 인해 세부적인 검토가 필요한 유형도 있고, 구체적인 분석이 결여된 부분도 있다고 생각된다. 이와 더불어 남해안 융기문토기의 확산 문제, 동해안지역의 토기형식(오산리식과 죽변리식토기)과의 관계, 융기문토기 내에서의 두립문토기의 위치 등은 검토하지 못하였다. 이러한 점들은 차후에 다시 다루고자 한다.

參考文獻

참고문헌

國文

고동순, 2009,「동해안지역의 신석기문화」,『한반도 신석기시대 지역문화론』, 동삼동패총전시관.

국립광주박물관, 1989·1990,『돌산송도』Ⅰ·Ⅱ.

_____, 1994,『돌산 세구지유적』.

국립김해박물관, 2008,『비봉리』.

국립문화재연구소, 2004,『고성 문암리유적』.

국립중앙박물관, 2004·2005,『동삼동패총』Ⅰ~Ⅲ.

국립진주박물관, 1989,『욕지도』.

_____, 1993,『연대도』Ⅰ.

김상현, 2011,「釜山加德島 獐項遺蹟」,『日韓新石器時代研究の現況』, 第9回韓日新石器時代研究會發表
　　　　資料集.

김은영, 2006,「한반도 중동부지역 신석기시대 평저토기의 시공적 위치에 대하여」,『석헌 정징원교수
　　　　정년퇴임기념논총』, 부산고고연구회.

_____, 2010,「영선동식토기의 편년」,『부산대학교고고학과창설20주년기념논문집』40, 부산대학교 고
　　　　고학과.

_____, 2011,「가칭 연대도문화 연구」,『박물관연구논집』17, 부산박물관.

동국대학교 매장문화재연구소, 2007,『울산세죽유적』Ⅰ.

동아대학교 박물관, 1997,『울산우봉리유적』.

복천박물관, 2012,『동삼동패총정화지역 즐문토기』, 도판.

부산대학교 박물관, 1994,『청도 오진리 암음유적』.

부산박물관, 1993,『범방패총』Ⅰ.

_____, 2007,『동삼동패총정화지역발굴조사보고서』.

_____, 2009,『범방유적』.

서울대학교박물관, 1984·1985·1988, 『오산리유적』 Ⅰ~Ⅲ.

예맥문화재연구원, 2010, 『양양 오산리유적』.

이동주, 1996, 「한국 선사시대 남해안 융문토기연구」, 동아대학교 대학원 박사학위논문.

_____, 1998, 「동북아시아 융기문토기의 제문제」, 『한국선사고고학보』제5권, 한국선사고고학회.

이상균, 1996, 「융기문(신암리식)토기의 제문제」, 『호남고고학보』3, 호남고고학회.

_____, 1998, 「호남지역 신석기문화의 양상과 대외교류」, 『호남고고학보』7, 호남고고학회.

임상택, 1993, 「한반도 융기문토기의 연구」, 서울대학교 대학원 석사학위논문.

田中聰一, 2000, 「한국 중·남부지방 신석기시대 토기문화 연구」, 동아대학교 대학원 박사학위논문.

정징원, 1985, 「남해안지방 융기문토기에 대한 연구」, 『부대사학』9.

_____, 1993, 「남해안지방 초기 즐문토기의 일검토」, 『영남고고학보』7, 영남고고학회.

제주대학교 박물관, 1998·2003, 『제주고산리유적』.

하영중, 2010, 「울진 죽변리유적」, 『이주의 고고학』, 한국고고학회.

하인수, 1997, 「영남지방 융기문토기의 재검토」, 『영남지역의 신석기문화』, 영남고고학회.

_____, 2001, 「융기문토기의 성립과 전개」, 『한국 신석기시대의 생업과 환경』, 동국대학교 매장문화재
　　　　연구소 제1회 학술회의.

_____, 2002, 「남해안 즐문토기연구 현황과 과제」, 『박물관연구논집』9, 부산박물관.

_____, 2006, 「영남해안지역의 신석기문화 연구」, 부산대학교 대학원 박사학위논문.

_____, 2009, 「동삼동패총 문화에 관한 시론」, 『한국신석기연구』18, 한국신석기학회.

_____, 2011, 「동해안지역 융기문토기의 검토」, 『한국고고학보』79, 한국고고학회.

日文

廣瀬雄一, 1990, 「隆起文土器の諸問題」, 『考古學の世界』6.

_____, 1998, 「韓國新石器時代の諸問題(1)」, 『研究紀要』4, 佐賀縣立名護屋城博物館.

藤村東男, 1983, 「繩文土器組成論」, 『繩文文化の研究』5, 雄山閣.

_____, 1986, 「組成論 - 大洞式土器」, 『季刊考古學』17, 雄山閣.

03

동해안지방의 오산리식토기와 융기문토기의 층위 검토

고 동 순 예맥문화재연구원

1. 머리말

　동해안지방의 신석기시대 조 · 전기 유적으로는 양양 오산리유적 A · C지구, 양양 용호리유적, 고성 문암리유적, 동해 망상동유적 등이 있다. 조기 유적에는 무문양토기와 압날점열구획문토기가 출토되었고, 전기 유적에서는 오산리식토기와 융기문토기가 출토되었다.

　1980년대에 양양군 손양면 오산리에 위치한 오산리유적 A · B지구에서는 오산리식 토기가 출토되는 문화층에서 산발적으로 융기문토기가 출토되었다. 융기문토기의 시기 · 기원 · 전파에 대한 견해는 다양하지만 동 · 남부지방의 융기문토기가 조기로 편년되어 왔고, 오산리유적 A지구에서도 대부분 오산리식토기가 출토되는 가운데 약간의 융기문토기가 출토되었기 때문에 선 · 후관계에 있어서 오산리식토기보다 융기문토기가 앞서는 것으로 인식되어 왔다. 고성 문암리유적에서도 오산리식토기문화층 가운데에서 융기문토기가 일부 출토되어 동해안지방에서 오산리식토기와 융기문토기의 선 · 후 관계를 확인하는데 어려움이 있었다. 이후 2007년 오산리유적 C지구 발굴조사에서 오산리식토기와 융기문토기가 층위를 달리하여 출토되어 세 유적간의 오산리식토기와 융기문토기간의 층위관계를 확인할 수 있게 되어, 본고에서는 세 유적간의 층위와 오산리식토기와 융기문토기의 선 · 후 관계를 알아보고자 한다.

2. 유적 검토

1) 양양 오산리유적 A지구[1]

오산리유적이 위치한 사구는 해안에서 250~550m 정도 거리에 위치하며, 동 → 서 방향으로 쌍호의 가운데로 성장한 사구이다. 사구의 크기는 동 - 서 300m, 남 - 북 A지구 100m, C지구 120m 내외이다. 사구의 밑으로는 구석기문화층이 있는 갱신세층이 동 → 서쪽으로 120m 정도까지 자리하고 있는 것으로 추정된다.[2]

오산리유적 A지구의 층위는 표토층과 생토층을 제외하면 크게 6개의 자연층으로 구분된다. Ⅰ층은 청동기시대이고, Ⅱ층 이하는 신석기시대에 해당하는 층이다. Ⅴ층은 다시 7개의 전기 문화층으로 세분할 수 있으며, 전기 문화층에서는 오산리식토기가 출토되는 주거지 8기와 많은 유물이 출토되었고, 지표를 중심으로 융기문토기 11점이 출토되었다.

동해안지방에서 신석기시대 유적이 주로 분포하고 있는 사구는 평지성 사구와 구릉성 사구로 구분을 할 수 있다. 오산리유적에 위치하는 사구는 동해안의 다른 사구와 달리 구릉성 사구로 구분할 수 있으며, 구릉성 사구는 평지성 사구와 달리 토층이 수평적으로 발달하지 않고, 토층의 변화가 많은 것으로 조사를 통하여 확인되고 있다. 특히 오산리유적 A · B지구와 같이 공사로 중간부분이 많이 훼손된 사구에서는 토층의 변화가 심하여, 전체적인 토층을 확인하기에는 더욱 어려울 것으로 판단된다. 즉 오산리유적 A · B지구는 원래 지형이 C지구(해발 11~12m)에서 연결되어 서쪽 끝부분인 B지구까지 연결되어 있었으나, 1978년 공사로 A지구의 사구를 파내어 쌍호를 매립하면서 현재의 오산리유적 A · C지구의 형태가 이루어졌다. 공사를 하지 않았으면 오산리유적은 쉽게 확인하기 어려운 상태였으며, 공사로 인하여 없어진 A지구에서 조사된 오산리식토기문화층의 상층으로는 어떠한 유적이 있었는지는 알 수 없다. 그러나 A지구 동쪽으

---

1 서울대학교박물관, 1984 · 1985 · 1988, 『오산리유적, 오산리유적Ⅰ, 오산리유적Ⅱ』, 서울대학교박물관 고고인류학 총간 제9~11책.
2 오산리유적 C지구 발굴조사에서 조기 문화층이 갱신세층 위에서 확인되었으며, 도로건너 A지구에서도 확인되나 서울대학교 박물관에서 조사한 부분에서는 확인되지 않아 중간 어디쯤에서 끝나는 것으로 판단하였다.

층위		색조	시기	출토 유물		비고
				오산리식토기	융기문토기	
I		암황갈색점토	청동기	무문토기, 점토대토기편		
II		황갈색사질층				
III		암갈색사질층			1점	
IV		황갈색사질층				
V	1	암갈색사질층	신석기	1호 주거지		나머지 융기문토기는 지표에서 7점, B지구에서 1점
	2	황갈색사질층	〃	2호 주거지	1점	
	3	암갈색사질층	〃	3·4호 주거지		
	4	황갈색사질층	〃	5호 주거지		
	5	암갈색사질층	〃	6·7호 주거지	1점	
	6	황갈색사질층	〃			
	7	암갈색사질층	〃	8호 주거지		
VI		황갈색사질층	생토층			

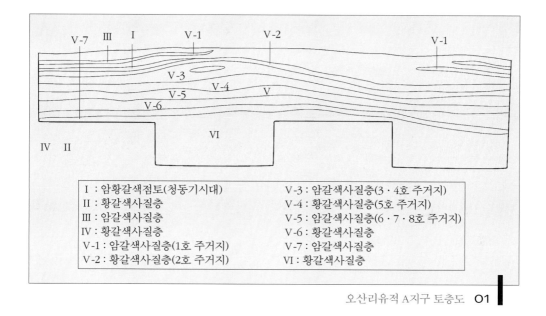

I : 암황갈색점토(청동기시대) V-3 : 암갈색사질층(3·4호 주거지)
II : 황갈색사질층 V-4 : 황갈색사질층(5호 주거지)
III : 암갈색사질층 V-5 : 암갈색사질층(6·7·8호 주거지)
IV : 황갈색사질층 V-6 : 황갈색사질층
V-1 : 암갈색사질층(1호 주거지) V-7 : 암갈색사질층
V-2 : 황갈색사질층(2호 주거지) VI : 황갈색사질층

오산리유적 A지구 토층도 O1

로 70m 거리의 C지구 발굴조사로 인하여, A지구 상층의 토층에 대하여 관심을 갖게 되었고, A지구 지표에서 주로 출토된 융기문토기의 층위에 대한 재해석이 가능하게 되었다.

층위	색조	출토 유물		비고
		오산리식토기	융기문토기	
I	회백색사질토층			근세
II	황갈색사질토층			조선시대
III	흑갈색사질점토층			청동기
IV	흑색사질토층			신석기 중기
V	갈색사질토층			
VI	황갈색사질토층		융기문토기 상층	신석기 전기
VII	흑색사질토층		융기문토기 하층	신석기 전기
VIII	흑갈색사질토층	오산리식토기문화층 11점		신석기 전기
IX	흑색사질토층	무문양토기, 적색마연토기		신석기 조기
X	암갈색사질점토층	무문양토기, 적색마연토기		신석기 조기
XI	황색점토층			후기구석기시대

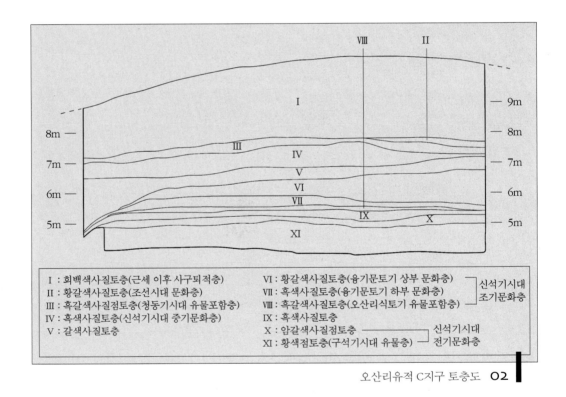

오산리유적 C지구 토층도 02

2) 양양 오산리유적 C지구[3]

C지구는 A지구에서 동쪽으로 70m 거리에 위치하며, 해발고도는 최고 11~12m 정도이고, 조·전기 유적이 출토되는 높이는 A지구보다 2~3m 정도 더 높은 4~6m 정도이다. 사구 밑 해발 4m 높이에는 동 → 서 방향으로 완만하게 낮아지는 갱신세층이 형성되어 있으며, 갱신세층은 서쪽으로 도로 건너편에서도 확인되나 A지구에서는 확인이 되지 않은 것으로 보아 A지구와 중간 어딘가까지 형성된 것으로 판단된다.

C지구의 토층은 유적이 확인된 중심부는 잘 남아 있었으나, 사구 북쪽부분은 바람의 영향으로 주거지들이 결실된 상태로 확인되기도 하였다. 전체적인 토층은 구릉에 가까운 동쪽이 얇은 반면, 경사를 따라 서쪽으로 내려가면서 두꺼워지는데, 바람의 영향을 덜 받은 남쪽의 토층은 두께가 얇아 토층이 압축된 듯하였다. 오산리유적의 토층은 사구지대라 토층이 부분적으로 훼손되기는 하였지만 전체적인 토층의 흐름을 확인하는 데에는 무리가 없으며, 위치에 따라 두께와 색조에 차이가 있다.

C지구의 중심 토층은 A지구와 달리 안정된 상태로 확인되었으며, 사구의 높이는 약 6m(해발 11m) 내외이고, 모두 11개층이 확인되었다. 이중 신석기시대 문화층은 3m 정도에서부터(2호 주거지) 5개의 문화층이 확인되었다.

5개의 문화층은 갱신세층 상면에서 조기 문화층이, 조기 문화층 위로는 얇은 오산리식토기문화층, 오산리식토기문화층 위로는 다시 융기문토기 하부 문화층, 그 위로는 융기문토기 상부 문화층이 위치하고, 약간의 간층을 두고 중기 문화층인 침선문토기문화층이 확인되어 신석기시대 조기, 전기, 중기까지의 문화층이 안정된 상태로 확인되었다.

조사시 주거지가 위치한 부분과, 확인되지 않은 부분의 토층상태는 다르게 확인되었다. 주지하다시피 보고서에 제시하는 토층의 상태는 주거지와 관련된 한부분의 토층을 제시하는 것이지 유적의 전체를 설명하기에는 무리가 있다. 특히 오산리유적과 같이 바닷가에 위치한 구릉성 사구의 토층에는 많은 변화가 있다.

---

3 예맥문화재연구원, 2010, 『襄陽 鰲山里遺蹟』.

층위		색조	출토 유물		비고
			오산리식토기	융기문토기	
I		표토			침선문
II		황갈색사질층			침선문
III		회황색사질층	12점		침선문
IV		흑색사질토층			
V		백색사질층			
VI		회흑색사질층	7점	1점	
VII	1	암회색사질층	주거지 2기, 야외노지 5기, 83점	37점	98년 발굴
	2	암회색사질층	주거지 2기, 매장유구 1기, 야외노지 1기, 수혈 3기, 41점	5점	02년 발굴
VIII		황회색사질층	15점	1점	
IX		회색사질층	무문양토기		02년 7호 주거지
X		황색사질층	무문양토기 5점		

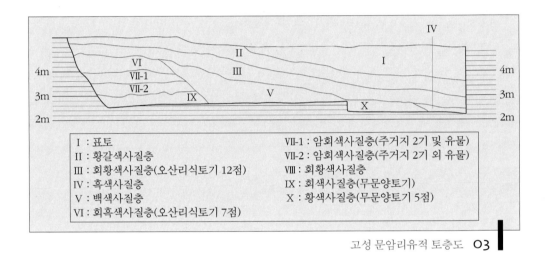

Ⅰ : 표토
Ⅱ : 황갈색사질층
Ⅲ : 회황색사질층(오산리식토기 12점)
Ⅳ : 흑색사질층
Ⅴ : 백색사질층
Ⅵ : 회흑색사질층(오산리식토기 7점)
Ⅶ-1 : 암회색사질층(주거지 2기 및 유물)
Ⅶ-2 : 암회색사질층(주거지 2기 외 유물)
Ⅷ : 회황색사질층
Ⅸ : 회색사질층(무문양토기)
Ⅹ : 황색사질층(무문양토기 5점)

고성 문암리유적 토층도   03

3) 고성 문암리유적[4]

　　고성 문암리유적은 해안에 인접한 해발 42m 높이의 바위산 서·남부 사면의 완곡한 사구에 위치한다. 바위산은 동해에서 발생하는 북·서풍과 바다에서 일어나는 파도, 해일 등을 차단하여 안전한 방파제 역할을 한 것으로 판단된다. 유적의 남쪽으로는

---

4 국립문화재연구소, 2004, 『고성 문암리유적』.

호수로 추정되어지는 넓은 뜰이 펼쳐져 있다. 문암리유적은 바위산 뒤편에 위치하여 평지성 사구에 해당되며 주변으로는 이러한 평지성 사구가 광범위하게 형성되어 있다.

문암리유적의 토층은 10개층으로 구분이 되는데, V층을 경계로 Ⅰ~Ⅲ층은 침선문토기가 출토되었고, Ⅵ~Ⅹ층에서는 무문양토기, 융기문토기, 오산리식토기 등 조기와 전기의 유물 749점이 출토되었다. 특히 유적의 Ⅶ층에서 가장 많은 유물과 주거지들이 확인되는데 Ⅶ층은 다시 상·하층으로 구분된다.

문암리유적에서는 크게 3단계의 변화가 있었던 것으로 추정하는데, Ⅸ~Ⅹ층에 해당하는 1단계는 순수무문양토기만 출토되고, Ⅵ~Ⅶ층에 해당되는 2단계는 압날·압인문토기와 융기문토기가 출현하며, 문암리유적 대부분의 유물이 2단계에서 출토되었다. 3단계는 Ⅰ~Ⅴ에 해당되는데, 압날·압인문토기가 꾸준히 출토되지만 수가 적어지고 침선문토기가 출현하는 단계이다.

문암리유적의 조·전기 유적은 해발 2~3m 정도로 오산리유적 C지구의 3~4m보다 낮은 편이다. 문암리유적에서는 북 → 남쪽방향으로 해발 3~4m로 작게 형성된 구릉성 퇴적층 주변에서만 전기 유적이 확인되어 부분적인 분포를 보이고 있다. 토층의 양상은 평지성 사구상에 수평퇴적 되었으나 전기 유적이 확인된 구릉성퇴적층 끝부분인 남쪽으로 급경사를 이루고, 물에 의한 삭평으로 일부 주거지에서 결실된 모습이 확인되어 더 이상의 전기 유적은 확인되지 않고 있으나 그 위에 형성된 사구에서는 중기 문화층의 주거지와 토기들이 확인된다.

3. 오산리사구의 형성과 시기

동해안지방의 해수면 변동과 관련하여 기존의 연구에 의하면, Holocene 동안 해수면이 상승하는 패턴이 평활하며(smooth), Holocene 동안 해수면의 고도가 현재 수준보다 높았던 시기가 없었던 것으로 보는 견해와, 이와 대조적으로 Holocene 동안 해수면은 진동하면서 상승하여 6,000B.P.경에 현재수준에 도달하였고, Holocene 중기 이후 현재보다 높았던 적이 있었던 것으로 보는 견해가 있다.

최근의 고고학적 연구 성과와 울산시 황성동 세죽유적과 창녕군 비봉리 신석기유적의 보고서를 보면 Holocene 동안 해수면은 6,900B.P.경에 현재 해수면 부근까지 상승하였다가 약간 하강한 후 다시 상승하여 6,000B.P.경에 거의 현재 수준에 도달한 것으로 판단하였다.[5]

동해안지방의 해수면 상승도 세죽과 비봉리유적의 복원된 해수면 변동곡선이 약 7,000B.P.경에 거의 현 수준으로 도달하였던 것으로 볼 때 같은 상황이었을 것으로 판단된다. 동해안의 해수면 변동에 관해서는 오산리유적 C지구에서 조사된 저습지에 대하여 살펴볼 필요가 있다.

저습지유적은 융기문토기가 출토되는 주거지 남쪽 곡간부에 위치하여 급격한 경사를 이루며 접하고 있다. 저습지유적의 VI층은 해발 50cm에서부터 확인되어 -50cm 아래로 이어지는 층으로 퇴적 두께는 1m 정도이다. VI층에서는 신석기시대 융기문토기편, 목기편, 자연유물 등이 많이 출토되었다. VI층은 발굴조사시에 아침이 되면 항상 같은 수위가 유지되어 배수를 하면서 작업을 하였으며, 아침의 수위는 현재의 해수면과 같은 높이로 측량에서 확인되었다. 즉 융기문토기가 출토된 층이 현재의 수위와 같다는 것은 현재의 해수면과 신석기시대의 해수면의 높이가 같다는 것으로 해석할 수 있을 것이다.

융기문토기가 출토된 VI층을 당시의 해수면으로 인정한다면, 가장 빠른 주거지인 2호 주거지는 3m, 융기문토기가 출토된 주거지들은 4~5m 정도의 차이를 보이고 있다. 오산리유적 C지구 2호 주거지의 해수면 높이가 해발 3m 정도인 것은, 문암리유적의 IX층에서 조사된 순수무문양토기만 출토되는 02-7호 주거지의 해수면 높이가 2.8m로 조사된 것으로 볼 때 서로 비슷한 시기의 주거지가 같은 높이의 해발고도에서 확인된 점이 주목된다.

오산리유적 C지구 2호 주거지는 역석층 바로 위 얕은 사구위에서 확인되었는데, 절대연대는 6,599B.P.로 측정되었다. 이 시기는 오산리사구의 북쪽에 위치한 송전리 사빈이나 사구가 일정부분 성장하여 쌍호가 형성된 이후이므로 해수면 상승이 완료된 단계라고 볼 수 있을 것이다. 또한 고토양층 위에 입지한 조기 문화층도 쌍호가 만들어진 이후에 입지하였으므로, 조기 문화층의 연대가 7,000B.P.인 점을 감안하면 해수면 상승이 마무리 된 시점은 7,000B.P. 이전이거나 7,000B.P.경으로 보아도 무방할 것으로 판단된다. 이러한 결과는 앞에서 살펴본 울산 세죽이나 창녕 비봉리유적의 결과와도 비

---

5 윤순옥 · 황상일, 2010, 「부록 - 강원도 양양 오산리 Holocene 환경변화」, 『양양 오산리유적』.

슷한 것으로 판단된다.

　오산리사구는 북쪽 바다에서 불어오는 북풍이 오산리마을 뒤편에(남쪽) 위치한 해발 47m 높이의 구릉에 부딪친 후 바람이 쌍호쪽으로 빠지면서 바람과 함께 날려온 세사에 의하여 쌍호 가운데로 돌출된 형태로 쌓인 구릉성 사구이다(해발 11m). 반면 문암리사구는 북쪽으로 해발 42m의 구릉이 있어 주변으로부터 유입된 평지성 사구이다. 따라서 오산리사구의 성장방향은 동북 → 남서방향으로 성장하였던 것으로 판단되며, 문암리사구는 북쪽의 구릉에 막혀 직접적으로 쌓였다기 보다는 북·서 또는 동쪽으로부터 유입되었을 것으로 추정된다. 따라서 오산리유적이 위치한 사구는 강한 북풍으로 인하여 쌍호로 돌출된 구릉성 사구로 성장한 반면, 문암리사구는 주변의 간접적인 바람의 영향으로 평지성 사구로 형성되었다. 근래에는 바람의 방향이 바뀌어 서풍이 강하게 불어 서쪽부분의 사구를 동쪽으로 이동하는 것이 관찰되어진다.

4. 층위 검토

　오산리유적 A·C지구의 층위를 검토하면, C지구가 A지구에서 동쪽으로 70m 거리에 위치하고, 유적이 확인된 높이는 C지구가 A지구보다 2~3m 정도 높은 상태이다. 이러한 토층상태는 C지구의 동쪽에 위치한 해발 47m 구릉하단부에서부터 형성된 갱신세층이(고토양층) 동 → 서 방향으로 완만하게 낮아져 C구간에서 해발 4~5m 정도로 확인된 후 A구간으로 낮아지다 소멸되는 것으로 판단된다. 따라서 오산리유적의 토층은 고토양층과 사구가 함께 조사된 C지구의 토층을 중심으로 보면 이해가 쉬울 것으로 판단된다.

　오산리유적의 전체적인 토층은 고토양층 주변과 위에 사구가 형성되면서 유적도 함께 시간차이를 두고 각기 다른 지점에 입지하는 양상으로 조사되었다. 즉 A지구는 고토양층이 끝나는 서쪽에 사구지대에 입지하고, C지구는 고토양층 위에 사구가 형성되는 과정에서 입지한다. 주지하다시피 A지구에서는 오산리식토기문화층이 입지하였고, C지구에서는 조기 문화층과 융기문토기가 중심이 되는 문화층이 입지하였다.

　오산리유적 토층에서 유적과 관계가 있는 토층의 변화를 살펴보면, 먼저 고토양층 상층부에서 격지들이 노출되는데 시기는 B.C.12,000~18,000년경으로 확인된다. 고토양층 북쪽의 주변보다 낮은 곳에는 역석층이 있고 역석층 위에서 사구가 확인되는데 이 사구(해발 3m)에서 신석기시대 우리나라에서 가장 오래된 주거지인 2호 주거지가 (B.C.5,570~5,480) 확인되었다.

고토양층이 끝나는 서쪽으로 A지구가 위치하는데, A지구의 V층에서 오산리식토기가 출토되는 주거지 8기가 확인되었으며, 11점의 융기문토기들이 지표에서 7점, III층에서 1점, V-2층에서 1점, V-5층에서 1점, B지구에서 1점이 출토되었다. A지구의 사구는 C지구와 같은 높이의 구릉성 사구였으나 쌍호를 매립하는 과정에서 중간부와 일부 상층부가 멸실되었고, A지구 동쪽에서 서쪽으로 경사진 상태에서 서울대학교박물관에서 조사가 진행되었다. 따라서 A지구의 층위는 확신할 수는 없지만 부분적으로 상층부가 결실된 상태에서 층위구분이 이루어진 부분이 있다고 판단되며, 융기문토기가 지표에서 7점이 출토되었다는 것은 이를 증명하는 것이라고 판단된다. 즉 C지구의 토층이 A지구까지 어느 정도 연결되어야 하나 중간이 공사로 결실되어 오산리식토기문화층의 상층에 위치한 융기문토기의 문화층상면이 결실되고 일부만 남아 오산리식토기문화층의 지표가 되어 지표에서 융기문토기가 채집된 것으로 판단된다. 따라서 A지구의 융기문토기가 출토된 지표층은 공사로 상면이 없어지지 않았다면 C지구의 기준으로 보면 지표층이 아니라 융기문토기문화층이 있었을 것으로 판단된다.

반대로 C지구에서는 융기문토기가 출토되는 주거지 4기와 아래층에서 오산리식토기편 11점이 출토되어 층위와 유물 출토양상이 서로 대조를 이룬다. 따라서 A지구에서 출토된 융기문토기 11점은 C지구에서 확인된 융기문토기문화층이 A지구로 연결되었으나 공사로 대부분 결실되고 일부만 남은 상태에서 조사되어 오산리식토기문화층의 지표로 나타났거나, C지구에서 유입되었을 가능성 높다. 어찌 되었든 간에 오산리유적의 A·C지구에서 확인된 토층 양상은 오산리식토기문화층이 먼저 입지하여 C지구의 일부까지 직접적인 생활영역을 두었다가, 일정 시간이 흐른 후 사구의 성장과 함께 새로이 융기문토기가 입지하여 생활한 것으로 판단된다.

문암리유적의 경우 전체적인 발굴 면적은 넓으나 1998년과 2002년 발굴조사에 이어 2010·2011년의 발굴조사에서 확인된 전기 문화층의 범위는 한정적으로 파악되고 있다. 문암리유적의 토층은 북 → 남쪽방향으로 급격히 낮아지는 양상을 보이고 있으며, 낮은 남쪽은 해수면의 영향을 많이 받은 것으로 보고 있다. 특히 문암리유적의 전기 문화층은 오산리유적에서와 같이 북쪽의 구릉에서 흘러내린 구릉성퇴적층과 인접한 부분에서만 제한적으로 확인되고 있으며, 그 외 2010년과 2011년 발굴조사에서 주변지역을 광범위하게 조사를 하였으나 유구와 유물은 확인되지 않았다. 이러한 이유가 당초 전기 문화층이 구릉성퇴적층에만 있었는지 아니면 구릉성퇴적층 남쪽으로도 있었으나 후에 물에 의하여 삭평되고 없어졌는지는 정확히 알 수 없으나 문암리유적의 전기 문화층은 구릉성퇴적층 상면과 연접지역에만 있었을 것으로 판단된다.

문암리유적의 층위는 앞에서 설명한 바와 같이 추정 IX · X층의 조기 문화층과 VII층의 전기 문화층이 중심이 된다. 문암리유적의 중심문화층은 VII층에서 확인되는 오산리식토기가 출토되는 문화층으로 이 VII층에서 융기문토기도 함께 출토되고 있다. 융기문토기는 모두 44점이 출토되었는데, VII-1층에서 37점, VII-2층에서 5점, VI · VIII층에서 각각 1점씩 출토되나 출토지가 사구인 점을 감안하면 결국 VII-1층이 융기문토기의 주 문화층으로 볼 수 있다. 보고서에 의하면, VII-1층은 98년 1차 발굴조사에서 주거지 2기 및 유물들이 확인되었고, VII-2층은 02년 2차 발굴조사에서도 주거지 2기와 매장유구 등 많은 유물들이 조사되었다. 토층상에서 보면 VI · VII · IX층의 남쪽부분은 V층에 의하여 삭평된 것으로 보고되었는데 당시에 많은 자연현상이 있었던 것으로 판단되는 부분이며, 주거지들도 함께 삭평된 것으로 판단된다.

문암리유적 VII-1층 이외에서 출토된 융기문토기들은 전체적으로 VII-1층의 유물로 보아야 할 것이며, 융기문토기들은 주거지에서는 출토되지 않고 문화층에서만 출토된 특징이 있다. 즉 오산리식토기문화층이 주류를 이루는 가운데 잠시 융기문토기가 끼인 것이다. 이 부분에 대하여 어떻게 판단할 것인지 어려움이 많다. 오산리유적과 같이 생활반경이 넓어 토기의 이동이 있었다고 판단하기에는 유물이 집중적으로 출토되고 있고, 주거지가 확인되지 않았을 뿐 융기문토기의 문화층이 있었음이 확실하다고 판단된다. 또한 오산리유적에서는 오산리식토기와 융기문토기의 선 · 후관계가 토층으로 명확히 확인되었는데, 문암리유적에서는 오산리식토기문화층 사이에 융기문토기문화층이 있어 융기문토기의 시기를 정하는데 어려움이 있다.

5. 시기설정

1) 오산리식토기

오산리유적 C지구에서는 조기 문화층과 융기문토기문화층 사이에 10cm 정도의 얇은 오산리식토기 문화층이 확인되어 오산리식토기와 융기문토기 간의 선·후 관계를 확인하는 계기가 되었다. 오산리식토기문화층에서는 11점의 토기편이 산발적으로 수습되었으며, 토기와 관련된 유구는 확인할 수 없었다.

오산리식토기는 지금까지 양양 오산리유적 A·B·C지구와 고성 문암리유적에서만 출토되어 동해안지방 전기 신석기시대의 대표적 유물로 인식되었다. C지구에서 출토된 11점의 토기편 중에서 구연부가 살아있어 구분이 가능한 7점의 토기편 모두가 오산리식토기의 기형상 특징인 구연부에 단의 형태를 이루고 있고, 나머지 동체부편 4점은 원문이나 반원문, 침선문 등을 시문하였다. 오산리유적 C지구에서 출토된 오산리식토기 구연부의 기형과 시문방법의 특징은 오산리유적 A지구와 문암리유적에서 조사된 오산리식토기와 같거나 유사하다.

문암리유적에서 출토된 오산리식토기는 모두 158점으로 III~VIII층에서 출토되나 VII-1층에서 83점, VII-2층에서 41점이 출토되어 VII에서 대부분 출토되었다. 출토유물의 양상은 기형과 시문방법 등을 보아 오산리유적 A지구 유물과 대동소이하다. 토기의 기형은 발형토기, 심발형토기, 옹형토기, 접시형토기 등 다양하며, 저부는 모두 평저이다.

오산리유적 C지구 출토 도 04-1은 오산리유적 A지구 V-④층 출토토기와 같고, 도 04-3은 V-⑤층 출토토기와 같다. 특히 도 04-8·9는 오산리와 문암리유적의 옹형토기의 대부분을 차지하는 압날+음각문이 결합한 문양으로 가장 많은 문양을 나타낸다.

주거지의 형태는 오산리유적 A지구는 원형이 5기, 타원형이 2기, 불명이 1기로 원형계통의 주거지가 대부분인데 반하여, 문암리유적에서는 원형 2기, 말각방형 2기로 구분되어, 오산리식토기가 출토되는 주거지는 대부분 원형계통의 주거지를 만든 것으로 확인되었다.

오산리식토기에 대한 연대를 추정해보면 C지구에서는 층위상으로 융기문토기문화층 아래에서 오산리식토기가 출토되었다. 절대연대는 오산리유적 A지구 오산리식토기가 출토되는 V층의 방사성탄소 연대측정치[6]가 B.C.5,260~4,430에 해당되고, 오산리유적 C지구 오산리식토기에서 채집한 탄화물의 방사성탄소 연대측정치가 B.C.5,210~5,010이므로 오산리유적 A·C지구에서 확인된 오산리식토기의 연대는 두 지역이 모두 중복되는 상한 연대는 B.C.5,200년이나 A지구의 연대폭이 B.C.5,200~4,610 사이에 집

---

6 放射性炭素年代는 日本京都産業大學 山田治教授에게 의뢰하여 測定하였다(반감기 : 5,568년). 여기에서 측정된 시료는 문화층 출토 시료로 No.1, 2 시료는 측정시료가 극히 미량이므로 오차의 폭이 크다는 문제점이 있음을 제시함.

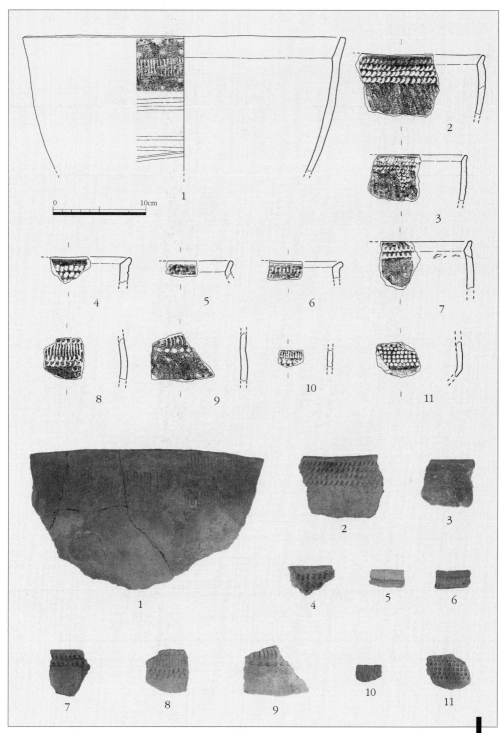

표 1 _ 오산리유적 C지구 오산리식토기 방사성 탄소연대 측정치[7]

NO	출토지	재료	C14年代(B.P.)	補正年代(B.C.)
1	오산리식토기문화층	토기 흡착탄소	6,151±26	5,210~5,010

표 2 _ 오산리유적 A · B지구 제1문화층 방사성 탄소연대 측정치[8]

NO	層位	材料	C14年代(B.P.)	補正年代(B.C.)	비 고
1	V-①	木炭	7,120±700	約6,000~5,320	上限은 樹輪補正範圍밖의 것임
2	V-①	〃	6,780±1,000	約6,000~4,610	上限은 樹輪補正範圍밖의 것임
3	V-②	〃	6,080±210	5,260~4,690	
4	V-③	〃	5,740±210	4,910~4,430	
5	V-⑦	〃	6,130±50	5,140~5,020	
6	VI	〃	6,070±30	5,050~4,990	
7	B 地區隆起土器層	〃	7,050±120	約6,000~5,350	上限 · 下限모두 樹輪補正範圍밖의 것임

중되고 있음을 감안하여 B.C.5,000년을 전후한 시기로 판단된다. 이러한 연대는 오산리유적 C지구의 오산리식토기 위 문화층에서 확인된 융기문토기 하층 문화의 연대인 B.C.4,800~4,670년과도 연결되는 것으로 오산리식토기의 연대는 그리 두텁지는 않은 것으로 판단된다.

2) 융기문토기

(1) 융기문토기의 검토[9]

오산리유적 C지구에서 출토된 융기문토기는 3호 주거지 5점, 4호 주거지 3점, 5호 주거지 3점, 상부문화층 10점, 하부문화층에서 10점이 출토되어 주거지와 문화층에서 고루 확인되었으나 문화층에서 출토된 수량이 압도적으로 많다.

융기문토기 31점 중 도면복원을 통해 기형을 추정할 수 있는 토기는 15점이다. 기형을 살펴보면 발형토기 7점, 배부른 발형 4점, 옹형 2점으로 발형이 다수를 차지하며, 경부가 긴 호형과 옹형도 각각 1점씩이다.

---

7 방사성탄소연대는 일본 Paleo Labo AMS 연대측정그룹에게 의뢰하여 측정하였다(반감기 : 5,568년).
8 서울대학교박물관, 1984, 앞의 보고서.
  7개의 방사성탄소연대 중 No.1, 2의 상한과 No.7의 상하한은 보정범위 밖이기 때문에 현재 보정 가능한 연대의 상한(B.C.4,760의 보정연대인 B.C.5,350) 이전으로만 표시하였다.
9 예맥문화재연구원, 2010, 앞의 보고서.

표 3 _ 유적간 융기문토기 비교

비고		오산리유적 A·B지구	오산리유적 C지구	문암리유적
기형		발형 3점, 배부른 발형 3점	발형7점, 옹형2점, 배부른 발형 4점, 장경호 1점	발형 3점, 배부른 발형 1점
문양	융기선문	8	19	10
	융기대문	3	9	30
	융기선문+대문		3	
	계	11	31	40
	횡선	7	18	27
	종선	2	1	3
	사선·곡선	1	7	5
	횡선+종선	1	5	5
	계	11	31	40(45)
출토위치		지표 7점, 3층, 5-2층, 5-5층, B지구 pit	주거지와 문화층	7-1층 37점, 7-2층 4점, 8층 1점, 지표 1점
기타		문화층이 없이 산발적 출토	융기문토기 문화층 형성	여러 문화층 중 7-1층에서 주로 출토. 주거지내에서 1점(7-2층)

　　융기문토기의 문양을 살펴보면, 3·4·5호 주거지와 상부 문화층에서는 모두 융기선문이나 융기대문 같은 단일 문양이 시문된 토기가 출토되었고, 하부 문화층에서는 융기선문+융기대문의 복합문도 출토되었다. 문양의 출토 비율을 살펴보면, 융기선문 19점, 융기대문 9점, 융기선문+융기대문의 복합문이 3점으로 융기선문이 압도적으로 많다. 3호 주거지에서는 융기선문만 5점, 4호 주거지에서는 융기선문 2점, 융기대문 1점, 5호 주거지에서는 융기선문 1점, 융기대문 2점이 출토되었고, 상부 문화층에서는 융기선문 6점, 융기대문 4점이 출토되어 각 문양별 출토 비율이 유사한 편이나, 하부 문화층에서는 융기선문 5점, 융기대문 2점 외에 상부층에서는 확인되지 않았던 융기선문+융기대문의 복합문도 3점 출토되었다.

　　문양의 종류는 횡선문 18점, 사선문 4점, 곡선문 3점, 종선문 1점, 횡선+종선이 복합된 복합문이 5점으로, 단순시문이 가능한 횡선문이 주를 이루고 있다.

　　제작방법에 있어서 융기선문은 융기선의 윤곽이 정연하지 않고, 계속 연결되기 보다는 작아지다 없어지거나 다시 연결되는 부분이 많고 기벽에 접착이 매끄럽지 않은 상태이다. 융기대문은 손끝으로 밀착시키기 보다는 각봉이나 환봉으로 짧게 반복적으로 눌러 붙이는 방법을 사용하고 융기선문 위에 날카로운 각봉과 폭이 넓은 환봉을 사용한 비율이 비슷한 편이다. 융기문의 시문 부위는 대체로 동체부 중상위이며, 단순한 문양일수록 구연부 가까이에 시문되었고, 복합문과 같이 복잡한 문양일수록 동체부 중위에 시문되었다. 동체부 중위 아래에서는 문양이 거의 확인되지 않았다. 한편 서울대학교박물관에 의해 오산리유적 A지구 동남쪽 사면에서 지표 채집된 호형 융기문토기 2점에는 경부 아래에서부터 저부 위까지 융기선문을 집선시문하여 C지구에서 출토된 융기문토기와 구별된다.[10]

문암리유적에서 출토된 토기 종류는 주로 오산리식토기, 융기문토기, 무문양토기로 주로 Ⅶ-1층과 Ⅶ-2층에서 출토되었다. 문암리유적에서는 융기문토기 45점과 두립문토기 5점이 출토되었다. 융기문토기의 출토위치는 Ⅶ-1층에서 37점, Ⅶ-2층에서 4점, 8층에서 1점, 지표채집이 1점으로 대부분 7-1층에서 출토되었다.

유물 중 완전한 토기는 4점으로 모두 발형토기이다. 이중 3점의 기형은 저부에서 구연부로 사선방향으로 바로 오르나 대형기종이 1점은 동체부의 최대폭이 동체부 상부에 위치한 후 구연부로 약간 내만한 기형이다.

문암리유적에서 출토된 융기문토기 중 완형은 4점으로 모두 발형토기이다. 융기문의 종류는 융기선문과 융기대문으로 구분할 수 있는데, 융기선문 10점, 융기대문 30점

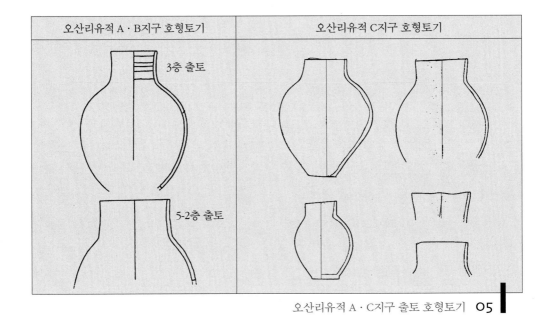

| 오산리유적 A·B지구 호형토기 | 오산리유적 C지구 호형토기 |

3층 출토

5-2층 출토

오산리유적 A·C지구 출토 호형토기 **05**

---

10 임상택, 2004, 「양양 오산리 수습 융기문토기」, 『한국신석기연구』제8호, 한국신석기연구회.

표 4 _ 유적별 융기문토기

구분	중동부지방 출토 융기문토기
오산리유적 A · B지구	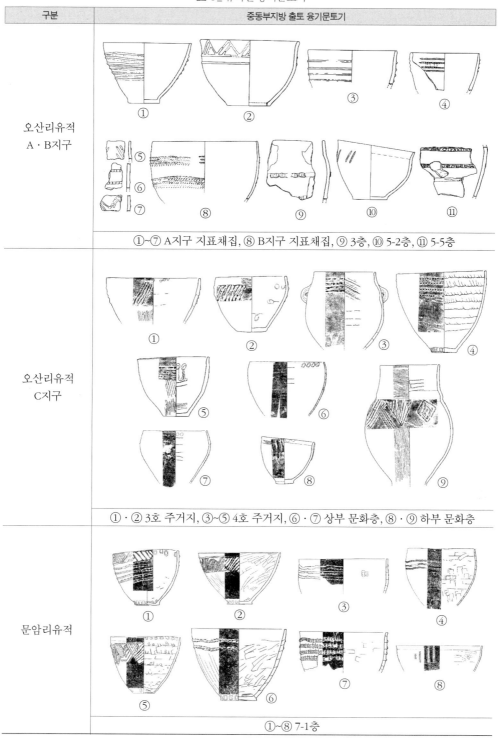
	①~⑦ A지구 지표채집, ⑧ B지구 지표채집, ⑨ 3층, ⑩ 5-2층, ⑪ 5-5층
오산리유적 C지구	
	① · ② 3호 주거지, ③~⑤ 4호 주거지, ⑥ · ⑦ 상부 문화층, ⑧ · ⑨ 하부 문화층
문암리유적	
	①~⑧ 7-1층

으로 융기대문이 압도적으로 많다. 문양의 종류는 횡선문 27점, 사선문 5점, 종선문 3점, 횡선·종선·집선문 등의 복합문이 5점 출토되어 횡선문이 가장 많은 수량을 차지한다.

오산리유적과 문암리유적에서 출토된 융기문토기를 비교해 보면 오산리유적 A·B지구에서 출토된 융기문토기는 지표와 문화층에서 산발적으로 출토된 것에 비하여 문암리유적에서는 주거지내에서는 소형편 1점만 출토되고 Ⅶ-1층이라는 확실한 문화층에서 출토되어 오산리유적 C지구 주거지 출토 토기와 비교된다.

C지구 4호 주거지에서 옹형토기에 손잡이가 달린 융기문토기 1점이 출토되었는데, 기형은 A지구에서 출토된 오산리식토기와 비슷하다. 토기의 특징은 최대폭이 동체부 중앙에 있으며, 동체부에서 완만하게 내만하다 구연부에서 직립하는 형태이다. 최대폭 상단에 상 - 하방향의 손잡이가 부착되었으며, 이러한 기형의 토기가 A지구에서는 오산리식토기 형태로 여러 점이 출토되어 기형상 자연스러운 변화로 보여진다.

오산리유적 A·B지구에서는 완전한 형태 3점, 토기편 8점 등 모두 11점의 융기문토기가 출토되었다. A·B지구에서는 Ⅲ층, Ⅲ-2층, Ⅲ-5층에서 각각 1점씩 출토되었으며, B지구에서는 시굴 pit에서 1점이 출토되었고 나머지 7점은 모두 지표채집되었다. 기형 확인이 가능한 토기는 6점으로 모두 발형이다. 오산리유적 A·B지구에서 출토된 융기문토기 중 지표채집된 토기가 많다는 것은 오산리유적 A·B지구에서의 공사로 인한 지형적 변화에 따른 층위에 대하여 다시 검토가 필요할 것으로 판단된다. 즉 오산리유적 A·B지구에서 출토된 융기문토기들은 층위를 확보하지 못하고 지표를 중심으로 여기저기에서 산발적으로 출토되었는데 필자는 이러한 경우 발굴조사된 A·B지구에는 융기문토기와 관련된 확실한 층위가 없다고 판단한다. 오산리유적 A·B지구를 서울대학교박물관에서 6차에 걸쳐 조사한 면적이 오산리유적 전체면적의 1/3 정도 되는 넓은 면적임에도 11점의 융기문토기와 편만이 산발적으로 출토되었다는 것은 확실한 융기문토기문화층이 없었거나, Ⅴ층 상면에 C지구에서 연결된 융기문토기문화층이 있었으나 1978년 공사로 상면이 없어져 Ⅴ층의 지표로 나타났을 가능성이 높다고 판단되어 지표에서 11점 중 7점이 채집된 것으로 판단된다.

그러면 A·B지구에서 출토되는 융기문토기는 어디에서 유입되었을까 하는 의문이 남는데 C지구에서 유입되었을 가능성과 공사로 융기문토기문화층이 대부분 없어지고 하부에 일부만 남아있었다고 판단된다. A·B지구에서 출토되는 융기문토기들이 C지구에서 출토되는 융기문토기와 비슷하며, 융기문토기 주거지와 오산리식토기 주거지의 위치가 서로 가깝고, 오산리식토기문화층과 융기문토기문화층간의 퇴적 두께가 얇아 서로 혼동하기 쉬운 면이 있다.

반대로 C지구 융기문토기문화층 아래의 오산리식토기문화층에서 오산리식토기편 11점만 출토되어, 오산리식토기가 출토되는 주거지나 융기문토기의 주거지 주위에서는 많은 양의 유물이 출토되지만 주변으로 갈수록 출토 빈도가 떨어져 약간의 토기편만이 출토되는 것으로 해석된다.

오산리유적 A · B지구와 오산리유적 C지구, 문암리유적에서 출토된 융기문토기의 문양형태를 비교해보면 융기선문과 융기대문의 비율이 오산리유적 A · B지구는 72 : 28%, 오산리유적 C지구는 66 : 32%, 문암리유적은 27 : 73%로 오산리유적 A · B지구와 C지구는 모두 융기선문의 비율이 3배 정도로 많은 반면, 문암리유적에서는 융기선문보다 융기대문이 3배 정도 많아 유적간에 차이가 확인되었다.

문양의 시문방향을 살펴보면, 횡선문의 경우 오산리유적 A · B지구는 63%, 오산리유적 C지구는 58%, 문암리유적은 65%로 확인되어 세 유적에서 비슷한 비중을 차지하며, 상대적으로 종선문은 각각 18%, 3%, 8%로 비중이 낮은 편이다. 횡선 · 사선 · 곡선 · 집선문의 복합문은 각각 18%, 38%, 27%로 나타나 전체적으로는 횡선문이 가장 많이 시문되었고, 종선문의 비중이 낮은 것으로 확인되었다.

문암리유적에서는 많은 융기문토기가 VII-1층에서 집중 출토되고 주거지에서는 출토되지 않았으며, 오산리유적 A · C지구에서 많이 출토된 융기문토기와 공반관계를 갖는 호형토기는 출토되지 않았다.

문양에 있어서도 오산리유적 A · B · C지구에서는 융기선문이 압도적으로 많이 확인된데 비하여 문암리유적에서는 융기대문을 많이 시문하여 오산리유적 A · B · C지구와 비교되고 있다.

오산리유적 A지구 IV층과 V-2층에서는 융기문토기와 호형토기가 일부 공반되는데, 이러한 융기문토기와 호형토기의 공반관계는 C지구에서 출토되는 융기문토기와 호형토기의 공반관계와 같은 양상이다.

⑵ 융기문토기의 시기

오산리유적 C지구에서 출토된 융기문토기는 전체적으로 토기의 기형과 시문수법에 있어서 문암리유적과 유사한 점이 많지만 융기문토기가 출토되는 층위와 공반되는 유물, 토기의 제작방법 등을 고려할 때 문암리유적에서 출토되는 융기문토기가 오산리유적에서 출토되는 융기문토기보다는 좀 더 빠른 시기로 판단된다.

　오산리유적 C지구에서는 층위상으로 오산리식토기가 출토되는 문화층이 융기문토기가 출토되는 층위보다 아래에서 확인되었다. 오산리식토기의 탄소연대측정 결과도 B.C.5,200~5,000년이고, 융기문토기의 측정연대는 B.C.4,800±4,500년으로 오산리식토기가 더 이른 것으로 확인되었다. 토기의 제작에서도 문암리출토 융기문토기의 문양은 정연하고 단단하게 시문한 반면, 오산리유적 C지구 유적의 융기문토기의 경우 발형에서 약간의 변형이 있는 배부른 발형의 증가와 호형토기의 등장, 융기문의 시문이 중간에 소멸되다 다시 이어져 흐트러지는 문양이 증가한다는 점에서도 오산리유적에서 출토된 융기문토기가 문암리유적에서 출토된 융기문토기에 후행한다는 주장을 뒷받침해 준다.

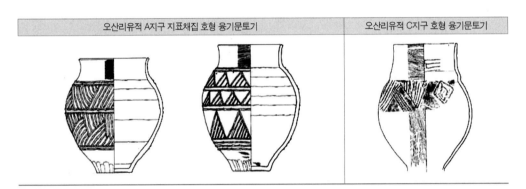

| 오산리유적 A지구 지표채집 호형 융기문토기 | 오산리유적 C지구 호형 융기문토기 |

　이상과 같이 오산리유적과 문암리유적에서 출토된 융기문토기를 살펴본 바 오산리유적 C지구에서만 융기문토기 주거지가 확인되었으며, 문암리유적에서는 Ⅶ-1문화층에서 집중 출토되었고, 오산리유적 A지구에서는 대부분 지표와 문화층에서 확실한 문화층이 없이 산발적으로 출토되어 C지구에서 유입되었을 가능성이 있음을 확인하였다.

　융기문토기의 연대는 C지구에서 확인된 층위와 탄소연대측정 결과를 통하여 어느 정도 측정이 가능하다. 문암리유적에서는 융기문토기나 오산리식토기에 대한 직접적인 연대를 확인하기 어려우나 오산리유적의 연대와 간접비교를 통하여 가능하고, Ⅸ층의 무문양토기만 출토된 02-7호 주거지에서 출토된 대형 발형무문양토기는(탄소연대측정 6,596±40B.P.)[11] C지구 조기 문화층 출토 무문양토기와 기형과, 방사성탄소연대

---

11 國木田大·吉田邦夫, 2007, 「고성 문암리유적 출토 토기의 연대측정 결과와 소견」, 『문화재』제40호, 국립문화재연구소, pp.431~438.

표 5 _ 오산리유적 C지구 방사성 탄소연대 측정치[12]

NO.	구분	材料	C14年代(B.P.)	補正年代(B.C.)	비고
1	3호 주거지	木炭	5,751±24	4,690~4,530	융기문토기 상층
2	4호 주거지	〃	5,758±24	4,690~4,540	〃
3	5호 주거지	〃	5,770±24	4,690~4,540	〃
4	6호 주거지	〃	5,851±27	4,800~4,670	융기문토기 하층
5	갈색사질토층	〃	5,805±35	4,730~4,540	〃
6	융기문토기 하층 오산리식토기	토기흡착탄소	6,151±26	5,210~5,010	오산리식 토기문화층
7	2호 주거지	木炭	6,599±26	5,570~5,480	조기문화층
8	황갈색점토층상면	木炭	6,749±32	5,710~5,610	〃
9	황갈색점토층상면	木炭	7,057±32	6,010~5,870	〃
10	황갈색점토층상면	木炭	6,834±31	5,890~5,730	〃

측정결과에서 유사성이 보이고 있어, 조기의 시기로는 올라가지 않을 것으로 판단된다. 결국 문암리유적에서 출토된 융기문토기는 오산리식토기의 연대 범주안에 분포할 가능성이 높으며, 오산리유적 C지구의 융기문토기보다는 빠를 것으로 판단된다.

6. 맺음말

동해안지방 신석기시대 조기 및 전기의 대표적 유적인 양양 오산리유적 A·B·C지구와 고성 문암리유적에서 확인된 오산리식토기와 융기문토기가 출토되는 토층의 순서를 통하여 유물간의 시기를 확인하는데 중점을 두었다.

지금까지 한반도 동해안지방의 신석기시대 편년의 기준이 되어왔던 오산리유적 A·B지구 편년은 융기문토기단계 → 오산리식토기단계 → 침선문계토기단계로 변화하는 편년안에 대부분의 연구자들이 동의해왔다. 동해안지역에서 신석기시대 유적은 타 지역과 달리 사구지대에서 확인되기 때문에 바람에 의해 토층이 부분적으로 자주 변화하는 특징이 있어 유적의 토층확인에 많은 어려움이 있었다. 또한 조기 및 전기에 해당하는 시기는 해수면 상승, 사구의 형성과 관련하여 명확한 자료가 부족한 실정이

---

12 방사성탄소연대는 일본 Paleo Labo AMS 연대측정그룹에게 의뢰하여 측정하였다(반감기:5568).

었다.

　오산리유적의 경우 부분적으로 바람의 변화에 의하여 층위의 두께에 차이가 있었고, 위치에 따라 토층이 완전히 결실되기도 하였으나 중심부분에서는 잘 남아있어 전체적인 토층을 확인하는 데에는 어려움이 없었다.

　문암리유적에서는 북 → 남쪽방향으로 작게 형성된 구릉성퇴적층 주변에서만 조·전기 유적이 확인되어 부분적인 분포를 보이고 있다. 토층의 양상은 평지성 사구상에 수평퇴적되었으나 전기 유적이 확인된 구릉성퇴적층에서는 남쪽으로 급경사를 이루고, 물에 의한 삭평으로 일부 주거지에서 결실된 모습이 확인되었다.

　오산리식토기에 대한 편년은 오산리유적 A·C지구에서 확인된 층위와 각각의 탄소연대측정 결과로 볼 때 상한은 B.C.5,200년으로 볼 수 있고, 중심연대는 B.C.5,000년으로 판단된다.

　융기문토기의 연대는 오산리유적 C지구에서 확인된 주거지의 탄소연대측정에서 상부문화층과 하부문화층간의 탄소연대가 층위에 맞게 측정된 것을 인정한다면 B.C.4,500~4,800년 정도로 판단되며, 문암리유적에서 출토된 융기문토기는 층위와 공반유물의 관계, 토기의 기형과 문양시문에 있어서 오산리유적 C지구에서 출토된 융기문토기보다 앞서는 것으로 판단된다.

　지금까지의 내용을 종합하여 보면 동해안지방에서 확인된 신석기시대 편년은 조기문화층 → 오산리식토기문화층 → 융기문토기문화층 → 1,000년간의 공백기 → 침선문토기문화층으로 변화한 것으로 판단된다.

參考文獻

참고문헌

강원문화재연구소, 2004, 「부록 - 양양군 강현면 용호리 127번지 여관신축부지 문화유적 긴급발굴조사
　　　보고서」, 『강릉 강문동 철기 · 신라시대 주거지』.

강창화, 2006, 『제주 고산리 신석기문화 연구』, 영남대학교 대학원 박사학위논문.

고동순, 1999, 「강원도 동해안의 신석기유적에 대한 소고」, 『남한 신석기문화의 지역적양상』, 한국대학
　　　박물관협회 제42회 학술발표회 자료집.

＿＿＿, 2008, 「양양 오산리유적 최하층 출토 토기와 관련 유적의 비교」, 제5회 환동해 선사문화연구회
　　　학술발표회.

고동순 · 홍성학, 2007, 「양양 오산리유적 최하층 출토 토기에 대한 예찰」, 『강원고고학보』제9호.

고려문화재연구원, 2009, 『안산 신길동유적』.

국립김해박물관, 2008, 『비봉리』.

국립문화재연구소, 1999, 『양양 가평리』.

＿＿＿＿＿＿＿, 2004, 『고성 문암리유적』.

＿＿＿＿＿＿＿, 2010, 『강원 고성 문암리선사유적 발굴조사 자문회의』.

＿＿＿＿＿＿＿, 2011, 『고성 문암리선사유적(사적426호) 발굴조사』.

國木田大 · 吉田邦夫, 2007, 「고성 문암리유적 출토 토기의 연대측정 결과와 소견」, 『문화재』제40호, 국
　　　립문화재연구소, pp.431~438.

김은영, 2007, 「고성 문암리유적을 통해 본 신석기시대 평저토기문화의 전개」, 『문화재』제40호, 국립문
　　　화재연구소.

김장석, 1991, 「오산리토기의 연구 -상대편년 및 타지역간의 관계-」, 서울대학교 대학원 석사학위논문.

동국대학교 매장문화재연구소, 2007, 『울산 세죽유적 Ⅰ』.

박윤정, 2003, 「고성 문암리 선사유적 발굴조사」, 『日韓 新石器時代의 石器』.

백홍기 · 고동순 · 심상육, 2002, 『양양 지경리 주거지』, 강릉대학교박물관.

서울대학교박물관, 1984 · 1985 · 1988, 『오산리유적』, 서울대학교박물관 고고인류학 총간 제9~11책.

삼한매장문화재연구원, 2009, 「울진 죽변도시계획도로 개설공사부지내유적 발굴조사 자문위원회 자료」.

안승모, 1995, 「선사시대의 강원지방」, 『강원도사』, 강원도.

윤순옥 · 황상일, 2010, 「부록 - 강원도 양양 오산리 Holocene 환경변화」, 『양양 오산리유적』.

예맥문화재연구원, 2010, 『양양 오산리유적』.

_____, 2008, 『동해 망상동유적』Ⅰ.

_____, 2008, 『양양 송전리유적』.

이동주, 1996, 『한국선사시대 남해안 유문토기연구』, 동아대학교 대학원 박사학위논문.

임상택, 1993, 「한반도 융기문토기 연구」, 서울대학교 대학원 석사학위논문.

_____, 2004, 「양양 오산리 수습 융기문토기」, 『한국신석기연구』제8호, 한국신석기연구회.

_____, 2006, 『한국 중서부지역 빗살무늬토기문화 연구』, 서울대학교 대학원 박사학위논문.

정장호, 1995, 「자연환경」, 『江原道史』, 강원도.

하인수, 2006, 『영남해안지역의 신석기문화 연구』, 부산대학교 대학원 박사학위논문.

_____, 2009, 「동삼동패총 문화에 대한 시론」, 『한국신석기연구』18, 한국신석기학회.

신석기시대 중서부지역 상대편년의 종합과 병행관계

임 상 택 부산대학교

1. 머리말

신석기시대 중서부지역 상대편년 수립과정의 역사는 궁산유적의 발굴에서 시작되었다고 할 수 있다. 북한에 의한 궁산문화의 설정과 상대편년 수립이 이 지역 신석기문화 연구에 기초가 되었음은 주지의 사실이다.[1] 그 이후 60여 년이 흐르는 사이 남한 학계 역시 이 지역에 대한 나름의 편년안을 가지게 되었고[2] 토기 편년 이외의 분야에 대

---

1 도유호·황기덕, 1957a,『궁산원시유적발굴보고』, 유적발굴보고제2집, 과학원출판사.
  도유호·황기덕, 1957b,「지탑리유적발굴중간보고(1)」,『문화유산』57-5.
  도유호·황기덕, 1957c,「지탑리유적발굴중간보고(2)」,『문화유산』57-6.
  도유호·황기덕, 1961,『지탑리원시유적발굴보고』, 유적발굴보고제8집, 과학원출판사.
  김용간, 1962,「금탄리유적 제2문화층에 대하여」,『문화유산』62-3.
  김용간, 1964,『금탄리원시유적발굴보고』, 유적발굴보고10집.
  김용남, 1983,「궁산문화에 대한 연구」,『고고민속론문집』8, 과학·백과사전출판사.
  김용남·김용간·황기덕, 1975,『우리나라 원시집자리에 관한 연구』, 사회과학출판사.
  김용간·석광준, 1984,『남경유적에 관한 연구』, 과학·백과사전출판사.
2 김정학, 1968,「한국기하학문토기문화의 연구」,『백산학보』4, 백산학회.
  任孝宰, 1977,「한국중부지방신석기문화의 상사성과 상이성 연구」,『한국고고학보』2, 한국고고학회.
  任孝宰, 1982,「韓國櫛文土器の展開」,『末盧國』.
  任孝宰, 1983a,「土器의 時代的 變遷過程」,『韓國史論』12, 國史編纂委員會.
  任孝宰, 1983b,「編年」,『韓國史論』12, 國史編纂委員會.

해서도 많은 성과가 축적되기에 이르렀다. 그러나 아직도 세부적인 부분에서 시간축 설정의 논란이 있는 것도 사실이며, 앞으로도 세분된 상대편년의 확고한 수립을 위해서는 가야할 길이 멀다. 본고는 그동안의 이 지역 상대편년 수립과정에 대해 새삼 논의하기보다는 기존 편년안에서 문제가 되고 있는 점들을 지적하고 이에 대한 필자의 의견을 피력하고자 하는 목적에서 작성되었다.[3] 특히 한강유역 및 서해안지역 일대의 상대편년에 대한 필자의 견해를 재검토하고 시간에 따른 토기양식의 변천과정을 정리하며, 소지역간 병행관계를 명확히 하고자 한다.

2. 중서부지역 상대편년 재검토와 종합

1) 서부지역[4]

서부지역은 주지하듯이 궁산유적 발굴을 필두로 하여 '궁산문화' 가 처음으로 설정된 지역이다.[5] 지탑리유적 발굴을 토대로 궁산문화는 전·후기 2기로 구분되었으며,

任孝宰, 1983c,「서해안지역의 즐문토기문화」,『한국고고학보』14·15합집, 한국고고학회.
任孝宰, 1983d,「방사성탄소연대에 의한 한국 신석기문화의 편년연구」,『김철준박사 화갑기념 사학논총』.
韓永熙, 1978,「韓國 中·西部地方의 新石器文化」,『韓國考古學報』5, 한국고고학회.
韓永熙, 1983a,「地域的 比較」,『韓國史論』12, 國史編纂委員會.
韓永熙, 1983b,「新石器時代」,『韓國考古學年報』10, 서울대학교박물관.
韓永熙, 1995,「新石器時代」,『韓國考古學의 半世紀』, 第19回韓國考古學全國大會發表集, 한국고고학회.
韓永熙, 1996,「新石器時代 中·西部地方 土器文化의 再認識」,『韓國의 農耕文化』第5輯.
林尙澤, 1999a,「西海中部地域 빗살무늬토기 編年研究」,『韓國考古學報』40, 한국고고학회.
林尙澤, 1999b,「韓半島 中部地域 新石器時代 中期土器의 樣相」,『先史와 古代』13, 韓國古代學會.
金壯錫·梁成赫, 2001,「중서부 신석기시대 편년과 패총이용전략에 대한 새로운 이해」,『韓國考古學報』45, 한국고고학회.
임상택, 2006,『한국중서부지역 빗살무늬토기문화연구』, 서울대학교 대학원 박사학위논문.
3 이 지역 상대편년의 수립과정에 대한 개요는 졸고를 참고바람.
임상택, 2008,「신석기시대 중서부지역 상대편년 형성과정 검토」,『고고학』제7-1호, 서울경기고고학회.
4 이하에서는 대동강유역을 중심으로 한 지역을 서부지역, 한강유역을 중심으로 한 지역을 중부지역으로 하여 서술한다. 중부지역은 최근의 자료 축적과 연구성과에 따라 내륙과 해안지역으로 나누어 살펴본다.
5 도유호·황기덕, 1957a, 앞의 보고서.

금탄리유적 발굴은 궁산 후기 이후를 연결시켜주어 결국 궁산문화 4기 편년관이 수립되었다. 이후 남경유적 발굴을 토대로 이전부터 논의되어왔던 궁산문화 4기의 세분이 이루어지고 최종적으로 5기 편년체제가 확립되었다.[6] 이후 서국태는 뾰족밑 전통의 토기가 분포하는 대동강 이남 전역을 운하문화지역으로 설정하고 그 하부에 기존의 중서부지역을 궁산문화유형으로 설정하여 '문화 - 유형'의 구조하에 이 지역을 이해하고자 하였다.[7] 이에 따른 대표적인 유적들은 아래와 같다.

- 궁산 1기 : 궁산 일부, 지탑리 1지구
- 궁산 2기 : 지탑리 2지구
- 궁산 3기 : 금탄리1문화층, 룡반리, 학월리, 청룡리, 룡덕리
- 궁산 4기 : 남경 1기, 용당포
- 궁산 5기 : 남경 2기, 금탄리2문화층, 장촌

이 지역의 대별 편년관은 일견 큰 문제가 없는 것처럼 보인다. 또한 자료 접근에 대한 제한으로 인해 구체적인 재검토가 어려운 것도 사실이다. 그러나 몇 가지 재검토해 보아야 할 부분이 있는데, 그 첫 번째는 궁산 1기의 실체에 대

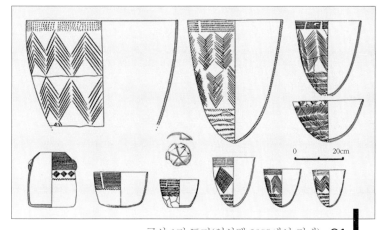

궁산 1기 토기(임상택 2009에서 전재) **01**

6 임상택, 2008, 앞의 글, pp.6~11.
7 서국태, 1999, 『조선신석기시대 문화의 단일성과 고유성』, 사회과학출판사.
  그는 운하문화 - 미송문화 - 서포항문화라는 틀 속에서 기존의 궁산문화를 운하문화의 하위 유형으로 보고 기존 궁산문화 편년관을 이용하여 '운하문화1~5기'의 용어를 사용하고 있으나 운하문화지역(첨저토기전통지역)을 하나로 볼 수 있는지에 대한 검토가 필요하고, 기존의 궁산문화와 혼동을 피하기 위하여 본고에서는 궁산문화1~5기의 용어를 사용하고자 한다. 이렇게 되면 지역을 남한 전체로 확대하지 않고 구체적으로 서부와 중부로만 한정할 수 있는 장점이 있다.

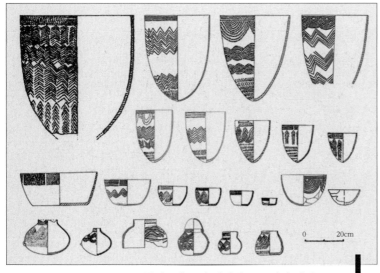

궁산 2기 토기(임상택 2009에서 전재) 02

한 것이다. 주지하듯이 지탑리 발굴을 근거로 궁산 1기와 2기가 분리되었지만 60여 년에 가까운 시간이 흐른 지금까지도 서부지역에서 궁산 1기에 해당되는 유적은 지탑리 1지구 1호주거지만이 명확할 뿐이며 이외에는 궁산 유적의 일부가 여기에 해당되는 것으로 보고 있을 뿐이다. 중부지역에서도 암사동이나 미사리 등에서 문양론적으로 이 단계를 설정하기도 하지만 명확한 단독 유적이나 유구로 이 단계가 분리되지는 못하고 있다. 따라서 과연 궁산 1기를 하나의 단계로 설정해야 하는지에 대해 재검토해 보아야 한다(도 01·02). 토기상에서 궁산 2기가 점열타래문이나 중호문 등 곡선적 요소가 보이는 점이 가장 큰 차이점이라 할 수 있는데, 궁산 1기의 유적이 너무 적은 상황에서 1기의 양상이 과연 한 단계를 대표할 수 있는 것인지 확신하기 어려운 점이 있는 것이다. 유적 조사가 진전된 남한지역에서도 연천 삼거리유적, 대연평도 까치산패총, 인천 운서동유적 등 조사되는 모든 유적에서 궁산 1기의 양상은 간취되지 않고 궁산 2기의 양상을 보이고 있다. 석기에서도 궁산 2기에 따비형석기가 초출하는 것으로 잘 알려져 있지만 이외의 석기상은 궁산 1기와 대동소이하다. 즉 궁산 1기와 2기를 시간적 선후관계로 볼 수 있을지 동시기의 것으로 볼지 재검토가 필요한 것이다. 현 시점에서 궁산 1기의 고고학적 존재여부를 확정적으로 결론 내리기 어렵기는 하지만 향후 고민해보아야 할 부분임은 분명하다.

　　두 번째는 소위 변형빗살무늬토기(줄산무늬)의 편년적 위치와 관련된 문제이다(도 03). 북한에서는 궁산 3기의 전반으로 보는 것이 정설화되어 있으나, 한영희나 宮本一夫는 궁산 1기와 2기의 사이에 위치시키고 있어 차이를 보인다. 필자 역시 구분계 전통을 유지하며 구연 점열문이라는 요소를 공유한다는 점에서 최소한 궁산 3기보다는 이르게 보는 것이 안정적이라고 본다. 대연평도 까치산패총에서도 이러한 토기들이 출토되고 있는 점을 볼 때, 궁산 2기 단계의 문양들 중 하나로 보는 것이 좋을 지도 모른다. 어쨌든 이 지역 토기 흐름 중 한 단계를 대표할 수 있는가 하는 점은 의문이다.

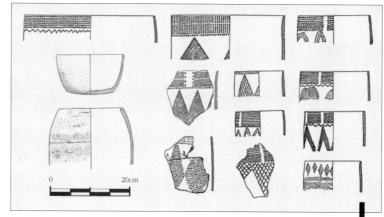

변형빗살문토기(임상택 2009에서 전재) 03

세번째는 궁산 4기의 단계 설정 문제이다 (도 04). 궁산 1기와 마찬가지로 해당되는 유적이 남경 1기를 제외하면 거의 없고 이 단계 토기상도 명확하지 않다. 룡당포유적을 이

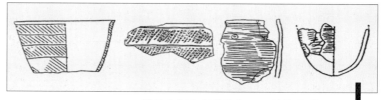

궁산 4기 토기(임상택 2009 일부 수정) 04

단계에 해당되는 것으로 보기도 하지만[8] 궁산 3기로 보기도 해[9] 혼란이 있다. 서국태는 번개무늬호를 이 단계의 큰 특징 중 하나로 보고 있지만 이 토기는 재지계 토기라 보기 어려운 면이 있다. 이를 제외하면 사선문이나 사선대문, 횡단선문 등이 있을 뿐이다. 이 토기들이 궁산 3기 또는 5기의 유물들과 구별되는 것은 사실이지만 한 분기를 대표할 수 있는지는 의문스럽다. 즉 현재로는 고고학적 실체가 불분명한 것이 사실이다.

2) 중부내륙지역

중부내륙지역은 한강유역을 중심으로 한다. 이 지역 신석기시대 토기에 대한 본격

---

8 김용간, 1978, 「우리나라 신석기시대 질그릇 갖춤새변천의 특성」, 『력사과학』78-1호.
  김용남, 1983, 앞의 글.
9 서국태, 1999, 앞의 책, p.27.

적인 편년은 김정학에 의해 처음 시도되었다.[10] 그는 시간에 따른 시문부위 축소라는 관점을 처음 제기하였으며 이는 이후 이 지역 편년의 기본적 골격 중 하나로 자리잡는다. 이후 한병삼은 김정학을 비판하고 암사동의 이른 시기, 지탑리 I지구 등을 전기, 지탑리 II지구를 후기로,[11] 서해안의 시도 1지구를 가장 늦은 시기로 편년하였다. 서해안 제유적을 후기로 편년한 점이 학사적으로 중요하며 이 역시 이후 편년관에 큰 영향을 미친다. 이 지역에 대한 세밀한 편년의 기초를 닦은 한영희는 여러 과정을 거쳐 암사동 I식(구분계 삼부위시문), 암사동II식(저부문 생략, 파상문계), 암사동III식(동체 및 저부문 생략), 금탄리I식, 금탄리II식, 시도식토기를 설정하고 3기 편년안을 제시하였다.[12] 암사동I식 및 II식 중 파상문계를 전기로, 암사동II식(저부문 생략), 금탄리I식, 시도식을 중기로, 금탄리II식, 시도식을 후기로 설정한 것이다. 최종적으로 시도식을 중기 후반으로 소급하고 임효재의 편년안을 수용해 문양생략과정으로 변천안을 상정하였다. 임효재는 A계(구분계)와 B계(동일계), I(전면시문), II(저부문 생략), III(저부, 동체문 생략)으로 구분하고 서해안의 양상, 절대연대, 시문부위 축소경향이라는 기준하에 AI, BI~AIII, BIII으로의 3단계 변천안을 상정하였다.[13] 문양의 축소과정을 일목요연하게 정리하여 변천안을 제시하였으며 이후 상당 기간동안 이 지역 편년의 기본 관점으로 채택되었다. 필자는 횡주어골문의 세분을 통한 서해안 후기 세분, 한강유역 중기설정(장대화된 암사동식 찰과상 다치횡주어골문 중심), 분기 조정(궁산 1, 2기를 통합하여 I기 내 전, 후반으로 함) 및 세분 등을 통해 크게 4단계 편년안을 제시하였으며 기본적으로

---

10 김정학, 1968, 앞의 글.

11 韓炳三, 1973,「新石器時代」,『韓國史大系』1, 도서출판 아카데미.
    韓炳三, 1979,「櫛目文土器」,『世界陶磁全集』17.
    그는 동삼동 발굴성과를 기초로 선즐문토기문화기를 설정함으로써 전체적으로 역시 3기 편년안을 취하고 있다. 김원용(1986,『한국고고학개설』, 일지사)도 마찬가지로 선즐문토기문화기를 포함하여 3기 편년을 취한다.

12 韓永熙, 1978, 앞의 글.
    韓永熙, 1983a, 앞의 글.
    韓永熙, 1995, 앞의 글.
    韓永熙, 1996, 앞의 글.

13 任孝宰, 1977, 앞의 글.
    任孝宰, 1982, 앞의 글.
    任孝宰, 1983a, 앞의 글.
    任孝宰, 1983b, 앞의 글.
    任孝宰, 1983c, 앞의 글.

는 기존의 편년관과 큰 차이는 없다.[14] 김장석 · 양성혁은 기존 편년안을 비판한 후 한강 내륙의 경우 구분계 토기가 늦게까지 잔존할 가능성을 상정하고, 전 · 후기 양대편년안을 제시하였다.[15] 宮本一夫[16]와 田中聰一[17]은 문양론에 입각해 이 지역 토기에 대해 4~6단계의 편년안을 제시하였으며 기존의 흐름과 큰 차이는 없으나 약간의 세분을 한 것이다.

　이상에서 정리할 수 있는 중부지역 토기편년틀은 시문부위의 축소경향, 구분계 토기에서 동일계 토기로의 점진적 변화라는 큰 틀 속에서 3~4단계의 변천안으로 상정되고 있음을 알 수 있다. 문제는 역시 중부지역에 궁산 1기 병행 단계가 존재하는가, 존재한다면 어떻게 분리할 수 있는가, 중기단계의 명확한 양상은 무엇인가, 한강 내륙에서 후기 단계를 어떻게 설정할 수 있는가 하는 점 등이다. 암사동과 미사리 이외의 한강 중류 유적 조사의 부재가 이러한 문제를 해결하는데 큰 걸림돌이 되고 있다. 이러한 문제점 속에서도 일단 아래와 같이 큰 틀의 상대편년 정리가 가능하다.

- 1기(전기 후반)[18] : 암사동 일부, 미사리 일부, 삼거리 등(구분계 전면 시문, 파상문 등)
- 2기(중기) : 암사동 및 미사리 일부 등(구분계 2부위 시문 중심, 저부 생략, 금탄리 1식 공반)
- 3기(후기) : 미사리 상층, 동판교 사송동, 용인 상현동, 호평동 지새울, 문산 당동리 등

　가장 문제가 되고 있는 중부내륙지역 후기 단계와 관련하여 최근 조사된 유적들을

---

14 林尙澤, 1999a, 앞의 글.
　林尙澤, 1999b,「韓半島 中部地域 新石器時代 中期土器의 樣相」,『先史와 古代』13, 韓國古代學會.
　임상택, 2006, 앞의 글.
15 金壯錫 · 梁成赫, 앞의 글.
16 宮本一夫, 1986,「朝鮮有文土器の編年と地域性」,『朝鮮學報』第121集.
17 田中聰一, 2000,『韓國 中 · 南部地方 新石器時代 土器文化 硏究』, 東亞大學校 大學院 博士學位論文.
18 일단 중부내륙지역에서는 궁산 1기 병행기를 독립적인 고고학적 단위로 분리할만한 층위나 유구 등의 근거가 없다는 점, 궁산 1기의 존재 여부에 대한 의문 등에서 가장 이른 시기를 궁산 2기와 병행하는 전기 후반으로 상정하였다.

중심으로 토기상을 검토해 보자. 먼저 성남 동판교유적은 주거지 1기와 수혈, 야외노지 등이 확인되었는데,[19] 주거지와 나머지 유구는 상당히 떨어져 있어 별개의 유적으로 볼 수 있다. 수혈(분당 삼평동)에서는 단사선문과 다치찰과상 횡주어골문이 소량 출토되어 2기(후술하는 중기 전반)의 양상에 가까운데 반해, 절대연대는 3,700cal.B.C.를 전후한 연대가 나와 약간 이른 연대를 보이고 있다. 크게 보아 이 단계의 연대로 보아도 무리는 없다. 반면 지점을 달리하는 주거지(수정구 사송동)에서는 동일계 단치횡주어골문편이 소량 확인된다. 유물이 너무 적지만 중부내륙의 후기 양상을 알려주는 유적으로 생각된다. 크게 보아 3기로 판단되며, 문양상 미사리 상층의 동일계 횡주어골문토기와는 완전히 다른 것으로 시기차를 염두에 둘 수 있지만(사송동유적이 횡주어골문 형태상 이른 것으로 볼 수 있음) 세분은 피한다. 기원전 2,700년 전후의 절대연대가 도출되어 있다. 미사리유적과 함께 동일계토기가 이 지역 늦은 시기의 양상임을 알려주는 것으로 판단할 수 있다. 유사한 양상은 용인시 상현동(광교유적)의 주거지와 야외노지, 수혈에서도 확인된다.[20] 여기서도 동일계 단치횡주어골문과 띠대문에 가까운 사선대문이 확인되었다.

남양주 호평동유적에서는 주거지가 3기 확인되었는데,[21] 토기는 단사선문이 없고, 동일계 토기가 일색이며, 단치횡주어골문, 사선대문, 점선띠대문(1·3호 주거지), 다치 횡주어골문(2호 주거지)이 약간씩이다(도 05). 1호의 어골문은 날카롭고 뚜렷하게 시문된 것이 중심이다. 흥미 있는 것은 금탄리2식 토기의 특징으로 생각되는 점선띠대문 토기편이 두 점 확인된 것이다. 거리상 직접 연결 등은 어려우나 큰 틀에서 동일계 토기의 구성이라는 점에서 일맥상통한다. 2호 주거지에서는 토기가 단 2점밖에 출토되지 않아 확실하지 않지만 다른 주거지에 전혀 보이지 않는 예각의 다치어골문이 시문되어 있어 큰 차이를 보인다. 세분은 피하지만 역시 중부내륙의 늦은 단계(3기)를 보여주는 것으로 보이며 절대연대는 2,800~2,400cal.B.C.를 중심으로 분포하고 있다.

문산 당동리유적은 1지점(1기)과 7지점(3기)에서 주거지와 수혈이 확인되었다.[22] 문산은 서부지역과 중부해안 및 내륙을 연결하는 중간적 위치라 할 수 있는데, 1지점

19 高麗文化財研究院, 2009, 『城南 東板橋 遺蹟(I)』, 學術調査報告書 第39輯.
20 高麗文化財研究院, 2011, 『光教新都市 文化財 發掘調査』IV, 學術調査報告書 第55輯.
21 畿甸文化財研究院, 2007, 『南楊洲 好坪洞 지새울 遺蹟』, 學術調査報告 第85册.
22 京畿文化財研究院, 2009, 『汶山 堂洞里 遺蹟』, 學術調査報告 第111册.

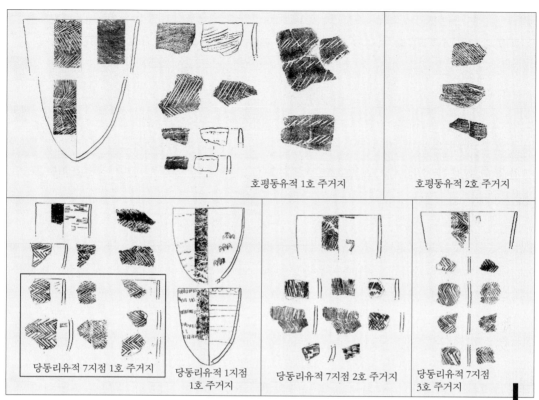

호평동유적 1호 주거지   호평동유적 2호 주거지

당동리유적 7지점 1호 주거지 당동리유적 1지점 당동리유적 7지점 2호 주거지 당동리유적 7지점
          1호 주거지   3호 주거지

중부내륙 3기 토기 - 호평동유적과 당동리유적 출토 토기 비교 **05**

주거지의 토기는 밀집시문된 예각에 가까운 단치횡주어골문이 압도적이고 이외 점선 띠대문이 확인된다. 이러한 양상은 크게 보면 궁산 5기의 토기상과 연결되고 호평동의 양상과도 유사하다. 주거지 출토 호의 경부편도 궁산 5기 단계의 것과 대동소이하다. 7 지점의 3기의 주거지 출토 토기는 크게 양분되는데, 1지점과 횡주어골문토기 양상이 동일한 1호 주거지와 다치구로 밀집하여 둔각 시문한 토기를 내는 2 · 3호 주거지가 그 것이다. 양자는 확연히 구분된다. 1지점과 비교할 때 띠대문이 확인되지 않는 차이점이 있다(도 05). 그러나 1지점 주거지는 수혈식노지를 갖는데 비해 7지점 주거지는 위석식 노지를 가지고 있어 주거지 내부시설에서 차이를 보인다. 이들은 대체로 역시 중부내 륙 3기의 양상을 잘 보여주고 있는 것으로 판단된다. 7지구는 기원전 3,000년기 후반, 1 지구는 기원전 2,000년기 전반의 연대를 보이고 있다. 호평동유적과 비교한다면 약간 늦은 연대를 보이고 있는데, 이것이 둔각으로 밀집시문된 다치어골문이 좀 더 늦은 양 상임을 시사하는 것인지도 모르겠다. 당동리유적에서는 4지점에서도 유구 없이 점열

집선문토기와 무문양토기가 1점씩 확인되었다. 점열집선문토기는 후술할 중부해안 삼목도기에 중요한 문양 중 하나로 문산에서 이 단계의 유물이 확인된다는 점이 중요하다. 더불어 위에 언급한대로 각 소지역의 점이지대로서 문산이 중부해안과도 밀접한 관련이 있음을 보여주는 자료로 생각된다.

이렇게 보면 암사동과 미사리의 주변지역에서는 적지만 3기 단계의 유적이 확인되고 있음을 알 수 있다. 이 토기들은 모두 동일계 토기라는 점에서 공통되며 큰 틀에서는 서부 및 후술할 중부해안의 토기변화와 맥을 같이 한다. 이러한 토기문양의 시간에 따른 양식적 변화양상의 공통성을 볼 때 암사동의 구분문을 이 지역 후기 단계까지 내려보는 것[23]은 어렵다고 생각된다.

3) 중부해안지역

중부해안지역은 앞서 언급한 바와 같이 대부분 패총유적이며 후기로 편년되는 것이 일반적이었다. 그러나 최근의 대규모 취락 조사를 통해 편년의 진전이 가능해지게 되었다. 특히 유적별 유물상의 차이를 통해 유적단위 편년이 가능해졌으며, 대동강유역이나 한강 중류와 마찬가지로 이른 시기부터의 전개과정 파악이 가능하게 되었다. 필자는 삼목도III유적의 발굴을 통해 이 지역 중기를 설정하고 그 양상을 정리한 바 있다. 요약하면 구분계 구연한정 단사선문, 암사동식 찰과상 다치어골문, 서해안식 단·다치 횡주어골문의 문양구성이 이 단계의 특징이라 할 수 있다. 이는 기존에 주로 후기로 편년되던 서해안식 단·다치횡주어골문의 시기를 중기까지 소급할 수 있다는 주장이었다.[24]

이후 이 지역에서 시흥 능곡동, 안산 신길동, 기흥 농서리, 인천 운서동·중산동·운북동 등 다수의 취락유적이 발굴됨에 따라 전~후기의 흐름을 더욱 구체적으로 파악할 수 있게 되었다. 필자는 이전 글에서 이 지역에 대한 편년관을 다음의 〈표 1〉과 같이 제시한 바 있다. 이는 최근 발굴성과를 토대로 서해안에서 기본적으로 대동강유역 및

---

23 金壯錫·梁成赫, 2001, 앞의 글.
24 임상택, 2006, 앞의 글.

표 1 _ 중부해안지역 상대편년안(임상택 2010 전재)

분기		주요 유적	주요 특징	연대 (cal.B.C.)
I기 후반 (전기)		운서동 I, 오이도 안말, 대연평도 까치산패총 V~X층	구분계 중심(3부위), 단사선문, 조문, 종주어골문	4000~3600
II기 (중기)	전반	능곡, 신길	구분계 중심(2부위), 단사선문, 찰과상 다치횡주어골문	3600~3400
	후반	삼목도III, 가도 하층	구분계, 동일계, 단사선문, 서해안식 횡주어골문, 구연한정 단사선문	3400~3100
III기 (후기)	전엽	성내리, 풍기동	단사선문 잔존, 동일계 횡주어골문 중심	3100~2900?
	중엽	중산동, 을왕동A · B, 는들	동일계 중심, 는들식 단치횡주어골문	2900~2600
	후엽	운북동 제 지점	동일계 중심, 서해안식 횡주어골문	2600~2300?
IV기(만기)		오이도 뒷살막, 을왕동I	동일계 중심, 문양의 난삽화, 무문양화	2300~1500?

한강 중류역과 동일한 전기 후반의 양호한 자료를 뽑아낼 수 있고, 유적별 검토를 통해 중기 및 후기를 세분할 수 있다는 주장인 바, 구체적으로 총 7단계의 상대서열을 수립하였다.[25] 본고에서는 이러한 편년관을 기초로 하되 세부적으로 수정해야 할 사항, 주로는 중기와 후기의 양상에 대해 검토하고자 한다(도 06).

먼저, 대연평도 까치산패총의 경우 필자는 기존에 V~X층을 I기 후반 자료로 보았으나 V~VII층의 경우는 부가문이 시문되고 다단화한 구연한정 단사선문, 점열집선문, 동일계 예각시문 단치횡주어골문 등의 존재로 보아 I기 후반보다는 II기 그 중에서도 삼목도III유적의 단계와 유사한 II기 후반의 자료로 보는 것이 좋을 것으로 생각되어 수정한다. 시도패총 1지구의 경우도 일반적으로 후기 단계로 편년되어 왔으나 구분문계 토기, 대상격자문, 점열집선문 등의 양상을 통해 볼 때 삼목도III유적과 동일한 문양구성을 보이고 있음을 알 수 있다. 따라서 역시 중기로 소급할 수 있는 유물을 포함하고 있음이 분명하다. 영종도 송산유적은 전기~후기의 유물이 섞여 있어 단계로 구분하는 것이 어렵지만, 이 중에는 중기 후반에 해당되는 자료도 포함되어 있음은 분명하다(점열집선문 등).

아산 성내리유적의 경우도 마찬가지이다. 필자는 이전에 성내리유적을 신석기 후기

25 임상택, 2010, 「신석기시대 서해중부지역 상대편년과 취락구조의 특징」, 『韓國上古史學報』70, 한국상고사학회.

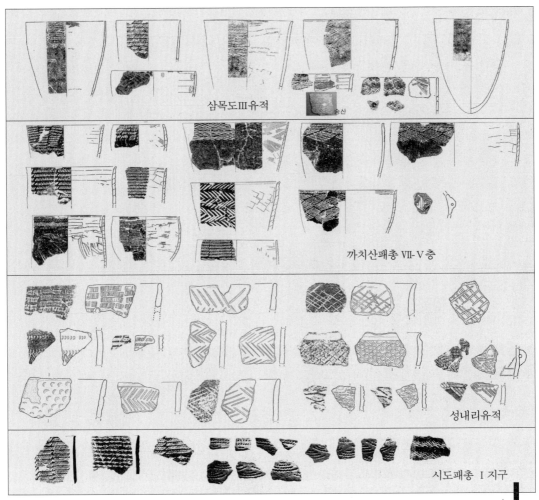

삼목도Ⅲ유적

숭산

까치산패총 Ⅶ-Ⅴ층

성내리유적

시도패총 Ⅰ지구

(필자 Ⅲ기)의 이른 단계로 설정한 바 있다.[26] 동일계 횡주어골문이 많고 단사선문이 적은 양상이 이 지역 토기의 변천과정, 즉 동일문계로의 이행과정상에서 삼목도Ⅲ유적에 비해 더욱 진전된 것으로 생각하였기 때문이다. 그러나 다시 자세히 관찰한 결과 성내리유적의 전체적인 토기상은 결론적으로 삼목도Ⅲ유적과 유사하여 중기 후반으로 설정 가능할 것으로 생각되어 이전의 편년관을 수정하고자 한다. 구체적으로는 단사선문

---

26 임상택, 2006 · 2010, 앞의 글.

계 토기와 동일문계 토기의 공존, 점열집선문, 대상격자문, 단사선계 능격문의 존재 등
에서 삼목도III유적과 동일한 양상을 보인다. 전체적으로 삼목도에 비해 단사선문계 토
기의 수량이 적은 것이 사실이나 문양들의 조성 양상으로 보면 역시 삼목도와 유사성
이 높다고 볼 수 있다. 이렇게 보면 기존의 필자 편년틀과 잘 맞지 않던 성내리유적의
절대연대(3,450~3,500cal.B.C.)도 중기의 연대폭으로 충분하기 때문에 설명이 가능해
진다. 유사한 양상을 보이는 장재리 안강골, 풍기동 역시 이러한 점으로 볼 때는 성내리
유적과 같은 단계로 볼 수 있을 것이다. 아산지역 유적들을 삼목도III유적과 동일 단계
로 설정하게 되면 삼목도와의 세부적 양상 차이(단사선문, 어골문의 양상 차이)를 다시
소지역 내의 미세한 차이로 볼지 세부적 시간차로 볼지 차후 검토가 필요하다. 어쨌든
이렇게 되면 필자의 기존 후기 전엽 단계가 중기 후반으로 포함되는 셈이 된다. 본고에
서는 이와 같이 기존의 후기 3분 체제의 전엽 단계를 소급시키고, 후기 중엽과 후엽을
전반과 후반으로 바꾸어 총 6단계의 분기로 수정하고자 한다(표 2).

　　이와 같은 편년틀 속에서 다시 후기의 양상을 살펴보자. 아산만 이남지역의 경우 서
산 대죽리유적은 시문각이 매우 작은 예각의 다치횡주어골문이 중심이며 이외에 소량
의 단사선문토기(늦은 단계의 다단, 밀집시문 특징), 단사선식 능격문도 일부 존재하나
상대적으로 단일한 문양구성이다. 기형상 내만형이 많고, 외반구연도 소량인데 일반적
인 서해안 후기 단계 특징을 보인다. 절대연대는 기원전 3,000년기 전반의 늦은 시기이

표 2 _ 중부해안지역 상대편년 수정안

분기		주요 유적		주요 특징		연대 (cal.B.C.)	분기명
I기 후반 (전기)		운서동 I, 오이도 안말, 까치산패총 VIII~X층		구분계 중심(3부위), 단사선문, 조문, 종주어골문		4000~ 3600	운서동기
II기 (중기)	전반	능곡, 신길, 시도II지구		구분계 중심(2부위), 단사선문, 찰과상 다치횡주어골문		3600~ 3400	능곡기
	후반	삼목도III, 까치산패총 V-VII층, 시도 I지구 일부, 가도 하층, 성내리, 풍기동		구분계, 동일계, 단사선문, 서해안식 횡주어골문, 구연한정 단사선문		3400~ 3100	삼목도기
III기 (후기)	전반	는들, 중산동, 을왕동A · B	대죽리 가도? 고남리A	동일계 중심, 는들식 단치 횡주어골문	예각 단 · 다치 횡주어골문, 다단 단사선문 잔존	3100~ 2600	는들기
	후반	운북동 제 지점, 남북동, 고남리B, 화성 가재리?		동일계 중심, 예각 서해안식 횡주어골문		2600~ 2300?	운북동기
IV기(말기)		오이도 뒷살막, 을왕동I		동일계 중심, 문양의 난삽화, 무문양화		2300~ 1500?	뒷살막기

다. 가도 A지구는 영선동식 토기와 구연한정 단사선문, 대상반복문 등 중기 이전으로 볼 수 있는 양상을 제외하고 살펴보면 서해안식 다치어골문은 대죽리와 크게 다르지 않다. 다만 상대적으로 단치어골문도 일정 비율 존재한다. 고남리유적은 A지구에서는 예각시문의 다치횡주어골문이 중심이고 B지구는 역시 예각시문의 단치횡주어골문이 중심이다. 필자는 B지구의 단치횡주어골문을 인천, 강화 이북지역은 는들식 어골문과의 차이에서 늦은 단계의 것으로 본 바 있다.[27] A지구의 양상은 예각의 다치횡주어골문 이외에 다단의 단사선문계 토기가 잔존하고 있는 점 등에서 대죽리와 마찬가지로 III기 전반으로 평가 가능하다.

이상의 양상을 살펴보면 중·후기 단계의 서해안식의 동일계 횡주어골문도 크게 보면 두 가지의 패턴이 있는 것으로 생각된다. 삼목도III유적을 필두로 한 예각시문 전통과 는들유적과 중산동유적으로 대표되는 둔각시문 전통이 그것이다. 예각시문 전통은 삼목도III유적과 풍기동유적, 성내리유적에서 시작하여 후기의 대죽리나 휴암리, 가도 패총, 고남리, 운북동 등의 양상으로 이어질 수 있다. 반면 둔각시문 전통은 현재로는 는들과 소연평도패총, 중산동과 같이 인천 강화 이북지역의 특정 시기(후기 전반)를 반영하고 있는 것으로 보인다. 삼목도III유적에서 시작되는 예각시문의 횡주어골문전통은 이후 서해안지역의 특징적인 문양으로 유행하는 반면, 는들식의 둔각시문 횡주어골문은 후기 전반에 일부 지역에서만 유행하는 양상으로 정리할 수 있을 것이다. 는들식 어골문은 현재로는 전기 이래의 구분문계 토기의 동체문과 가장 유사하여 그러한 전통으로 볼 수도 있고 금탄리2식 토기의 특징과 유사한 점에서 후기 전반 단계의 특징으로 고려할 수도 있으나 어떠한 가능성이 높은지는 말하기 어렵다. 단치와 다치의 구분은 대체로 인천 강화 이북지역이 단치 위주, 그 이남이 다치 위주의 구성을 하고 있는 것으로 보이지만 삼목도(다치존재)나 성내리(단치위주), 고남리B 등의 양상으로 보아 명확히 구분되는 것은 아니다.

이상 수정한 편년안을 기초로 이른 단계부터 대표 유적명을 따 운서동기 - 능곡기 - 삼목도기 - 는들기 - 운북동기 - 뒷살막기로 명명하고자 한다. 운서동기는 엄격한 삼부위 시문 위주이고, 조문 중심의 구연문은 문양대폭이 좁은 것이 특징이다. 동체문은 종주어골문이 주류를 이룬다. 능곡기에는 구연문이 다단화되기 시작하며 조문 대신 단사선문이 압도적으로 된다. 동체문은 암사동식 다치횡주어골문 중심, 저부는 무문화의 경향이 뚜렷하다. 삼목도기에는 구연한정 단사선문이 많아지고, 구연문 다단화 경향은 유지되며 부가문의 다량 채용, 서해안식 횡주어골문의 등장 및 유행, 점열집선문, 대상 격자문 등 새로운 문양의 등장 등을 특징으로 들 수 있다. 는들기에는 단사선문이 거의 사라지고 정연하고 시문각도가 큰 단치횡주어골문(는들식 횡주어골문)과 예각의 단·다치횡주어골문이 중심을 이룬다. 운북동기에는 예각의 횡주어골문이 중심이 되는 특징이 간취된다. 뒷살막기는 문양의 난잡화가 두드러진다.

3. 소지역간 병행관계와 의미

1) 병행관계 검토(표 3)

본 절에서는 앞에서 소지역별로 검토한 편년틀간의 병행관계에 대해 간단히 정리한다. 중부내륙 1기는 구분계 토기 위주, 구연종속문 및 점열타래문 등에서 운서동I유적 즉 중부해안 I기와 병행한다. 마찬가지 이유에서 서부지역 지탑리 I지구의 궁산 2기 역시 이 단계와 병행한다. 중부내륙 2기는 2부위 시문의 유행, 암사동식 찰과상 다치어골문의 유행이라는 큰 특징을 가지고 있는데, 이는 중부해안의 능곡, 신길유적의 양상과 동일한 것이다. 이러한 점에서 중부해안 II기 전반과 병행관계 설정이 가능하다. 단, 중부해안의 경우는 단사선문의 다단화 경향이 뚜렷한 차이가 있다. 이는 기존에 필자가

표 3 _ 중서부지역 소지역간 병행관계

시기구분	필자 분기	서부	중부내륙	중부해안	절대연대 (cal.B.C.)
전기	I기 전반	궁산 1기?	?	?	
	I기 후반	궁산 2기	1기	운서동기	4000~3600
중기	II기 전반	궁산 3기	2기	능곡기	3600~3400
	II기 후반	궁산 4기?	당동리 4지점?	삼목도기	3400~3100
후기	III기 전반	궁산 5기	3기	는들기	3100~2600
	III기 후반			운북동기	2600~2300?
말기	IV기	룡반리,덕안리 등	?	뒷살막기	2300~1500?

(절대연대는 중부해안 자료를 중심으로 함)

중서부 중기(II기)로 설정하였던 내용과 동일하다. 중부해안 유적 조사의 진전으로 해안지역에서 이 단계의 고고학적 실체를 확인한 것이 중요하다. 또한 해안지역의 양상을 근거로 중기가 세분될 수 있음을 파악한 것도 중요하다. 서부지역에서는 중부내륙 암사동 등지의 금탄리1식 토기 존재를 근거로 궁산 3기 단계와 중부내륙 2기가 병행하는 것으로 볼 수 있으나 암사동의 양상을 중부해안처럼 중기 전반과 후반으로 분리할 수 있는지는 미지수이다. 중부해안의 II기 후반단계인 삼목도III유적 단계는 구연한정 단사선문이 우세하고 부가문이 많으며, 서해안식 단·다치어골문도 상당량이라는 점에서 후기로 이행하는 양상을 보여주는 중요한 시기이다. 현재로는 중부내륙에서는 이 단계를 구체적인 유적 단위로 특정해낼 수는 없다.

중부해안 III기는 전·후반 두 단계로 나뉠 수 있는데, 단사선문의 잔존 여부, 횡주어골문의 시문각도와 정연함 등을 기준으로 한다. 이 단계는 동일계 어골문이 문양을 주도한다는 점에서 크게 보아 서부의 궁산 4·5기 단계, 중부내륙에서는 3기와 병행관계를 설정하는 것이 가능하다. 구체적으로 살펴보면 중부해안 III기 전반은 예각과 둔각 시문 전통의 단·다치횡주어골문이 인천·경기·충청 해안지역을 중심으로 유행하는 시기이다. 인천 강화 이북지역은 는들식 단치어골문, 이남은 예각시문 다치어골문이 중심을 차지한다. 이 단계는 서부지역의 궁산 5기와 기본적으로 일치한다. 그러나 궁산 5기는 동일문계 토기의 경우 저부 일부를 제외한 전면 시문이 기본인데 비해 중부해안은 동체 상반부까지 시문되는 예가 많아 차이를 보인다.

이렇게 되면 궁산 4기(남경 1기)와 중부해안과의 병행관계가 설정되지 못하게 된다. 남경 1기의 경우 문양이나 태토상에서 궁산 3기와의 연속성이 강조되고 있는 점이나 앞서 언급한 것처럼 한 단계로 설정하는데 의문이 있을 수 있다는 점을 고려한다면 중부해안의 중기 후반 단계로 보아도 좋지 않을까? 그렇게 되면 궁산 5기와 중부해안 III기 전체 또는 III기 전반과의 병행관계를 설정할 수 있다. 중부해안 III기 전, 후반은 횡주어골문에서의 차이에서 기본적으로 구분된 것이므로 궁산 5기가 세분되지 않는 상황에서 세부 병행관계 파악이 어려운 것이 사실이다. 다만 어골문 형태 등을 고려할 때 상대적으로 중부해안지역 III기 전반의 는들식 어골문과 궁산 5기의 어골문이 유사하므로 서로 병행하는 단계로 파악할 수는 있으나 아직 불안정하다. 현단계에서는 중부해안 III기와 궁산 5기를 전체로서 병행하는 것으로 보면 좋을 듯 하다. 중부내륙에는 이 단계의 양호한 자료가 별로 없으나 미사리 상층(서울대 IX층 상면 토기자료 단계)이나 동관교, 호평동 등을 이 단계 병행기로 볼 수 있을 것이다. 병행관계상 또 한가지 문제는 중부해안 IV기와 서부지역의 병행관계 문제이다. 북한의 편년상에서는 궁산 5기 이후의 단계가 설정되어 있지 않다. 필자는 이전에 서부지역의 일부 유물들에 대해 IV 기로 편년한 바 있으나 아직 이 단계의 고고학적 실체에 대해서는 모호한 점이 많은 것이 사실이다.

2) 토기변화의 연동성과 독자성 - 양식권의 변동

본 절에서는 이상의 논의를 바탕으로 중서부지역 내 소지역간 토기상의 시공간적 변화를 양식권의 변동이라는 차원에서 검토해보고자 한다. 본고에서 말하는 양식(style)이란 본래적 의미에서 토기에서 간취되는 동시대적인 특징들(기형, 문양, 태토 등)의 묶음을 말한다.

I기(전기)는 중서부 전 지역에서 문양의 양식적 유사성이 매우 높은 시기이다. 소지역별로는 평남·황해지역에서는 구연문으로 점열문이 우세한 반면, 한강 내륙은 단사선문이 압도적으로 많고, 서해안은 운서동유적의 예로 볼 때 조문이 상대적으로 높은 비중을 차지한다는 점이 차이점이다. 기형의 스타일은 평남·황해지역이 동체 하반부가 좀 더 좁고 구연에서 최대경을 보이는 특징이 있는 반면, 전기 후반의 운서동이 좀 더 통통하고 구연보다 약간 아래에서 최대경을 가지는 부푼 형태가 많은 것이 특징이다. 그렇지만 세 지역 모두 다음 단계에 비해 세장도가 작은 것이 주류인 점은 공통되며 전체적인 양상에서 유사한 점이 많다(도 07). 이와 같이 전기 후반까지는 문양과 기형상에서 약간의 차이는 존재하지만 공통되는 대양식권의 존재를 인정할 수 있는 바, 통일양식기라 할 만 하다.

II기(중기)는 중부내륙과 중부해안이 문양에서 양식적으로 아직 유사성을 유지하고 있으나 서부지역은 크게 변화하는 모습을 보인다. 중부해안지역도 서해안식의 단·다치횡주어골문이 중기 후반(삼목도기)에 등장하고 있어 변화의 조짐이 나타난다. 기존의 전통에서 이탈해나간 지역은 서부지역이며 중부는 전반에는 구분계 전통이 내륙과 해안에서 유지되나 후반에는 중부해안에서 동일계 토기 등장을 중심으로 기존 중부지역 양식권에서 이탈하는 모습을 보인다. 기형상에서는 중부내륙(암사동)과 해안(능곡, 삼목도III)이 전단계에 비해 확실히 세장해지는 양상이 뚜렷하고 배가 부른 현상이 사라지는 모습을 보이는 점에서 문양의 양식적 유사성과 마찬가지의 양상이다. 평남·황

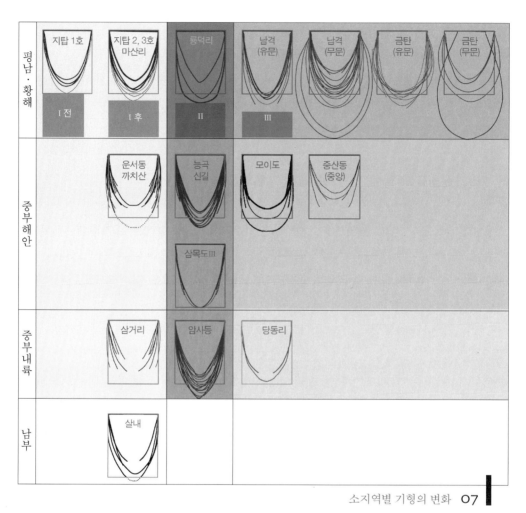

평남·황해	지탑 1호	지탑 2, 3호 마산리	룡덕리	남격 (유문)	남격 (무문)	금탄 (유문)	금탄 (무문)
	I 전	I 후	II	III			
중부해안		운서동 까치산	능곡 신길 / 삼목도III	모이도	중산동 (중앙)		
중부내륙		삼거리	암사동	당동리			
남부		살내					

(기형 비교를 위해 토기들의 구경을 표준화하였으며 1기 전반 지탑리 1호의 토기를 기준치로 한 box를 표시해두었다)

해지역 역시 수량이 적지만 세장해지는 경향은 뚜렷하다(도 07). 반면에 완형토기가 없어 도면에 도시되어 있지 않지만 금탄리1식 토기의 특징 중 하나는 배가 부른 형태이기 때문에 중부지역과 차이를 보인다는 것은 이미 알려져 있다. 따라서 기형과 문양상으로 볼 때 중부해안과 내륙은 유사성을(II기 전반) 보이며, 이들과 평남·황해지역은 차이를 보인다는 점을 알 수 있다. 이런 면에서 이 단계는 대양식권의 해체와 소지역양식 분화기로 설정 가능할 것이다.

　III기는 전체적으로 전단계에 비해 동일문계 토기가 대유행한다는 점에서 일견 양식의 재통합기로 보이기도 하지만 세부적으로는 서부와 중부해안이 다르고, 중부해안 내부에서도 단·다치횡주어골문의 지역적 차이, 예각시문과 둔각시문 전통의 병존 등 세분된 양상이 나타나므로 I기의 통일양식기와는 성격이 다르다. 오히려 소지역화가 더 진전되는 양상이다. 기형상에서도(도 07) 서부지역은 세장화가 가장 심화된 단계이자 배가 부르고 외반한 기형이 두드러지는 단계이다. 전면 시문의 유문양 토기들은 특히 세장도가 증가하는 경향이 있으며, 띠대문 등 거의 무문화한 문양이나 무문양 토기들은 다양한 세장도를 보이면서 외반과 배부른 현상이 집중된다. 즉 현저한 기형변화(배부름과 외반 및 이에 따른 원저화)는 무문양 토기 쪽과 관련이 깊다는 것을 알 수 있다. 무문양화와 기형변화가 함께 진전되는 것이다. 반면 중부해안의 모이도유적은 세장도에서는 전단계와 큰 변화를 찾기 어렵지만[28] 구연에서 동체로 내려오는 경사도가 밋밋해져 동체 하반부가 불룩해지며 이에 따라 전체적으로 원저화되는 경향이 보인다. 이와 같은 현상은 이전과는 차이를 보이는 요소임과 동시에 서부지역의 특징과 유사한 면이 있다. 이는 아마도 모이도패총의 위치와 관련될 듯 하다. 외반구연이 증가하는 것 역시 늦은 단계의 특징이다. 중산동유적을 보면 역시 수량이 적지만 세장도가 줄어드는 변화가 확인된다. 중부내륙지역 역시 수량이 적긴 하지만 전단계에 비해 오히려 구경 대비 기고가 낮아지는 변화가 간취된다. 또한 평남·황해지역과 달리 배부른 기형은 그다지 두드러지지 않는다. 따라서 기형과 문양을 함께 고려하면 대양식권의 재통합이라는 큰 틀내에서 소지역 양식 분립의 심화기로 설정 가능하다. 이상을 종합하면 중서부지역의 토기는 양식적 측면에서 통일 양식기 - 2대 중양식기 - 3대 소양식기의 흐름으로 변동하고 있음을 알 수 있다. II기에 통일양식의 해체를 주도한 것은 서부지역이며, III기 소양식기에는 각 지역에서의 양식분화과정을 엿볼 수 있다.

4. 맺음말

이상에서 중서부지역 상대편년의 문제점과 병행관계, 양식권의 변동에 대해 검토하

---

28 세장도가 최대인 토기의 경우가 그러하다. 그러나 사실 전체적으로는 세장도가 전단계에 비해 줄어들고 있는 것이 사실이다.

였다. 아직 이 지역 토기 편년 확립에는 넘어야 할 산이 많음을 절감하며 편년의 정치화가 중요함을 다시 한 번 느끼게 된다. 본문에서 지적한 궁산 1기 및 4기의 실체, 필자 IV기의 단계로서의 모호성, 동일계 토기의 복잡한 흐름에 대한 체계적 정리 등은 앞으로 면밀하게 검토하여 해결해야 할 중요한 문제점들이다. 북한지역 자료가 추가되지 못하는 아쉬움이 있으나 최근 중부해안의 추세처럼 남한지역에서만이라도 새로운 자료가 계속 늘어난다면 이 지역 편년, 나아가 신석기사회의 동태를 파악하는데 큰 도움이 될 것이다. 이와 관련해 중부내륙지역에서 후기 단계의 양호한 자료가 출토되기를 바라 마지않는다. 최근 중서부지역에서는 이전과는 비교할 수 없을 정도로 신석기시대 취락 연구의 호조건이 형성되고 있다. 그러나 이를 위해서는 편년의 확립이 기초가 되어야 한다는 가장 기본적인 상식을 다시 한 번 되새기며 이 지역 편년 연구가 활성화되기를 기대해 본다.

참고文獻

참고문헌

國文

京畿文化財硏究院, 2009,『汶山 堂洞里 遺蹟』, 學術調査報告 第111册.

高麗文化財硏究院, 2009,『城南 東板橋 遺蹟(I)』, 學術調査報告書 第39輯.

_____, 2011,『光敎新都市 文化財 發掘調査』IV, 學術調査報告書 第55輯.

畿甸文化財硏究院, 2007,『南楊洲 好坪洞 지새울 遺蹟』, 學術調査報告 第85册.

김원룡, 1986,『한국고고학개설』, 일지사.

김용간, 1962,「금탄리유적 제2문화층에 대하여」,『문화유산』62-3.

_____, 1964,『금탄리원시유적발굴보고』, 유적발굴보고제10집, 과학원출판사.

_____, 1978,「우리나라 신석기시대 질그릇 갖춤새변천의 특성」,『력사과학』78-1호.

김용남, 1983,「궁산문화에 대한 연구」,『고고민속론문집』8, 과학・백과사전출판사.

김용남・김용간・황기덕, 1975,『우리나라 원시집자리에 관한 연구』, 사회과학출판사.

김용간・석광준, 1984,『남경유적에 관한 연구』, 과학・백과사전출판사.

金壯錫・梁成赫, 2001,「중서부 신석기시대 편년과 패총 이용전략에 대한 새로운 이해」,『韓國考古學報』45, 한국고고학회.

김정학, 1968,「한국기하학문토기문화의 연구」,『백산학보』4, 백산학회.

도유호・황기덕, 1957a,『궁산원시유적발굴보고』, 유적발굴보고제2집, 과학원출판사.

_____, 1957b,「지탑리유적발굴중간보고(1)」,『문화유산』57-5.

_____, 1957c,「지탑리유적발굴중간보고(2)」,『문화유산』57-6.

_____, 1961,『지탑리원시유적발굴보고』, 유적발굴보고제8집, 과학원출판사.

서국태, 1999,『조선 신석기시대문화의 단일성과 고유성』, 사회과학출판사.

안승모, 2002,「금탄리 I식토기의 재검토」,『한국신석기연구』제4호, 한국신석기학회.

林尙澤, 1999a,「西海中部地域 빗살무늬토기 編年硏究」,『韓國考古學報』40, 한국고고학회.

_____, 1999b,「韓半島 中部地域 新石器時代 中期土器의 樣相」,『先史와 古代』13, 韓國古代學會.

_____, 2006, 『한국중서부지역 빗살무늬토기문화연구』, 서울대학교 대학원 박사학위논문.

_____, 2008, 「신석기시대 중서부지역 상대편년 형성과정 검토」, 『고고학』제7-1호, 서울경기고고학회.

_____, 2010, 「신석기시대 서해중부지역 상대편년과 취락구조의 특징」, 『韓國上古史學報』70, 한국상고
    사학회.

任孝宰, 1977, 「한국중부지방신석기문화의 상사성과 상이성 연구」, 『한국고고학보』2, 한국고고학회.

_____, 1983a, 「土器의 時代的 變遷過程」, 『韓國史論』12, 국사편찬위원회.

_____, 1983b, 「編年」, 『韓國史論』12, 국사편찬위원회.

_____, 1983c, 「서해안지역의 즐문토기문화」, 『한국고고학보』14·15합집, 한국고고학회.

_____, 1983d, 「방사성탄소연대에 의한 한국 신석기문화의 편년연구」, 『김철준박사 화갑기념 사학논총』.

田中聰一, 2000, 『韓國 中·南部地方 新石器時代 土器文化 研究』, 東亞大學校 大學院 博士學位論文

韓炳三, 1973, 「新石器時代」, 『韓國史大系』1, 도서출판 아카데미.

_____, 1979, 「櫛目文土器」, 『世界陶磁全集』17.

韓永熙, 1978, 「韓國 中·西部地方의 新石器文化」, 『韓國考古學報』5, 한국고고학회.

_____, 1983a, 「地域的 比較」, 『韓國史論』12, 國史編纂委員會.

_____, 1983b, 「新石器時代」, 『韓國考古學年報』10, 서울대학교박물관.

_____, 1995, 「新石器時代」, 『韓國考古學의 半世紀』, 第19回韓國考古學全國大會發表集, 한국고고학회.

_____, 1996, 「新石器時代 中·西部地方 土器文化의 再認識」, 『韓國의 農耕文化』第5輯.

日文

宮本一夫, 1986, 「朝鮮有文土器の編年と地域性」, 『朝鮮學報』第121集.

任孝宰, 1982, 「韓國櫛文土器の展開」, 『末盧國』.

중부서해안지역
신석기시대 마을의 친연성 검토

구 자 진 한국토지주택공사

1. 머리말

중부서해안지역[1]은 2000년 이후 섬과 해안지역에서 신석기시대 마을유적이 다수 조사되면서 중서부지역 빗살무늬토기 편년과 집자리(마을)의 구조 및 생계방식 연구에 매우 귀중한 자료를 제공해주고 있다. 그 중에서도 영종도를 비롯한 주변 섬에서 조사된 신석기시대 마을유적은 서해안지역 신석기문화를 새로운 시각에서 바라볼 수 있게 하였다. 또한 운서동유적의 발굴조사는 그동안 이 지역 이른 시기 신석기유적의 부재에 따른 많은 의문점을 해결해 나갈 수 있는 계기가 마련되었다.

이에 본고에서는 경기지역의 인천 운서동·삼목도·운북동·중산동·을왕동유적과 시흥 능곡동유적, 안산 신길동·대부동유적, 용인 농서리유적, 화성 석교리유적 등을 비롯하여 충남지역의 아산 장재리·성내리·풍기동·백암리 점배골유적, 서산 기지리유적, 당진 우두리유적 등의 신석기시대 마을유적을 대상으로 시기와 지역에 따른 특징과 변화양상을 살펴보고자 한다.

먼저 각 마을유적의 상대편년을 설정한 후, 집자리와 마을 구조에 대해 살펴보고자

---

1 중부서해안지역은 경기도와 충청남도 북부지역의 섬과 해안지역으로 한강하류와 차령산맥 이북지역을 포함하고 있는 지역이다. 경기만과 아산만 일대를 포함한 지역으로 조수간만의 차가 크고 넓은 갯벌과 리아스식해안을 이루고 있어 조개류 채집을 비롯한 생업에 유리한 지형적 조건을 지니고 있다.

한다. 또한 마을유적에서 출토된 빗살무늬토기와 석기를 통해 각 마을간의 친연성을 검토해보고, 마을의 분류를 통해 신석기시대 중부서해안지역 마을의 변화를 살펴보고자 한다. 즉 마을간의 공통점과 차이점을 찾아보고 이것이 의미하는 것이 무엇인지 추론해 보고자 한다.

2. 마을의 상대편년

최근 대부분의 신석기시대 유적은 방사성탄소연대측정이 이루어지고 있어 이를 토대로 출토된 빗살무늬토기의 문양 및 시문 특징 등을 통해 상대편년이 이루어지고 있다. 본고에서도 집자리에서 측정된 방사성탄소연대측정값과 출토된 빗살무늬토기를 통한 편년안[2]을 참고하여 상대편년을 설정하되, 빗살무늬토기를 중심으로 세분된 분기 설정은 집자리(마을)의 구조와 변화양상을 파악하는 데에는 그다지 효율적이지 못하기 때문에 분기를 크게 3기로 구분하였다. 이는 빗살무늬토기의 문양이나 시문부위, 기형 등의 변화에 비해 집자리 구조의 변화는 매우 더디게 진행되기 때문이다.

표 1 _ 중부서해안지역 신석기시대 집자리의 방사성탄소연대측정값

유적	유구	연대값	유적	유구	연대값
운서동	2-3호	5,040±50	능곡동	2호	4,730±50
	2-30호	4,990±60			4,600±30
	2-14호(하)	4,930±50		4호	4,690±70
	2-21호	4,920±80			4,660±30
	2-26호	4,910±50		5호	4,640±30
	2-11호	4,880±50		6호	4,870±50
	2-25호	4,870±50		7호	4,830±50
	2-48호	4,780±50			4,650±30
	2-42호	4,750±70		9호	4,580±60
	2-40호	4,680±50			4,665±30
	2-45호	4,680±50		10호	4,585±25

---

2 임상택, 2010, 「신석기시대 서해중부지역 상대편년과 취락구조의 특징」, 『한국상고사학보』70, 한국상고사학회.

지역	호	연대	지역	호	연대
운서동	2-56호	4,630±50	능곡동	11호	4,750±60
	2-14호(상)	4,560±50			4,670±25
	2-16호	4,550±80		12호	4,520±80
	2-18호	4,390±70			4,730±25
	2-57호	3,360±60		13호	4,970±50
신길동	1호	4,720±50		15호	4,665±25
	2호	4,700±50		16호	4,900±50
	4호	4,710±50			4,740±25
	5호	4,760±50		18호	4,840±50
	6호	4,620±50			4,780±50
	7호	4,530±50			4,635±25
	10호	4,710±50		20호	4,860±50
	11호	4,530±50			4,605±25
	21호	4,610±50		20호(조)	4,740±40
	22호	4,650±50		22호	4,800±50
농서리	1호	4,670±50			4,630±25
	2호	4,360±50		23호	4,545±25
		4,340±50		25호	4,620±70
		4,190±60			4,815±25
		4,270±60	삼목도	1호	4,700±40
	3호	4,830±50			4,780±40
	5호	4,390±60		2호	4,800±80
		4,530±60			4,670±80
		4,480±60		3호	4,610±40
		4,370±50		4호	4,340±50
	8호	4,400±60			4,310±80
		4,370±50		5호	4,540±50
		4,590±60			4,510±50
		4,350±50		8호	4,480±60
		4,360±50		9호	4,480±50
중산동(중앙)	2-1호	3,730±80			4,460±40
	2-2호	3,650±60			4,620±40
		3,670±50		11호	4,740±60
	2-3호	4,260±60			4,770±60
중산동(한강)	2-1호	4,250±60	운북동	1-1호	4,500±60
		4,220±50		2-2호	4,240±50
	23-6호	4,410±50		6-4호	4,380±50
	23-10호	4,083±23		6-8호	3,480±50
	23-12호	4,190±50		6-11호	4,430±60
	21-22호	3,740±50	는들	집자리	4,500±60
	21-24호	4,030±50			4,560±40
	21-25호	4,260±50			4,480±30

	21-27호	4,140±50	성내리	2호	4,640±60
중산동(한강)		3,690±50		4호	4,660±50
	21-29호	4,240±50	장재리	2호	4,550±50
	21-30호	4,330±50		4호	4,500±80
	21-31호	4,460±50	왕정리	1호	4,520±60
백암리 점배골	2호	4,470±60	을왕동	A-1호	4,510±90
	3호	4,610±80		A-3호	4,220±7

중부서해안지역 신석기시대 집자리에 대한 상대편년은 크게 3기로 분기설정이 가능한데, 이러한 분기설정은 〈표 1〉 방사성탄소연대측정값의 보정연대 범위를 통해 보면 Ⅰ기와 Ⅱ기는 기원전 3,500년을 기준으로 구분되며, Ⅱ기와 Ⅲ기는 아직까지 방사성탄소연대측정값이 측정된 유적이 많지 않아 확언하기 어렵지만 기원전 3,000년을 기준으로 나누어질 것으로 생각된다.

중부서해안지역의 가장 이른 시기 집자리의 절대연대값은 운서동유적의 기원전 4,000년 전후이며, 가장 늦은 시기는 중산동(중앙)유적의 기원전 2,000년 전후로 확인되고 있다. 중부서해안지역의 분기설정 중 Ⅱ기는 마을유적의 조사 증가와 함께 다시 2기로 세분될 가능성이 존재한다.

표 2 _ 중부서해안지역 신석기시대 집자리 분기설정

분기	유적	연대(기원전)	비고
Ⅰ기	인천 운서동유적	4,000~3,500	
Ⅱ기	시흥 능곡동, 안산 신길동 · 대부동, 용인 농서리, 화성 석교리, 인천 삼목도유적 등	3,500~3,000	경기 해안
Ⅱ기	아산 장재리 · 성내리 · 풍기동 · 백암리 점배골, 서산 기지리, 당진 우두리유적 등		충남 해안
Ⅲ기	인천 을왕동 · 운북동 · 중산동유적 등	3,000~2,000	

3. 마을의 친연성 검토

중부서해안지역 신석기시대 마을유적은 이미 시기에 따른 마을 혹은 집자리 간의 공통점이 검토된 바 있으나,[3] 이를 통한 마을의 성격 혹은 마을 간의 상관관계를 파악하는 데에는 미흡하였다. 이는 이 지역 신석기시대 마을유적이 대부분 최근 조사되었고, 보고서가 미간인 관계로 출토유물 등 자료의 해석에 많은 한계가 있었기 때문이다. 그러나 근래에 이들 유적 보고서가 발간되기 시작하여 출토유물뿐만 아니라 다양한 분석결과가 제시되어 좀 더 구체적인 논의가 가능하게 되었다.

마을의 친연성 검토는 당시 신석기인들이 사용하고 만들어낸 토기(도구) 혹은 시설물의 공통점 혹은 유사성을 통해 각 마을유적이 동일한 성격을 지닌 집단에 의해 형성된 것인지 여부를 판단하기 위한 작업으로 집자리(마을)의 입지와 구조, 출토된 빗살무늬토기와 석기의 분석을 통해 각 마을간의 친연성을 판단해 보고자 한다.

1) 집자리와 마을의 구조

신석기시대 마을구조는 집자리의 입지와 매우 밀접한 관련이 있으며, 지금까지 조사된 우리나라 집자리(마을)의 입지는 시기 혹은 지역별로 차이를 보인다.[4] 그러나 중부서해안지역에서는 시기에 따른 집자리의 입지변화는 관찰되지 않는다.[5] 대부분 나지막한 구릉지역의 정상부나 사면부에 위치하고 있어 주변지역인 중부내륙지역의 Ⅰ·Ⅱ기 마을유적과는 상반된 입지양상을 보인다.

중부서해안지역은 그동안 이른 시기에 해당하는 마을유적이 조사되지 않다가 최근 인천 운서동유적에서 대규모 마을유적이 조사되면서 이 지역 신석기시대 집자리의 특징과 변화양상을 파악할 수 있게 되었다. 운서동유적의 집자리는 대부분 방형의 형태

---

3 구자진, 2007, 「우리나라 신석기시대 집자리의 지역권설정과 변화양상」, 『한국신석기연구』13, 한국신석기학회.
  구자진, 2008, 「중부서해안지역 신석기시대 마을의 생계·주거방식 검토」, 『한국상고사학보』60, 한국상고사학회.
  구자진, 2010, 『한국 신석기시대의 집자리와 마을 연구』, 숭실대학교 대학원 박사학위논문.
4 우리나라 신석기시대 집자리의 시기·지역별 입지와 관련해서는 필자의 전고(2010)를 참고하시기 바란다.
5 중부서해안지역에서의 시기별 집자리와 마을유적의 입지변화가 잘 드러나지 않는 이유 중 하나는 아직 필자의 Ⅰ기와 Ⅲ기에 해당하는 집자리 유적의 수가 적어 나타나는 현상일 수도 있으며, 해안 및 섬 지역의 신석기시대 조개더미 유적과의 관련성도 생각해 볼 수 있다. 즉 Ⅰ기와 Ⅲ기에 해당하는 집자리 유적의 일부는 해안 및 섬 지역의 조개더미 유적과 관련하여 주변지역에 잔존해 있을 가능성이 존재한다(구자진, 2009b, 「서·남해안지역 신석기시대 조개더미 유적의 집자리 의미」, 『한국신석기연구』18, 한국신석기학회).

를 띠며, 규모는 4~6m 내외로 동일지역 II기 집자리보다 상대적으로 큰 편에 속한다. 화덕자리는 구덩식으로 집자리의 중앙에 위치하며, 출입구시설이 확인된 집자리에서는 돌출구조를 띤다. 기둥구멍은 4주식이 기본 배치를 이루며, 일부 벽가 배열 양상도 관찰된다. 집자리 내부공간을 확장한 듯 한 단시설이 대부분의 집자리에서 확인되고 있는데, 다른 지역에서는 확인되지 않는 구조로 중부서해안지역의 이른 시기 혹은 운서동유적의 특징적인 요소로 판단된다.[6]

II기에 해당하는 유적들은 집자리 평면형태, 기둥구멍 배치, 화덕자리 구조 등에서 일정한 정형성을 보인다. 집자리의 평면 형태는 대부분 방형이며, 규모는 3~5m로 중소형에 해당한다. 집자리 내부시설 중 화덕자리는 원형의 구덩식 구조이며, 중앙에 위치하고 있다. 기둥구멍은 집자리의 네 모서리에 각 1기씩 배치된 4주식 기둥배치가 기본이며, 일부 집자리에서는 보조기둥이 확인되고 있다. 출입구시설은 농서리유적과 성내리·장재리유적 등에서 돌출된 구조가 조사되었다.

결국 중부서해안지역 II기 집자리는 방형의 평면 형태에 4주식 혹은 4주식에 보조기둥이 배치되어 있는 구조를 띠며, 화덕자리는 집자리 내부의 중앙에 아무런 시설도 하지 않은 구덩식이 설치되어 있다. 집자리의 규모도 3~5m 내외로 대부분 중소형에 해당한다. 이와 같은 특징은 중부서해안지역을 중심으로 지역적인 분포 양상을 보인다.

III기 집자리는 앞 시기에 방형이 주류를 이루던 것과는 달리 방형, 원형, 장방형 등 다양한 형태를 띠며, 규모는 3~5m 내외의 중소형과 6~9m 내외의 중대형이 혼재되어 있는 양상을 보인다. 화덕자리는 구덩식과 돌두름식이 모두 확인되나, 일부 구덩식과 돌두름식 화덕자리가 동시에 확인되는 집자리에서 구덩식이 돌두름식 구조보다 선행하는 것으로 조사되었다. 이를 통해 이 지역 신석기시대 집자리의 화덕자리는 구덩식에서 돌두름식으로 변해가고 있음을 알 수 있다. 기둥구멍 배치는 앞 시기와 마찬가지로 정형화된 4주식이 유지되나, 불규칙하게 다수가 확인되거나 벽가 배열 양상도 다수 확인되고 있어 다양한 패턴을 보인다. 출입구시설은 일부 집자리에서 돌출된 구조로 확인된다.

이처럼 집자리 구조에 있어 중부서해안지역은 I기의 '운서동식 집자리'와 II기의

---

6 이와 같은 집자리의 특징을 통해 '운서동식 집자리'로 설정이 가능하며, 중부서해안지역 이른 시기의 대표적인 집자리 형식으로 자리매김 할 것으로 판단된다(중앙문화재연구원, 2010, 『인천 운서동유적 I』 ; 구자진, 2011b, 「신석기시대 집자리의 유형설정 검토」, 『숭실사학』 26, 숭실사학회).

'신길동식 집자리' 라는 공통된 형식을 지닌 마을유적이 대부분을 차지하고 있어 각 시기별 마을유적의 친연성이 매우 높음을 추정해 볼 수 있다.

다음으로 마을 구조에 대해 살펴보면, 운서동유적의 경우 열상배치로 판단하거나,[7] 집자리의 출입구시설과 지형적 여건을 감안하여 총 9개의 군집으로 파악한 경우가 있다.[8] 이와 같은 두 가지 견해는 집자리 배치가 보는 시각에 따라 달리 해석될 수 있음을 보여주는 사례로 판단된다. 필자는 집자리 배치상태로만 보았을 때, 운서동유적은 열상배치를 기본으로 이루어진 마을유적으로 판단된다.

II기 마을유적은 크게 2가지 양상을 보이는데, 경기 해안지역에서는 20여기 이상의 대규모 마을유적이 확인되고 있는 반면, 충남 해안지역에서는 3~5기의 소규모 마을유적이 대부분을 차지하고 있어 두 지역간 마을 규모에 있어 뚜렷한 차이점이 드러나고 있다. 그런데 양 지역 마을유적은 방사성탄소연대측정값과 빗살무늬토기의 상대편년을 통해 보면, 약간의 시기차를 보이고 있어 중부서해안지역 마을의 변화과정을 유추해 볼 수 있다. 대규모 마을유적은 열상배치 혹은 대군집 형태의 집자리 배치로 볼 수 있는데,[9] 대표적으로 신길동과 삼목도유적의 경우가 열상배치 혹은 두 개의 대군집으로 분류될 수 있다. 그러나 동시기의 능곡동유적과 농서리유적은 기본적으로 열상배치를 이룬다.[10]

결국 중부서해안지역 II기 마을 구조는 경기 해안지역에서 대규모 마을로 열상배치 혹은 대군집의 형태를 유지하다, 충남 해안지역에 와서는 3~5기의 소군집 형태로 마을 구조가 변화됨을 알 수 있다. 이러한 변화 원인에 대해서는 임상택에 의해 제시된 바 있으며,[11] 필자도 이에 대부분 동의하는 바이다.[12]

III기 마을유적 중 중산동과 운북동유적은 2~3기의 집자리가 하나의 단위를 형성하며, 이 단위가 구릉상에 일정한 거리를 두고 배치되는 양상을 보인다. 이러한 하나의 단

---

7 임상택, 2010, 앞의 글.

8 이상복, 2010, 「영종도 운서동 신석기시대유적」, 『영종도의 고고학』, 인천대학교 인천학연구원.

9 집자리의 배치는 주관적인 요소가 존재하기 때문에 보는 시각에 따라서는 달리 해석될 수 있는 개연성이 높다.

10 배성혁은 삼목도유적의 경우, 광장을 사이에 두고 주거공간과 토기생산공간이 분리된 구조로 보았으며, 능곡동유적은 3개군으로 구분된 집자리들이 능선을 따라 길게 배치된 형태로 보거나 각 소군집의 중앙에는 광장을 둔 구조로 판단하였다. 또한 신길동유적은 2개의 군집으로 나누어져 열상배치된 형태로 보았다(배성혁, 2007, 「신석기시대 취락의 공간구조」, 『한국신석기연구』13, 한국신석기학회).

위들은 중부서해안지역 특히 충남 해안지역의 개별 마을들의 규모와 유사하다고 본 견해가 있다.[13] 중부서해안지역의 가장 늦은 시기에는 2~3기의 집자리가 소군집을 이루며, 주변지역에 산재해 있는 양상을 보인다. 이는 충남 해안지역의 II기 마을유적에서 나타나는 현상과 맥을 같이하는 것으로 주목된다.

결국 영종도를 비롯한 섬에서는 이른 시기부터 대규모 마을이 지속적으로 운영되지만, 늦은 시기로 가면서 소군집 단위로 분화되는 양상을 보인다. 그러나 해안지역에서는 현재까지 I기와 III기에 해당하는 마을유적이 매우 드물어 마을의 변화양상을 파악하기 어려운 상황이지만, II기 유적 중 지역에 따라 대규모 마을(경기지역)과 소규모 마을(충남지역)로 구분되고 있어 마을규모의 축소현상은 확인된다. 또한 앞서 언급한 바와 같이 이들 대규모 마을과 소규모 마을 간에서 약간의 시기 차가 존재하며, 두 지역의 중간지역에 해당하는 용인 농서리유적은 마을규모 및 후술할 출토유물에 있어 점이적인 성격을 보여 주고 있어 이를 뒷받침해 주고 있다. 이와 같은 양상을 통해 볼 때, 섬에서는 III기에 이르러 집단의 분화양상이 일어나는데 반해, 해안지역에서는 비교적 이른 시기인 II기에 나타나고 있어 특징적이다.[14]

---

11 이 지역에서의 마을규모 축소현상은 늦은 시기 유적의 내륙과 해안 확산현상과 맥을 같이하고 있어 유적확산과 마을규모 축소 간에는 일정한 관계가 있는 것으로 보았다. 즉 늦은 시기의 유적확산은 초기농경의 도입 및 1차 거점적 확산 이후 나타난 현상(2차 확산)으로 볼 수 있는데, 이 과정에서 농경기술의 한계와 이에 따른 마을 이동비용의 증가라는 현상을 해결하기 위한 방안 중 하나로 채택된 것이 마을규모의 축소라 보았다. 마을 규모의 축소는 두 가지 방향으로 나타나는데, 2~3기의 중소형 집자리로 구성된 마을과 1기의 대형집자리로 이루어진 마을(?)이 그것이다. 이들은 결국 최소단위의 집단조직이 되는 셈이며 양자가 집자리수는 다르지만 규모상의 차이로 인해 기본구성인원에는 대차가 없었을 것으로 보았다. 이와 같이 대형 장방형 집자리의 등장, 단독 혹은 2~3기에 국한된 소규모 마을의 증가 등이 이 시기를 특징짓는 현상으로 보았다(임상택, 2006a, 『한국 중서부지역 빗살무늬토기문화 연구』, 서울대학교 박사학위논문).

12 그러나 필자는 임상택의 마지막 단계인 정주마을 해체에 대한 의견에는 생각을 달리한다. 이는 그의 마지막 단계에 해당하는 유적이 많지 않을 뿐만 아니라 대부분 이 단계의 유적들은 일부 조개더미 혹은 유물산포지에 해당하는 것이다. 또한 집자리 혹은 기타 다른 유구가 존재하는 예도 많지 않아 이러한 상황으로 미루어 볼 때, 마을 구조의 변동과 소규모 마을의 확산 이후, 신석기시대 마을은 청동기시대로 대체되어 갔을 가능성도 배제할 수 없다(구자진, 2010, 앞의 글).

13 임상택, 2010, 앞의 글.

14 섬과 해안지역의 마을규모 변화에 시기차를 보이는 원인으로 섬은 섬내에서 마을의 이동거리가 한정적이며, 영종도와 같은 대규모 섬에서는 먹거리에 대한 스트레스가 비교적 적었을 것으로 추정되기 때문에 대규모 마을이 비교적 오래 지속될 수 있었을 것으로 추정된다. 반면 해안지역은 초보적인 농경을 통한 먹거리 문제해결을 위해 마을의 이동거리가 멀었을 가능성이 있어 섬보다 이른 시기에 마을규모 축소가 이루어진 것이 아닌지 생각해 볼 필요가 있다.

이처럼 마을구조는 시기·지역별 공통점과 차이점이 들어나고 있다. 그러나 시기에 따른 지역별, 즉 섬과 해안 혹은 경기 해안지역과 충남 해안지역 내에서의 친연성은 집자리 구조와 마찬가지로 마을구조에서도 확인된다.

2) 빗살무늬토기와 석기

신석기시대 빗살무늬토기의 기형 및 시문기법, 문양의 종류와 배치 등은 시기적인 선후관계를 판단하는 가장 핵심적인 요소이다. 우리나라 빗살무늬토기는 지역에 따라 차이를 보이고 있어 지역별 빗살무늬토기 편년안이 다르게 이루어지고 있다. 주지하다시피 토기는 변형이 자유로운 점토를 재료로 하는 점에서 제작자가 의도한 대로 형태나 문양의 표현이 가능하다. 이러한 특징 때문에 토기에는 제작 당시의 해당 집단의 기호나 유행이 토기의 기형과 문양 등에 민감하게 반영된다. 그리고 토기는 쉽게 깨어지므로 짧은 기간내에 대량으로 제작되고 소비된다. 따라서 시간의 흐름에 따른 형태 변화과정이 석기 등 다른 유물에 비해 보다 자세히 나타난다.

지금까지 신석기시대 빗살무늬토기는 주로 토기 형식별 세부적인 차이를 근거로 시기적인 변화양상 파악에 주목하여 왔다. 그러나 앞서 언급한 바와 같이 토기에 당시 제작 집단의 특징이 잘 반영되어 있다면, 동일한 패턴의 토기를 사용하는 집단은 동일집단 혹은 동일문화를 지닌 것으로도 판단할 수 있을 것이다. 특히 중부서해안지역에서는 최근 다수의 마을유적이 조사되고 있어 집자리와 마을뿐만 아니라 출토유물을 통해서도 마을간의 상관관계 혹은 친연성을 확인할 수 있을 것으로 판단된다. 이에 출토유물 중 빗살무늬토기 문양을 중심으로 중부서해안지역 마을간의 관련성을 찾아보고자 한다. 즉 구연부 문양의 종류와 구연부 문양과 결합된 동체부 혹은 부가문의 양상 등을 통해 각 마을간에 친연성이 높은 집단인지 아닌지를 가늠해 보고자 한다.

우선 마을유적을 1~4군[15]으로 구분하여 각 군별 빗살무늬토기의 구연부 문양을 중심으로 친연성을 분석해보고자 한다.[16] 1군에 해당하는 마을유적은 현재 운서동유적이 유일한데, 기본적으로 구연부와 동체부 문양이 다르게 시문된 토기가 주를 이루고 있

---

15 각 군은 앞서 살펴본 집자리와 마을의 구조 등을 기준으로 시기와 지역에 따라 1군(Ⅰ기), 2군(Ⅱ기-경기해안), 3군(Ⅱ기-충남해안), 4군(Ⅲ기)으로 구분한 것이다.

다. 구연부 문양으로는 단사선문, 조문, 점열문이 중심을 이루며, 동체부에는 종주어골문, 횡주어골문, 중호문, 타래문, 사격자문 등이 시문되었다. 일부 부가문이 시문된 토기도 확인되며, 중부서해안지역의 다른 마을유적 출토 빗살무늬토기와 비교하여 구연부 문양대 폭이 좁은 것이 특징적이다.[17]

2군에 해당하는 유적인 능곡동유적은 구연부와 동체부 문양이 다르게 시문된 토기가 주를 이루나, 구연부에 횡주어골문이 시문된 동일문계의 토기도 상당수 존재한다. 구연부의 문양으로는 단사선문이 가장 많으며, 조문, 점열문 등도 확인된다. 동체부에는 횡주어골문이 중심을 이루며, 일부 중호문, 타래문, 종주어골문이 시문되었다. 일부 구연한정 단사선문이 시문된 토기도 확인된다. 신길동유적은 능곡동유적과 매우 유사하며, 일부 격자문이 부가문으로 시문된 토기가 확인된다. 농서리유적도 앞의 유적과 유사한 양상을 보이나, 구연부에 사격자문이 시문된 토기가 있다. 동체부 문양은 횡주어골문과 종주어골문 이외에 능형집선문과 격자문이 존재하는데, 타래문, 중호문 혹은 부가문은 확인되지 않는다. 또한 앞의 두 유적보다 구연부에 횡주어골문이 시문된 토기가 다수 확인되는 특징을 보인다. 삼목도유적 역시 구연부와 동체부 문양이 다르게 시문된 토기가 주를 이루나, 구연부에 횡주어골문이 시문된 동일문계 토기도 상당수 존재한다. 또한 구연부 문양대가 1군의 운서동유적과 앞의 세 유적보다 폭이 넓은 편에 속한다. 이밖에 신길동유적에 보이는 격자문과 능형단위의 부가문이 시문된 토기도 확인되며, 동체부 문양 중 종주어골문이 거의 보이지 않는 특징을 지닌다.

3군에 해당하는 유적인 성내리·장재리·풍기동·백암리·우두리유적 등은 구연부와 동체부의 문양이 다르게 시문된 토기의 수가 많지 않은 특징을 보인다. 성내리유적은 횡주어골문, 능형집선문, 격자문, 단사선문, 조문 등의 구연부 문양이 확인되며, 구연에 일정한 공백을 두거나 횡선을 그은 후, 기본문양을 시문하는 패턴이 주를 이룬다. 일부 토기에서는 중호문, 점열문, 능격문 등의 토기도 존재한다. 장재리유적도 성내리유적과 유사하나 문양의 종류는 단순한 편으로 횡주어골문, 사격자문, 횡단선문, 능격문, 점열문 등의 문양이 확인된다. 특징적인 것은 성내리유적과 마찬가지로 횡주

---

16 빗살무늬토기를 통한 친연성 검토는 무늬뿐만 아니라 바탕흙, 기형(기종), 크기, 시문기법 등도 분석되어야 하나 본고에서는 지면 및 필자의 게으름으로 추후 보완하고자 한다. 이와 같은 다양한 분석은 석기도 마찬가지이다.

17 이러한 운서동유적 빗살무늬토기의 특징은 임상택(2010, 앞의 글)에 의해 언급된 바 있다.

어골문이 시문된 토기는 구연공백을 둔 것이 대다수를 이룬다. 백암리와 풍기동, 기지리유적 역시 위의 두 유적과 유사하나 출토유물의 수가 적어 문양의 종류는 다양하지 못하다. 3군 유적의 특징은 대부분 동일문계로 불리는 빗살무늬토기가 주를 이루며, 2군보다 다양한 문양이 나타

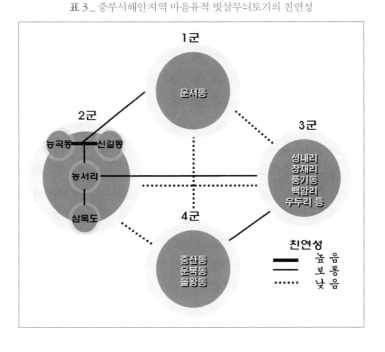

표 3 _ 중부서해안지역 마을유적 빗살무늬토기의 친연성

나고 있는 점이라 할 수 있다.

    4군에 해당하는 유적은 중산동 · 운북동 · 을왕동유적 등이 있는데, 이들 유적에서 출토된 빗살무늬토기는 한 가지 문양만을 시문한 동일문계 토기가 주를 이루고 있다. 그 중에서 구연부 문양으로는 횡주어골문과 사선문이 많은 양을 차지한다. 그밖에 격자문, 횡단선문, 능격문 등이 시문된 토기도 존재한다. 동일문계 빗살무늬토기가 주류를 이루고 있어 구연부와 마찬가지로 동체부 문양도 횡주어골문, 사선문, 점열문, 격자문, 횡단선문, 능격문 등이 확인된다. 이들 빗살무늬토기는 동체 하반부 이하는 무문인 경우가 많고, 시문기법 역시 얕게 그은 침선기법이 대부분이다. 앞의 1~2군과는 현격한 차이를 보이는 반면, 3군과는 일부 유사성을 보인다. 그러나 3군 유적에서 보이는 구연에 일정한 공백을 두거나 횡선을 그은 후, 기본문양을 시문하는 패턴이 거의 보이지 않는 차이점이 확인된다.

    지금까지 살펴본 각 군 마을유적 출토 빗살무늬토기의 친연성을 도식화하면 〈표 3〉과 같다. 중부서해안지역 마을유적 빗살무늬토기는 1군과 2군, 2군과 3군, 3군과 4군의 친연성이 확인되며, 2군의 경우 약간 복잡한 양상을 보인다. 이는 중부서해안지역 중 해안지역과 섬의 지형조건 차이와 2군과 3군의 경계지역에 위치한 유적의 점이적 성격에 기인한 것으로 보여진다.

석기는 종류에 따른 형식 및 조합양상을 검토해 봄으로써 빗살무늬토기에서 나타나는 공통점 혹은 차이점이 석기를 통해서도 확인되는지 살펴보고자 한다. 중부서해안지역 신석기시대 마을유적에서는 기본적으로 갈돌, 갈판, 굴지구, 석도, 석부, 석착, 석촉(석창), 찔개살, 어망추, 숫돌, 공이, 대석, 원형석기, 석영제석기, 장신구 등이 출토되고 있다. 이 중에서 갈돌·갈판의 경우, Ⅰ기에서 Ⅲ기로 가면서 정형화 및 대형화되어 가는 양상이 관찰되는데, 이는 갈돌에서 양단 돌출형이 Ⅱ기 이후 본격적으로 나타나는 현상과 맥을 같이한다. 그밖의 석기는 그 수가 많지 않아 시기 혹은 세부지역에 따른 변화양상을 파악하기에 현재로서는 다소 무리가 있다. 하지만 종류별 有無 및 석기의 조합양상에서는 일부 차이점이 확인되고 있어 주목된다. 우선 찔개살의 경우 Ⅰ기의 운서동유적에서만 9점이 확인되고 있어 중부서해안지역 이른 시기에 중점적으로 사용된 석기로 판단된다. 또한 어망추가 출토된 유적이 소수에 불과하고 그 수량도 매우 적은 편이다. 가장 큰 특징 중 하나는 Ⅰ기 운서동유적과 Ⅱ·Ⅲ기의 경기 해안지역 유적에서 석영제석기가 집중적으로 출토되고 있는 점이다. 현재까지 이 석영제석기의 용도에 대해서는 구체적으로 알 수 없으나 손에 쥐고 두드리거나 갈기 위한 도구였을 것으로 추정되고 있다. 이밖에 장방형 혹은 장타원형의 평면에 한쪽 끝에 구멍을 뚫은 장신구의 경우, 운서동과 중산동유적에서 확인되고 있어 주목된다.[18]

중부서해안지역 마을유적의 석기조합양상은 〈표 4〉와 같은데, 이 중 Ⅱ기 마을유적의 석기조합양상은 두 개의 그룹으로 양분된다. 먼저 경기 해안지역의 대규모 마을인 시흥 능곡동유적, 안산 신길동유적, 용인 농서리유적, 삼목도유적의 경우, 삼목도유적을 제외한 모든 유적에서 식량가공구, 식량채집구, 목제가공구, 수렵·어로구, 공구류 등 다양한 석기조합양상을 보인다. 주목되는 부분은 다양한 석기조합양상 중에서도 식량가공구(식료처리)가 압도적인 비중을 차지하고 있다는 점이다. 전체 출토 석기 중 식량가공구가 70% 이상을 차지하고 있으며, 이러한 석기조합상을 통해 이들 마을유적이 지속적으로 다양한 생계활동을 유지하였음을 짐작할 수 있다. 특히 식료처리를 위한 식량가공구가 높은 비율을 차지하는 점은 많은 양의 식량 저장 및 가공에 중점을 둔 생계방식을 영위했음을 보여주는데, 이는 대규모 마을을 유지하기 위한 필요조건이기도 하지만, 많은 잉여생산물의 저장·처리를 통한 장기 정주마을[19]의 성격을 지닌 것으로

---

18 각 종류별 석기에 대한 분석은 추후 보완하고자 한다.

판단된다.[20]

결국 이들 유적은 대규모 마을을 이루면서 오랜 기간 정주생활과 함께 다양한 생계활동을 한 집단의 마을유적으로 생각해 볼 수 있다. 그런데 삼목도유적은 마을 규모에 있어서는 대규모 마을유적에 해당하나, 석기조합양상에서는 차이점을 보이고 있다. 다른 대규모 마을유적과 마찬가지로 식량가공구가 다른 석기들에 비해 높은 점유율을 보이고 있으나, 식량채집구와 목제가공구류가 확인되지 않고 있다. 이는 삼목도유적 중

표 4 _ 중부서해안지역 신석기시대 마을유적의 석기양상[21]

석기 유적명	식량가공구 (식료처리)	식량채집구 (채집/농경)	목제가공구 (벌채/목공)	수렵·어로구	공구류	석영제석기	기타
인천 운서동	119	55	17	25(찔개살, 석촉, 어망추)	11(숫돌)	169	장신구
시흥 능곡동	19	1(석도)	5	1(석촉)	3(숫돌)	28	
안산 신길동	26	8	4	·	1(숫돌)		
용인 농서리	12	1	3	2(석촉)	3(숫돌)	2	
인천 삼목도	12	·	·	5(석촉·창)	·	1	
아산 장재리	6	14	3	3(미 석촉2,어망추1)	1(숫돌)	·	
아산 성내리	6	11	·	·	1(숫돌)		
서산 기지리	2	·	·	1(미 석창)	1(숫돌)		
인천 중산동	92	1(석도)	22	21(석촉, 어망추)	17(숫돌)	(9)	장신구

---

19 정주(定住, settlement)란 개념은 인간이 일정한 생활영역(life-supporting territory) 내에서 체계적인 생산과 생산 활동(農耕 등)을 벌이는 과정이라 정의되고 있는데, 체계적인 생산과 생산 활동에는 반드시 토지이용의 범주에 들지 못하는 火田이나 遊牧生活은 엄밀한 의미에서는 정주라고 할 수 없다고 한다. 그러나 본고에서 사용한 정주란 용어는 한자 그대로 '한 장소에 주거를 정함'이란 의미로 사용하였다.

20 이러한 석기조합양상의 분석을 통한 생계방식 추론에는 많은 한계점을 지닐 수밖에 없다. 가령 출토된 석기가 당시 상황을 그대로 반영하는지 여부와 석기의 기능, 돌 이외의 재료로 사용된 도구의 존재 가능성 등이 있기 때문이다. 그러나 여기에서는 집자리 유적에서 출토된 유물 중 생계방식을 검토할 수 있는 자연유물이 매우 한정적이어서 현재까지의 자료를 통해 생계방식을 추론하기 위해서는 석기조합 양상의 분석과 해석을 통해 이루어질 수밖에 없다. 또한 이는 집자리 유적에서 출토된 석기의 보유 양상이 그 집단의 생계방식의 일면을 어느 정도 반영한다는 가정 하에 각 집자리 유적에서 출토된 석기의 조합양상의 분석을 시도한 것이다.

21 분류된 석기의 용도는 田中聰一의 분류체계를 따른 것이다. 여기서 목제가공구는 대패날·자귀·끌·돌도끼류, 식량채집구에는 굴지구류·낫·원반형석기, 식량가공구에는 갈돌·갈판·공이, 수렵·어로구에는 돌화살촉·그물추·결합식 낚시바늘, 공구류는 숫돌, 찰절석기, 발화구 등이 해당된다(田中聰一, 2001, 『韓國 中·南部地方 新石器時代 土器文化 研究』, 동아대학교 대학원 박사학위논문). 여기에 최근 출토예가 늘고 있으나 정확한 용도를 알 수 없는 석영제 석기는 따로 분류하였다. 석기는 일부 보고서의 분류를 따르지 않고 필자의 기준에 따라 재분류하였기 때문에 보고된 수량과 차이가 있음을 밝혀둔다.

미조사된 집자리가 다수 남아있고, 미조사된 집자리의 경우 기존에 조사된 집자리보다 규모면에서 큰 집자리가 많아 식량채집구와 목제가공구류가 추후 확인될 가능성이 높다고 생각된다.

충남 해안지역에서 주로 확인되는 소규모 마을유적은 장재리·성내리·기지리유적이 해당되며, 이들 유적의 석기조합양상은 앞의 대규모 마을유적과 유사한 양상을 보이고 있다. 소규모 마을유적에서는 유적에 따라 약간의 차이는 있으나 식량가공구와 식량채집구, 공구류, 수렵·어로구 등 다양한 석기조합양상을 보이고 있다. 그러나 목제가공구의 경우 장재리유적을 제외하고는 확인되지 않고 있으며, 주목되는 점은 석기 중 식량채집구의 비율이 다른 석기에 비해 현저히 높아 전체 석기 중 50%이상을 차지하고 있다. 이러한 석기조합양상은 앞의 대규모 마을유적과 다른 두드러진 특징이다. 소규모 마을유적은 대규모 마을유적에서 보이는 식량저장과 가공보다는 상대적으로 초보적인 농경과 식량의 채집에 중점을 둔 생계활동을 영위하였던 것으로 이해할 수 있다.

결국 중부서해안지역 신석기시대 마을유적의 석기조합양상에 있어서도 앞서 살펴본 빗살무늬토기와 마찬가지로 각 유적군 내에서의 친연성이 비교적 높음을 유추해 볼 수 있다.

4. 마을의 분류와 전개양상

여기에서는 집자리와 마을의 구조 및 출토유물 분석을 통해 확인된 각 마을간 친연성을 마을의 분류를 통해 살펴보고자 한다. 신석기시대 마을 연구는 대부분 집자리 배치를 통한 공간구조분석이 중심을 이루고 있으며,[22] 이밖에 유구의 종류에 따른 운용방식 검토[23]도 이루어진 바 있다. 우리나라 신석기시대 마을은 環狀과 弧狀形態이며 중앙에 광장이 있는 구조로 본 견해가 있는데, 이는 일본 죠몽시대 마을에서 나타나는 특징을 통해 집자리 밀집지역에는 공공장소가 반드시 존재하고 저장시설이나 토기제작장

---

22 이상균, 2003, 「한반도 신석기시대 주거의 변천과 구조적 양상」, 『고문화』61, 한국대학박물관협회.
　　배성혁, 2006, 「김천 송죽리 신석기시대의 취락연구」, 계명대학교 대학원 석사학위논문.
23 임상택, 2007, 앞의 글.

은 집자리 밀집지역에서 벗어나 있으며, 석기제작장은 집자리 내부에 존재하기도 하고 중앙광장의 중심에 위치하기도 한다고 본 것이다. 집자리 내에서 가족단위의 독립성을 유지하면서도 중앙광장을 둘러싸는 배치형태를 통해 단합하는 사회적 규범을 보이고, 영속적으로 광장공간을 일정하게 유지하며, 마을 내에서도 한 가족이 생활하는 장소가 제한되어 있어 함부로 이동할 수 없다는 점을 집자리의 중복과정을 통해 알 수 있다고 보았다.[24]

또한 마을구조의 변화상을 신석기시대 사회변화상을 판단할 수 있는 중요한 요소로 판단하고, 마을구조와 지역별 집자리의 분화현상, 규모 및 입지 변화에 대한 분석이 시도된 바 있다. 특히 중서부지역의 집자리 변화를 시기적으로 분류하고 전개과정을 마을의 구조변동과 연계하여 그 원인을 밝혀보려 한 것이다. 결국 중서부지역 신석기시대 마을구조의 변화는 늦은 시기로 가면서 소형 집자리 몇 기로 이루어진 마을과 소형 집자리와 대형 집자리의 결합, 대형 집자리의 단독 존재라는 세 부류로 마을구조가 분화되는 양상으로 이해하였다.[25]

이밖에도 김천 송죽리유적을 통해 마을의 자연환경을 고려한 입지선택으로부터 집자리나 토기가마, 석기제작장 등 개별유구의 공간배치에 이르기까지 일련의 계획에 따라 구성되었다고 판단하여 송죽리유적에 반영된 기본적인 공간구조를 토기생산공간과 주거공간을 분리 배치한 것으로 본 견해도 있다.[26]

신석기시대 마을은 다양한 기준을 통해 분류가 가능한데, 집자리의 배치상태를 통해 열상배치, 호상배치, 중앙광장을 중심으로 한 배치, 혹은 2~3기의 소군집 형태 등의 분류가 가능하며,[27] 주거공간과 토기생산공간(혹은 생산공간) 등의 공간배치에 따른 분류[28]도 검토된 바 있다. 또한 마을의 운용방식에 중점을 두어 연중거주방식, 계절주거방식, 수시이동방식 등의 분류도 시도된 바 있다.[29] 임상택의 마을 운용방식 검토는 신석기시대 집자리가 확인된 유적뿐만 아니라 야외 화덕시설, 움구덩 등의 유구가 확인된 모든 유적들을 대상으로 하여 검토하였기 때문에 본고에서 다루고자 하는 집자리

24 이상균, 2003, 앞의 글.
25 임상택, 2006b, 앞의 글.
26 배성혁, 2006, 앞의 글.
27 이상균, 2003, 앞의 글 ; 임상택, 2006a, 앞의 글.
28 배성혁, 2007, 앞의 글.

를 통한 마을구조 분류에는 일부 적용하기 어려운 부분이 존재한다. 이와 같은 유적 분류는 개별 집자리의 형태와 축조 노동량에 있어 (장)방형 집자리와 원형 집자리 간에는 일정한 규모나 축조방식, 화덕자리의 유무 등에서 다소 차이를 보이는 경우가 확인되는데, 일부 지역에서 확인되는 대형 장방형 집자리의 경우를 제외한다면 신석기시대 유적에서 보이는 원형 집자리와 방형 집자리의 경우는 규모가 비슷하다는 점이 지적된 바 있다.[30] 따라서 이들 집자리의 차이점은 마을을 구성하는 집자리의 개체수와 면적, 토기가마, 야외 화덕시설, 저장움구덩 등의 다른 성격을 가진 유구와의 조합관계를 살펴보는 것이 타당하다고 판단되어 필자는 마을의 분류에 있어 집자리가 확인된 유적에 한정하여 마을을 분류하였다.

필자의 유적 분류는 집자리를 1차 기준으로 야외 화덕시설 혹은 움구덩의 존재 여부에 따라 ⑭형 혹은 ⑭형으로 구분하였으며, 여기에 야외 화덕시설과 움구덩, 기타 유구 등이 조합을 이루는 경우에는 ㉮형으로 분류하였다. 마지막으로 집자리만 확인된 마을은 ⑭형으로 설정하였다. 그러나 ⑭형의 마을유적 중에는 조사 범위가 협소하여 기타 다른 유구가 확인되지 않았을 가능성이 있는 유적과 집자리만 단독적으로 확인되는 유적이 존재할 가능성이 있다.

중부서해안지역의 Ⅰ기에 해당하는 유적은 지금까지 운서동유적밖에 없어 Ⅰ기 마을을 유형화하는데 다소 문제가 있지만, 운서동유적은 ㉮형에 해당한다. 운서동유적은 대규모 마을을 이루며, 중부내륙지역의 동 시기 유적(암사동유적 등)과 같은 마을 유형을 띠고 있다. 중부서해안지역의 Ⅱ기는 동일 지역권 내에서 경기 해안지역과 충남 해안지역에서 약간의 차이점이 확인된다. 경기 해안지역의 신길동·능곡동유적 등은 ⑭형이 주류를 이루는 가운데, ㉮형(삼목도유적)과 ⑭형(농서리유적)의 마을도 확인되고 있다. 반면 충남 해안지역에서는 성내리·풍기동·백암리 점배골유적 등 ⑭형이 주류를 이루면서 기지리·왕정리·장재리유적 등의 ⑭형과 우두리유적 등의 ⑭형 마을유

---

29 임상택은 중서부지역 신석기시대 마을의 운용방식 검토를 위해 대상 유적을 총 5개로 분류한 후, 집자리가 확인된 유적을 다시 (장)방형 집자리와 원형 집자리가 확인된 유적으로 세분하여 6개의 분류안 ⟨A1형-(장)방형 집자리+(움구덩 또는 야외 화덕시설), A2형-원형 집자리+(움구덩 또는 야외 화덕시설), B형-원형 움구덩만으로 구성, C형-조개더미+(움구덩 또는 기둥열)+(야외 화덕시설), D형-야외 화덕시설만으로 구성, E형-기타(소토면, 포함층 등)⟩을 제시한 바 있다(2007, 「한반도 신석기시대 취락의 운용방식의 일단」, 『한일 신석기시대의 주거와 집락』, 제7회 한일신석기연구회 발표자료집).
30 배성혁, 2007, 앞의 글.

표 5 _ 신석시대 마을유적 분류안

유적 분류	유구
㉮형	집자리+야외 화덕시설＋움구덩+(기타-무덤, 토기가마 등)
㉯형	집자리＋야외 화덕시설
㉰형	집자리＋움구덩
㉱형	집자리

적이 일부 확인된다.

　이는 중부서해안지역의 II기에 들어서면 섬 지역에서는 ㉮형, 해안지역에서는 ㉰·㉱형 마을이 주를 이룬다. III기도 II기와 유사한 양상을 보이고 있어, 결국 중부서해안지역의 마을은 섬에서는 지속적으로 ㉮형이 유지되며, 해안지역에서는 ㉰·㉱형이 중심을 이루고 있어 지역적인 차이를 보인다.

　결국 분류된 중부서해안지역 마을유적은 집자리(마을)의 구조와 빗살무늬토기, 석기조합양상과 마찬가지로 지역·시기별 친연성이 확인되고 있다. 특히 마을 유형에 있어서는 섬과 해안지역에서 각기 다른 마을 패턴을 보이고 있어 주목되는데, 당시 집단(마을)의 생계방식 혹은 확산과 관련하여 나타나는 현상일 가능성이 높다고 생각된다.

5. 맺음말

　지금까지 중부서해안지역 신석기시대 마을유적의 집자리와 마을의 구조 및 출토유물의 비교·검토를 통해 마을간의 친연성을 살펴보았다. 집자리 구조에 있어서는 각 분기별 공통된 특징이 뚜렷하게 확인된 반면, 마을구조와 출토유물에 있어서는 약간의 차이점이 확인된다. 특히 II기 마을유적의 경우, 경기 해안지역과 충남 해안지역에서 마을 구조와 출토유물에서 다른 양상을 보여 주목된다. 이 중에서도 용인 농서리유적은 경기 해안지역(2군)과 충남 해안지역(3군) 마을유적의 점이적 성격을 보이는데, 마을구조에 있어서는 2군에 가까우나, 출토유물 양상은 3군과 친연성이 높은 것으로 확인된다. 이와 같은 현상은 지형적인 조건과 시기에 따른 변화, 충청내륙지역과의 관련성에 기인한 것으로 생계방식과도 매우 밀접한 관련이 있는 것으로 판단된다.

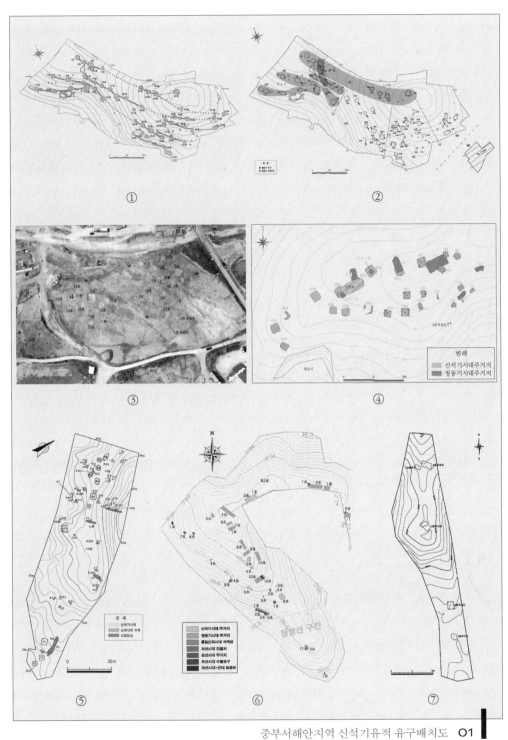

중부서해안지역 신석기유적 유구배치도 01

(① · ② 운서동유적, ③ 신길동유적, ④ 능곡동유적, ⑤ 농서리유적, ⑥ 장재리유적, ⑦ 성내리유적)

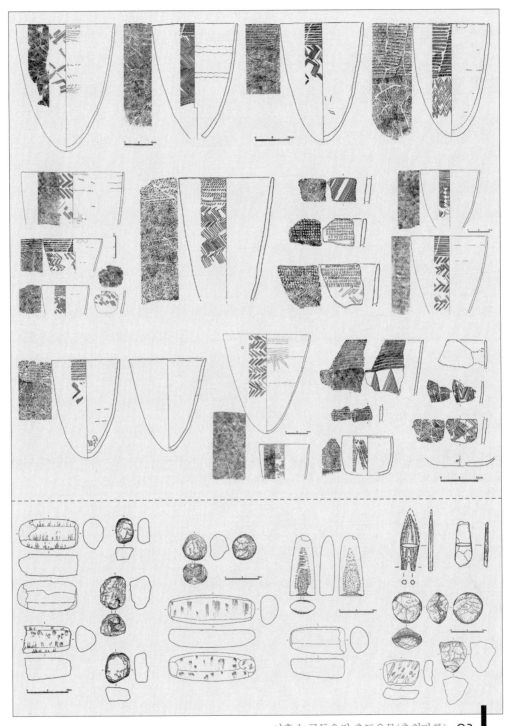

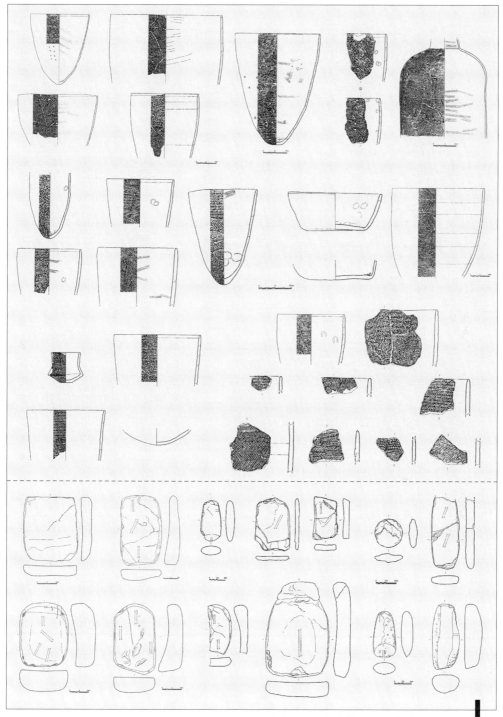

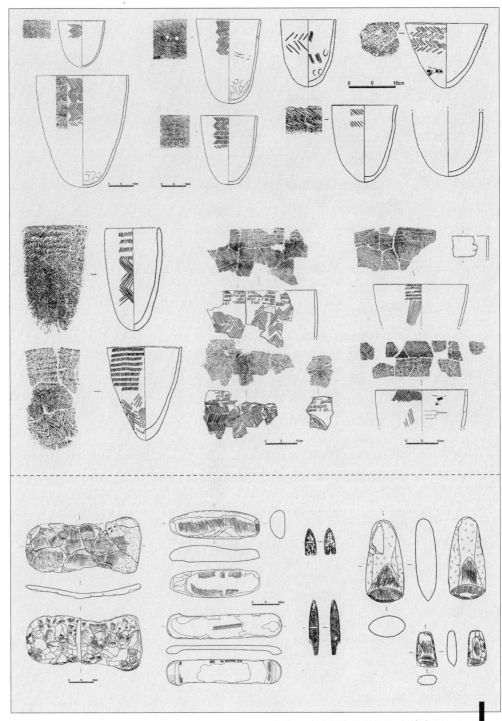

용인 농서리유적 출토유물(축척다름) 05

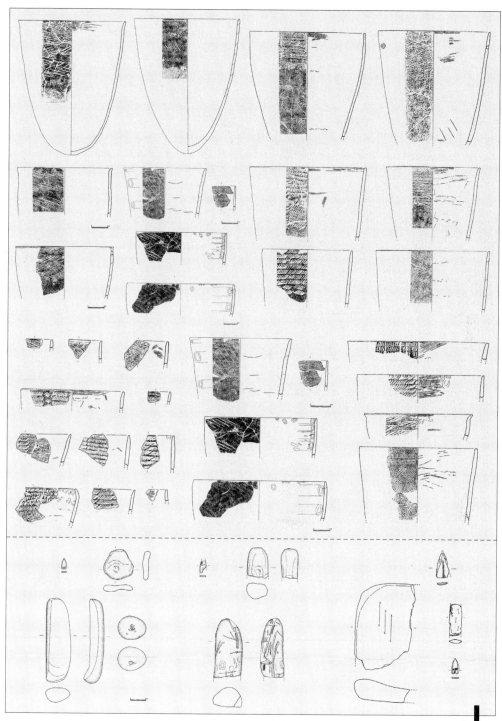

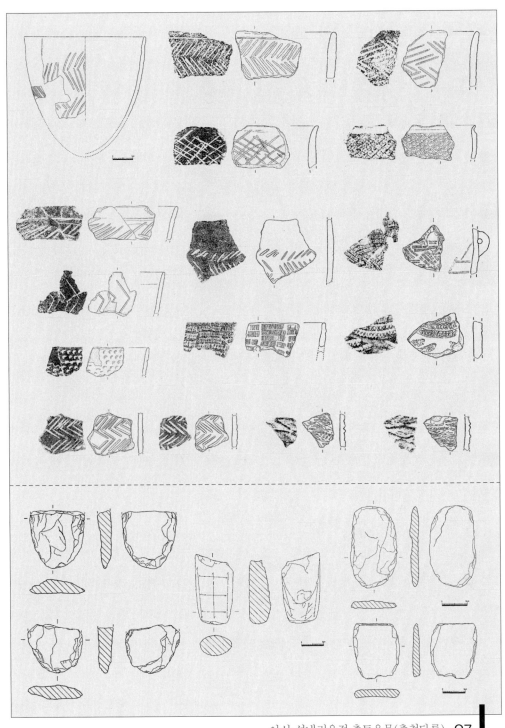

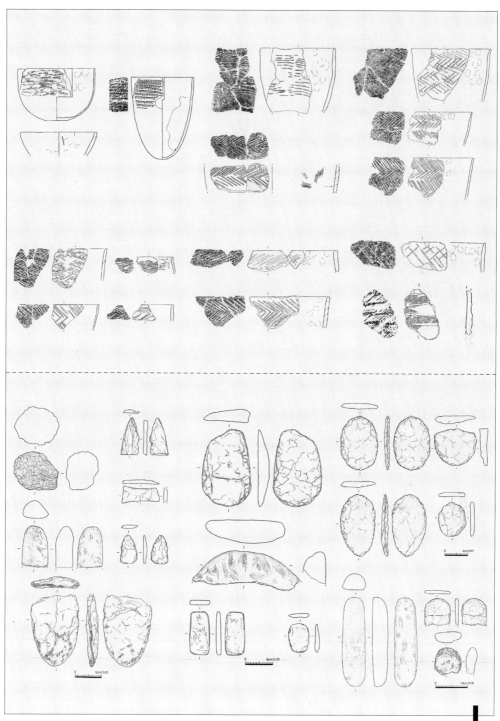

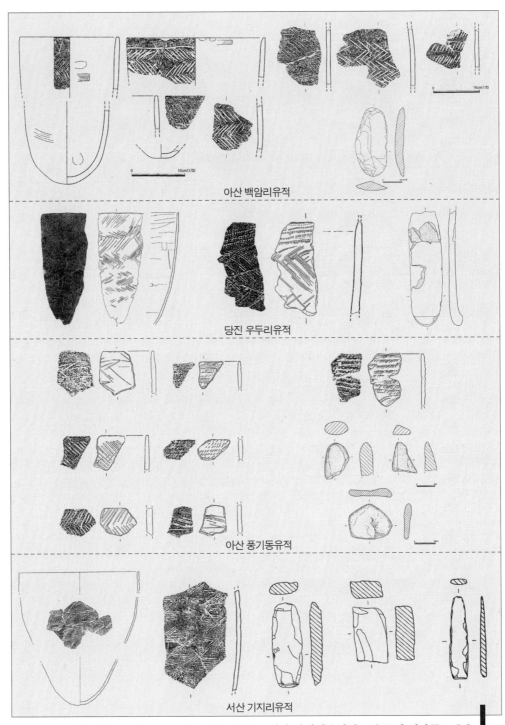

아산 백암리유적

당진 우두리유적

아산 풍기동유적

서산 기지리유적

아산 백암리·당진 우두리·아산 풍기동·서산 기지리유적 출토유물(축척다름) 09

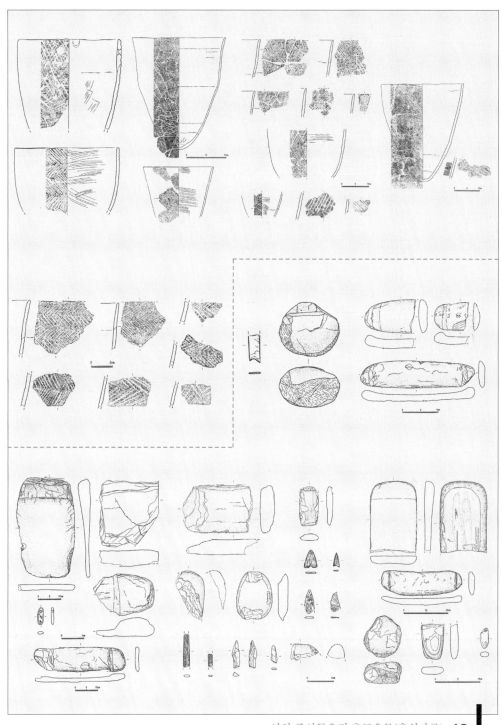

참고文獻

참고문헌

경기문화재연구원, 2010, 『시흥 능곡동유적』.

고려문화재연구원, 2009a, 『인천 영종도유적』.

_____, 2009b, 『안산 신길동유적』.

공주대학교박물관, 2009, 『해미 기지리유적』.

구자진, 2007, 「우리나라 신석기시대 집자리의 지역권설정과 변화양상」, 『한국신석기연구』13, 한국신석
기학회.

___, 2008, 「중부서해안지역 신석기시대 마을의 생계·주거방식 검토」, 『한국상고사학보』60, 한국상
고사학회.

___, 2009a, 「남부내륙지역 신석기시대 마을의 구조와 생계방식 연구」, 『한국상고사학보』63, 한국상
고사학회.

___, 2009b, 「서·남해안지역 신석기시대 조개더미 유적의 집자리 의미」, 『한국신석기연구』18, 한국
신석기학회.

___, 2010, 『한국 신석기시대의 집자리와 마을 연구』, 숭실대학교 대학원 박사학위논문.

___, 2011a, 「신석기시대 움집의 복원과 의미」, 『야외고고학』10, 한국문화재조사기관협회.

___, 2011b, 「신석기시대 집자리의 유형설정 검토」, 『숭실사학』26, 숭실사학회.

구자진·배성혁, 2009, 『한국의 신석기시대 집자리』, 한국신석기학회·한강문화재연구원.

기호문화재연구원, 2009, 『용인 농서리유적』.

동삼동패총전시관, 2004, 『신석기시대의 토기문화』.

배성혁, 2006, 「김천 송죽리 신석기시대의 취락 연구」, 계명대학교 대학원 석사학위논문.

___, 2007, 「신석기시대 취락의 공간구조」, 『한국신석기연구』13, 한국신석기학회.

서울대학교 인문학연구소, 1999, 『영종도 는들 신석기유적』.

서울대학교박물관, 2007, 『인천 삼목도III유적 학술발굴조사 보고서』.

_____, 2009, 『인천 삼목도III유적 발굴조사 보고서』.

이상균, 2003, 「한반도 신석기시대 주거의 변천과 구조적 양상」, 『고문화』61, 한국대학박물관협회.

이상복, 2010, 「영종도 운서동 신석기시대유적」, 『영종도의 고고학』, 인천학 학술대회 자료집, 인천대학교 인천학연구원.

임상택, 2006a, 『한국 중서부지역 빗살무늬토기문화 연구』, 서울대학교 대학원 박사학위논문.

_____, 2006b, 「빗살무늬토기문화 취락 구조 변동 연구」, 『호남고고학보』23, 호남고고학회.

_____, 2007, 「한반도 신석기시대 취락의 운용방식의 일단」, 『한일 신석기시대의 주거와 집락』, 제7회 한일신석기연구회 발표자료집.

_____, 2010, 「신석기시대 서해중부지역 상대편년과 취락구조의 특징」, 『한국상고사학보』70, 한국상고사학회.

田中總一, 2001, 『韓國 中・南部地方 新石器時代 土器文化 硏究』, 東亞大學校 大學院 博士學位論文.

중앙문화재연구원, 2006, 『인천 을왕동 유적』.

_____, 2010, 『인천 운서동 유적 I』.

_____, 2011, 『인천 중산동 유적』.

충청남도역사문화연구원, 2009, 「도청이전신도시 2-4지점 매장문화재 발굴조사 2차 지도위원회의 자료집」.

_____, 2011, 『당진 우두리 유적(II)』.

충청남도역사문화원, 2005, 『아산 풍기동 유적』.

_____, 2007, 『아산 성내리 신석기유적』.

충청남도역사문화연구원, 2007, 『서산 기지리 유적』.

충청문화재연구원, 2008, 『아산 장재리 안강골 유적(I)』.

_____, 2009, 『천안 백석동 고재미골 유적』.

_____, 2010, 「당진 송악지구 도시개발사업지구내 문화유적 발굴조사 당진 기지시리 내기 유적」.

한강문화재연구원, 2008, 「운북 복합레저단지 조성사업 예정부지내 문화유적 발굴조사 1차 지도위원회의」.

_____, 2012, 『인천 중산동 유적』.

한국고고환경연구소, 2010, 『아산 백암리 점배골 유적』.

동아시아
조·기장 기원 연구의 최근 동향

안 승 모 원광대학교

1. 머리말

최근 동아시아 각국에서 식물고고학 연구가 활성화되면서 농경과 재배식물 출현과정에 대한 새로운 자료들이 쏟아지고 있다. 고고학 발굴 현장에서는 부유선별 (flotation)을 통한 식물유체 검출이 많아지고 검출된 종자는 전자주사현미경(SEM) 등 고배율현미경, AMS 방사성탄소연대측정법을 적극 활용하여 동정과 연대의 정확성을 기하고 있다. 일본에서는 九州에 古代種子研究會가 결성되고 토기 압흔분석에 전자주사현미경 관찰을 결합(Replica-SEM)하면서 죠몽농경 연구의 새로운 장을 열고 있다. 그러한 과정에서 기존의 상식을 뒤엎는 새로운 결과가 도출되기도 하였다. 중국에서는 완전한 도작 농경이 실시된 것으로 보았던 河姆渡 단계까지도 벼의 순화과정이 완성되지 않았고 생업에서 견과류 등 야생식료가 차지하는 비중이 쌀보다 높은 것으로 밝혀졌다.[1] 야생선조종이 서식하고 있는 중앙아시아와 중국에서 기원하여 청동기시대 한반도를 거쳐 일본에 전래된 것으로 보았던 대마가 일본 죠몽 전기유적의 토기 안에 가득 담긴 채 발견되기도 하였고, 역시 청동기시대부터 출현하였다고 알려졌던 콩과 팥이

---

1 Fuller, D.Q., Ling Qin, Emma Harvey, 2009, 「An evolutionary model for Chinese rice domestication」, 『선사농경연구의 새로운 동향』(안승모·이준정 편), 사회평론.

이미 5천년 전 무렵부터 중국, 한국, 일본에서 독자적 재배화가 시작되었다는 주장이 제시되기도 하였다.[2]

가장 큰 충격은 동삼동패총에서 출토된 융기문·압날문토기에서 기장과 조의 압흔이 발견되면서 남부지방 잡곡 재배 역사가 신석기 조기까지 거슬러 올라갈 수 있다는 소식이다.[3] 동북아시아 평저토기문화권이라는 큰 틀 속에서 중국 遼西와 한반도 남부를 연결하는 물자, 사람, 정보의 교환망이 신석기시대 이른 시기부터 존재하였기에 동삼동패총 융기문토기 압흔 분석 결과를 적극적으로 수용할 수도 있다. 그러나 가장 큰 걸림돌은 동정의 정확성 여부이다. 필자는 수많은 화본과, 특히 기장족 종자 중에서 조, 기장 종자를 100% 확실하게 동정할 수 있는 능력은 아직 없다. 따라서 이 글에서는 조, 기장의 동정 기준과 동아시아 조, 기장 출현에 대한 최근 연구 결과의 소개에 초점을 맞추도록 한다.

2. 기장족 식물유체의 동정 기준

1) 기장족 식물

작은 낟알이 열리는 화본과 식물을 총칭하는 영어의 millet에 해당하는 한글이나 한자어는 원래 없지만 편의상 雜穀으로 번역한다. 잡곡은 사바나기후의 아프리카와 남아시아를 중심으로 전 세계에서 많은 종이 식량으로 이용되거나 재배되고 있으며 대부분이 기장아과에 속한다. 동아시아에서도 기장아과 기장족의 조, 기장, 피가 독자적으로 재배되고 있다.

---

2 이경아·윤호필·고민정, 2012, 「선사시대 팥의 이용 및 작물화에 대한 고고학적 검토」, 『한국상고사학보』 75, 한국상고사학회.
　이경아·윤호필·고민정·김춘영, 2011, 「신석기시대 남강유역 식물자원 이용에 대한 고찰」, 『영남고고학』 56, 영남고고학회.
　小畑弘己, 2011, 『東北アジアの古民族植物學と繩文農耕』, 同成社.
3 하인수·小畑弘己·眞邊彩, 2011, 「동삼동패총 즐문토기 압흔분석과 곡물」, 『신석기시대 패총문화』, 한국신석기학회 학술대회.

화본과 기장아과(Panicoidea)에는 기장족(Paniceae)과 새족(Arundinelleae)이 있다. 중국에서는 수수의 쇠풀족(Andropogoneae)과 율무의 옥수수족(Maydeae)도 기장아과에 포함시키나 우리나라에서는 이들을 쇠풀아과(Andropogonoideae)로 분리시키고 있다. 기장족은 조 또는 강아지풀(*Setaria*)속, 기장(*Panicum*)속, 피(*Echinochloa*)속 외에도 기장대풀(*Isachne*), 주름조개풀(*Oplismenus*), 참새피(*Paspalum*), 수크령(*Pennisetum*), 물잔디(*Pseudoraphis*), 좀물뚝새(*Sacciolepis*), 바랭이(*Digitaria*), 나도개피(*Eriochloa*) 등 많은 속을 포함한다.[4] 한반도 자생식물에 한정하면 기장속에는 기장(*Panicum miliaceum*)과 개기장(*P. bisulcatum*) 두 종만이 있으며, 조속에는 조(*Setaria italica*), 강아지풀(*S. viridis*), 금강아지풀(*S. glauca*), 가을강아지풀(*S. faberii*), 조아재비(*S. chondrachne*)와 잡종으로 갯강아지풀(*S. viridis var. pachystachys*)과 수강아지풀(*S. ×pycno coma; S. viridis var gigantea*)이 서식한다.

기장아과(Panicoideae)의 소수(spikelet)는 1쌍의 받침껍질(苞穎, 護穎)(lower and upper glumes)에 싸여 2개의 꽃이 있는데 위꽃이 임실화(제2소화)이고 아래꽃은 불임화(제1소화)이다. 열매가 열리지 않는 아래꽃의 內穎은 작은 膜片으로 퇴화되어 종실에서는 外穎(lower lemma)만 관찰되기도 한다. 임실화의 내영(upper palea), 외영(upper lemma)이 영과를 감싸면서 붙어 있다(도 01). 중국에서는 받침껍질을 내영(lower glume), 외영(upper glume)이라 부르고 우

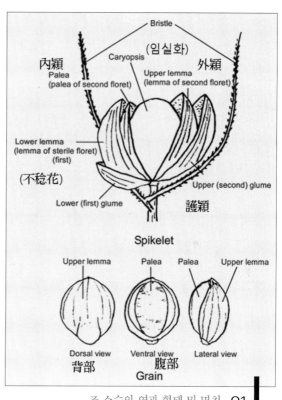

조 소수와 영과 형태 및 명칭 **01**
(from Nasu et al. 2007, Fig 1.)

4 李昌福 외, 1985, 『新稿 植物分類學』, 鄕文社.

리의 내영, 외영은 內稃, 外稃로 호칭한다.

2) 粒形과 크기

기장족 종자와 과실은 일반적으로 형상, 크기, 胚·배꼽(臍)의 위치와 형태 차이, 표면조직 구조의 특징을 이용하여 동정이 가능하다.[5] 조와 기장의 영과는 背面의 胚 형태와 위치 차이가 가장 두드러지며, 중복되는 범위가 있지만 크기도 차이가 난다. 필자도 椿坂의 기준을 이용하여 군산 관원리(미발표)와 완주 용흥리[6] 출토 원삼국시대 잡곡을 동정한 바 있다. 그러나 아쉽게도 椿坂의 논문에서는 야생종과 재배종의 구분은 다루지 않았다.[7] 중국에서 조, 기장의 형태 비교는 劉長江·孔昭宸, 劉長江 등의 글에 잘 요약되어 있다(표 1·2).[8] 상기 글에서는 조속의 야생종과 재배종 종자도 비교하였다. 조속의 경우 강아지풀 등의 야생종은 곡립, 영과 모두 조에 비해 세장하여 장폭비가 크고 두께가 얇다. 그러나 야생기장에 대한 언급은 없다.

그런데 〈표 2〉에 제시된 조속 종자 크기들이 통계적으로 유의한 충분한 양의 표본을 계측하여 제시된 것인지 의문이다. 城頭山유적 출토 잡곡을 분석한 Nasu 등은 재배종을 포함한 조속 9종과 변종 1종의 26품종 영과를 계측하였다.[9] 크기보다 환경적 조건에 영향을 덜 받는 장폭비를 비교한 결과 조속은 장폭비 2를 기준으로 세장립형(3종)과 원립형(7종)으로 분류된다(표 3). 전자에서도 강아지풀이 가장 세장하다. 조는 원립형에 속하나 범위에서 강아지풀과 약간의 중복이 있다. 또한 조는 같은 원립형에 속하는

---

5 椿坂恭代, 1993,「アワ·ヒエ·キビの同定」,『先史學と關聯科學』吉崎昌一先生還暦記念論集, p.261.
　Fuller D.Q. 2006, *A millet atlas: some identification guidance.* University College London
　http://www.homepages.ucl.ac.uk/*tcrndfu/Abot/Millet%20Handout06.pdf.
6 안승모·안현중, 2008,「완주 용흥리 주거지 출토 종자 분석」,『완주 용흥리유적』, 전북문화재연구원.
7 조, 기장, 피의 동정을 다룬 椿坂(1993) 논문은 신석기학회 홈페이지 자료실에 번역(김성욱 역)되어 있어
　자세한 소개는 생략한다.
8 劉長江·孔昭宸, 2004,「粟, 黍籽粒的形態比較及其在考古鑑定中的意義」,『考古』8期.
　劉長江·靳桂云·孔昭宸, 2008,『植物考古 -種子和果實研究-』, 科學出版社.
9 Nasu, H, Momohara A, Yasuda Y, He J.J. 2007, The occurrence and identification of *Setaria italica* (L.)
　P. Beauv. (foxtail millet) grains from the Chengtoushan site (ca. 5800 cal BP) in central China, with
　reference to the domestication center in Asia. *Vegetation History and Archaeobotany* 16, pp.481~494.

표 1 _ 조, 기장 형태 특징 비교(劉長江 · 孔昭宸 2004, 표 1 / 길이 단위 mm)

부위 \ 종류		조	기장
소수(小穗)		외호영 소수 길이의 1/3~1/2, 有3脈 내호영 소수 길이 3/4, 有5~9脈	외호영 소수 길이의 1/2~2/3 내호영 소수 길이 동일. 有11脈
성숙 곡립 (穀粒)	형상	넓은 타원형. 측면에서 보면 背部 돌출, 腹部 약간 돌출	넓은 타원형. 측면에서 보면 배부, 복부 균일하게 돌출
	영(穎)	표면에 작은 돌기 불규칙 배열. 내영, 외영 접하는 양 측변은 돌기 없이 매끄러움.	표면 돌기 없이 매끄러움 외영 7맥, 내영 2~3맥
	장	2~2.15~2.3	2.89~3.23~3.39
	폭	1.66~1.76~1.82	2.05~2.37~2.45
	후	1.38~1.47~1.58	1.79~1.87~1.98
	장폭비	1.14~1.24~1.29	1.18~1.39~1.65
영과(穎果)	형상	近타원형	넓은 타원형
	표면	SEM 複網狀文, 網脊鈍寬	SEM 複網狀文, 網脊銳細
	장	1.44~1.65~1.81	2.25~2.43~2.58
	폭	1.52~1.60~1.65	1.82~2.12~2.56
	후	0.88~1.02~1.17	1.38~1.70~1.84
	장폭비	0.88~1.02~1.17	0.91~1.24~1.35
배구(胚區)	형상	좁은 난형	넓은 난형
	색	과피와 같은 색	과피와 같은 색
	장	1.17~1.42~1.61	0.91~1.18~1.45
	폭	0.59~0.77~0.98	1.11~1.21~1.32
	장폭비	1.55~1.84~2.5	0.74~0.98~1.23
穎果 長 : 胚區 長		1~1.16~1.33, 胚區長 穎果長의 5/6	1.66~2.08~2.53 胚區長 穎果長 1/2
果疤(배꼽)	형상	타원형	넓은 타원형
	색	홍갈색	홍갈색
	장	0.41~0.43~0.44	0.43~0.58~0.71
	폭	0.26~0.29~0.33	0.39~0.47~0.59
	장폭비	1.24~1.49~1.69	0.98~1.16~1.32

표 2 _ 조속 형태비교(劉長江 등 2008, 표 3 · 7 / 길이 단위 mm)

부위 \ 종류	성숙 소수(穀粒)				영과(米粒)								
	크기			穎 표면	장	폭	후	장폭 비	背部, 腹部 형태	胚區			穎果 長/胚 區長
	장	폭	장폭 비							장	폭	장폭 비	
조	2- 2.3	1.66- 1.82	1.14- 1.29	돌기 분리	1.44- 1.81	1.52- 1.65	1.14- 1.6	0.88- 1.17	배 凸 복 凸	1.17- 1.61	0.59- 0.98	1.55- 2.5	1- 1.33
강아 지풀	1.8- 2.2	1- 1.3	1.69- 1.8	돌기 분리	1.2- 1.46	0.64- 1.05	0.35- 0.71	1.39- 1.87	배 凸 복 平	0.84- 1.17	0.45- 0.62	1.53- 1.98	1.14- 1.49
가을강 아지풀	2.2- 2.5	1.2- 1.5	1.67- 1.8	돌기 연접	1.9- 2.01	1.3- 1.4	0.8- 0.9	1.44- 1.46	배 凸 복 平	1.27- 1.39	0.83- 0.92	1.49- 1.53	1.45- 1.49
금강 아지풀	2.5- 3.3	1.8- 2.1	1.39- 1.5	돌기 연접	1.88- 2.41	1.25- 1.88	0.72- 1.03	1.28- 1.5	배 凸 복 平	1.71- 1.91	1.03- 1.12	1.6- 1.75	1.12- 1.35

06. 동아시아 조 · 기장 기원 연구의 최근 동향 | 165

표 3 _ 조속 영과의 장폭비와 입형(from Nasu et al. 2007, Table 4 / 단위 mm)

Taxa	Mean value with SD	Range	Shape
S. viridis 강아지풀	2.47±0.36-2.06±0.11	3.27-1.76	slender
S. ×pycnocoma 수강아지풀	2.17±0.21	2.41-1.99	slender
S. italica 조	1.89±0.27-1.64±0.1	2.35-1.27	round
S. faberii 가을강아지풀	1.90±0.07	1.95-1.82	round
S. glauca 금강아지풀	1.74±0.13-1.70±0.18	2.17-1.39	round
S. pallidefusca 가는금강아지풀	1.75±0.08-1.45±0.03	1.87-1.42	round

가을강아지풀(S. faberii), 금강아지풀(S. glauca), 가는금강아지풀(S. lallidefusca)과는 장폭비로 구분이 어렵다.

3) 穎 표면구조와 식물규산체 분석

기장아과의 소수, 곡립은 형태가 비슷하고 유적에서 출토되는 경우 껍질들이 부분적으로 탈락되는 경우가 많아 육안으로 구분이 쉽지 않다. 그래서 SEM으로 관찰한 영 표면구조 특징이 중요한 동정 수단이 된다.

마츠타니[松谷曉子]는 일본 헤이안시기 유적 출토 탄화 잡곡 종실을 동정하기 위하여 현생 잡곡 내외영의 장세포 구조를 灰像法(spodogram)과 SEM을 결합하여 관찰한 결과 조, 기장, 피는 ① 장세포 양단의 乳頭狀突起(tubercles) 존재 여부, ② 장세포(특히 側枝)의 波狀 윤곽, ③ 장세포의 장폭비를 이용한 동정기준을 제시하였다(표 4).[10] 유두상돌기는 기장과 피에는 없고 조에만 있다. 조에도 돌기가 없는 품종이 있으나 이 경우 장세포의 파상 윤곽 형태 차이를 이용하면 기장, 피와 구분할 수 있다. 또한 조는 장세포 길이(縱徑)가 폭(橫徑)과 같거나 짧은 반면, 기장은 길이가 폭보다 훨씬 길어 평균적으로 두 배에 달하고 피는 길이에 비해 폭이 거의 두 배 이상 크다. 椿坂恭代, 中山誠二

---

10 Matsutani, A. 1986, Identification of Italian millet from Esashika site by means of scanning electron microscope. *The Journal of Anthropological Society of Nippon* 94, pp.111~118.
Matsutani, A. 1987, Identification of japanese millet from the Gangetsu site by means of a scanning electron microscope. *The Journal of Anthropological Society of Nippon* 95(2), pp.187~193.
Matsutani, A. 1988, Identification of common millet from the Toyosato site in Hokkaido by means of a scanning electron microscope. *The Journal of Anthropological Society of Nippon* 96(1), pp.111~117.

표 4 _ 조 · 기장 · 피의 내 · 외영 표면구조 차이(Matsutani 1986 · 1987 · 1988)

	tubercules	the wavy patterns of long cells esp in the arm cells; the ratio of width to length of long cells in palea
조	existence	tips of the arms are club-shaped or widened; length of long cells in palea is equal or shorter than width
기장	non-existence	tips of the arms are acute or narrowed and not club-shaped; length of log cells in palea is longer than width, about double.
피	non-existence	tips of the arms are acute or narrowed and not club-shaped. wavy arms are very elongated and the degree of sinuation is great; the ratio of width to length is so great as almost to double

표 5 _ 조, 기장, 피의 穎 표면세포와 영과 특징(中山誠二 2010, pp.44~46)

	과실(곡립)	영과
조	제1소화 표면에 종방향으로 隆帶가 병행하게 뻗음. 표피에는 폭 5 μm 정도로 실을 꼰 것 같은 繩狀 세포가 세장하게 병행하며 조롱박 모양의 석영세포가 분포. 제2소화(임실과)는 양단 선단부가 다소 뾰족한 포탄형. 내외영 중앙부 표피는 지름 20-30 μm의 유두상돌기로 덮임. 유두상돌기는 원추형으로 직립하는 것이 특징.	구형. 背面에 타원형 胚部가 발달. 장 1.7mm 폭 1.6mm 두께 1.2mm. 표면 전체에 장세포로 불리는 파상의 융대가 병행하여 한 면에 퍼져있음.
기장	제1소화 외영의 표면은 粒狀세포가 전체를 덮고 여기저기 四葉形의 석영세포가 분포. 제2소화는 전체적으로 둥글면서 양 선단부가 다소 뾰족한 포탄형. 내외영 표피는 광택이 난다. 과피가 조, 피보다 두껍다. 표피에는 파상의 장세포로 불리는 세포조직이 보인다.	구형 또는 광난형. 胚部 기부에서 粒長의 1/2 정도의 胚部 발달. 腹面 전체에 주걱모양의 배꼽이 보임. 표면 전체에 장세포로 불리는 파상의 융대가 병행.
피	제1소화(포영) 표면에 종방향으로 융대가 병행하게 뻗음. 표피에 繩狀 세포가 세장하게 나란히 뻗음. 4엽형 석영세포 분포. 제2소화는 내외영 표피가 광택. 표피에는 장세포로 불리는 세포조직이 보임. 외영 선단부의 4엽형 석영세포는 피만의 특징.	구형. 背部 기부에서 타원형 胚部 발달. 胚는 입장의 2/3 정도. 타원형 환상의 융대가 배를 둘러싸고 있다. 표면 전체에 파상 융대가 병행하여 퍼진 장세포.

도 잡곡 종실유체와 압흔을 동정할 때 기본적으로 상기한 마츠타니의 방법을 계승하고 있다(표 5).[11]

　　최근에는 영 표면세포의 특징을 이용하여 재배종 뿐 아니라 조속, 기장속의 재배종과 야생종을 구분하는 방법도 계속 개발되고 있다. 중국 城頭山 출토 조를 분석한 Nasu 등은 입체현미경과 SEM으로 관찰되는 외영 표면의 橫方向 융기대(horizontal ridge

---

11 椿坂恭代, 1993, 앞의 글.
　　中山誠二, 2010, 『植物考古學と日本の農耕の起源』, 同成社.

表 6 _ 조속 종실 제1외영의 표면 구조(adopted from Nasu et al. 2007, Table 5)

Taxa	Range of diameter in papillae(μm)	Stereo microscopy observation of horizontal ridge lines	SEM observation of horizontal ridge lines
S. viridis	10-20	less distinct and lower	less conspicuous, lower ridge lines
S. ×pycnocoma	15-20	distinct	large diameter papillae that are arranged on conspicuous horizontal ridges
S. italica	8-15	no clear lines	smooth surface without horizontal ridge lines
S. faberii	15-20	distinct	large diameter papillae that are arranged on conspicuous horizontal ridges
S. glauca	15-20	distinct	large diameter papillae that are arranged on conspicuous horizontal ridges
S. pallidefusca	15-20	distinct	large diameter papillae that are arranged on conspicuous horizontal ridges

lines) 존재 여부와 형태가 조속 9종을 구분하는 가장 중요한 특징이라고 발표하였다(표 6).[12] SEM 관찰에서 뚜렷한 횡방향 융기대로 배열된 큰 돌기(15-20 μm)는 수강아지풀(S.x pycnocoma), 가을강아지풀(S. faberii), 금강아지풀(S. glauca), 가는금강아지풀(S. pallidefusca)의 특징이다. 강아지풀에서는 덜 뚜렷하고 얕은 융기대로 배열된 돌기(10-20 μm)가 보이며 횡방향 융기대 위의 돌기 기부를 수직으로 연결하는 능선이 특징이다. 조는 횡방향 융기대가 없는 매끄러운 표면이 특징으로 작은 돌기(8-15 μm)를 수직으로 연결하는 능선이 있으나 얕아서 강아지풀처럼 두드러지지 않는다.

중국의 신석기시대 유적에서는 저장혈에 보관된 곡물이 발굴로 노출되면서 재로 변해버린 경우가 많다. 대표적인 예가 磁山遺蹟인데 저장된 잡곡이 조인지 기장인지 논란이 있었다. 이 문제를 해결하기 위해 앞서 언급한 회상법과 마찬가지로 식물규산체로 잔존하는 穎 표피 유상돌기와 장세포 파상윤곽을 이용하는 방법이 개발되었다. 조와 기장의 낟알이 재로 잔존할 경우 호영과 하부 외영은 석영세포(silica bodies)의 형태, 상부 외영과 내영은 유두상돌기 존재, 표피 장세포의 파상윤곽 패턴과 側枝 구조, 착생된 규소 표면 무늬의 5가지 특징 결합이 유일한 구분 기준이다(표 7, 도 02).[13] 이 방법은 형태가 남아 있는 종자 동정에도 유효하다. 앞장에서 언급한 입형 분석은 胚部 형태를 제외하고는 조, 기장 동정에 그리 효과적이지 않다. 조속, 기장속 잎의 아령형,

---

12 Nasu et al. 2007, ibid.

표 7 _ 조, 기장 穎 표면 식물규산체의 형태 변이(from Lu et al. 2009b, Table 3)

Parts of spikelet	특징	조	기장
lower lemma & glume	shape of silica bodies	Cross-shaped type	Bilobe-shaped type
upper lemma & palea	presence of papillae	regularly arranged papillae	smooth surface without any papillae
	undulated patterns of epidermal long cells	Ω-undulated	η-undulated
	ending structures of epidermal long cells	Cross wavy type W=4.37±0.89 μm R=0.33±0.11	Cross finger type W=8.95±2.02 μm R=0.79±0.12
	(adnate silicon) surface sculpture	surface ridge line sculpture	smooth spotted sculpture or saw-toothed sculpture

* W=width of endings interdigitation of dendriform epidermal cells; R=ratios of width of endings interdigitation to undulations amplitude.

십자형 규산체 변이 역시 마찬가지이다. 영 표피세포 분석에서도 내영과 외영, 그리고 각 영에서의 위치에 따른 형태 변이가 간과되고 있었는데 상기한 Lu 등의 연구로 보다 신뢰성 높은 동정 기준이 마련되었다.

이들 연구자는 기장족(조속, 기장속, 피속) 27 품종의 동정에 대해서도 같은 방법으로 분석하였다.[14] 규산체 윤곽(silica skeletons)이 재배종인 조와 기장에서는 명확한데 비해 야생종인 개기장과 강아지풀에는 그렇지 않다. 기장 외영 중앙부분의 장세포 윤곽에는 측지가 많이 달린데 비해(ηII, III type), 개기장은 단순한 형태(ηI type)만 있다. 강아지풀은 옆으로 누운 8자형(∞)의 파상 패턴이 특징이다.

조와 강아지풀의 내·외영 규산체 동정은 중국과 유럽의 16품종을 분석한 Zhang 등[15]의 논문에서 더욱 구체화되었다. 조와 강아지풀 모두 내영, 외영 표면에 유두상돌기가 규칙적으로 배열되나 山西省 채집 강아지풀은 내영만 돌기가 있고 외영은 돌기 없이 매끄러운 표면을 갖고 있다. 헝가리와 河北省 채집 강아지풀은 돌기가 약하고 외

13 Lu, H. et al. 2009a, Earliest domestication of common millet (Panicum miliaceum) in East Asia extended to 10,000 years ago. Proceedings of the National Academy of Sciences 106, pp.7367~7372.
Lu, H. et al. 2009b, Phytoliths analysis for the discrimination of foxtail millet (Setaria italica) and common millet (Panicum miliaceum). PLoS ONE 4(2): e4448.

14 Lu et al. 2009b, ibid.

15 Zhang, J., Lu, H., Wu, Q., Yang, X., Diao, X. 2011, Phytolith analysis for differentiating between foxtail millet (Setaria italica) and green foxtail (Setaria viridis). PLoS ONE 6(5), 19726. doi:10.1371/journal.pone.0019726.

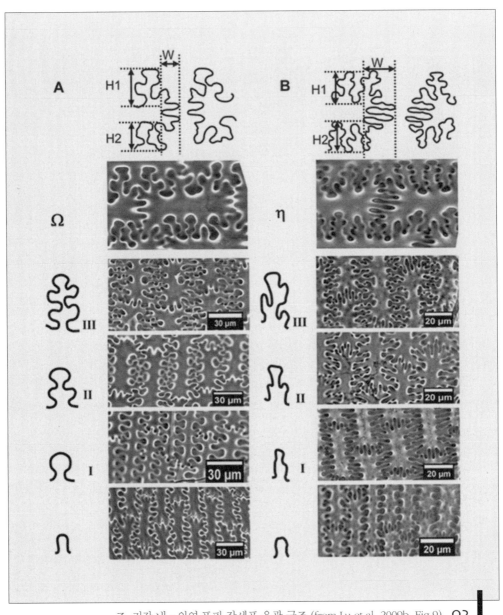

조, 기장 내·외영 표피 장세포 윤곽 구조 (from Lu et al. 2009b, Fig 9) **02**

(A. 조 corss-wavy type; B. 기장 cross-finger type)

영, 내영 양단에만 존재한다. 프랑스와 湖南省 채집 강아지풀은 돌기가 전혀 없다. 따라서 영 표면구조는 조, 강아지풀의 결정적 동정 기준이 못된다. 장세포의 장폭비 역시 중복되는 범위가 많다. 대신 파상 윤곽의 평균 크기(W_1, W_2)와 인접한 장세포와 만나

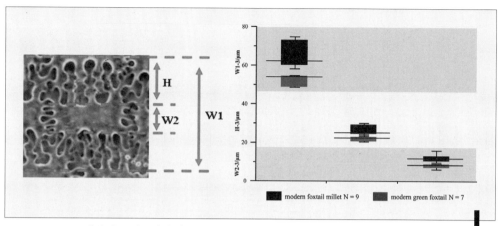

조, 강아지풀 내·외영 장세포 윤곽 크기 비교(from Zhang et al, 2011, Figure 6)　**03**

는 길이(H)를 이용한 판별분석을 이용하면 조는 78.4%, 기장은 76.%의 확률로 동정된다(도 03). 그러나 여전히 20%를 넘는 오분류가 존재하기 때문에 조, 강아지풀의 동정은 다량의 시료를 이용한 통계학적 분석이 요구된다. 또한 상기한 분석에서는 중국 및 동유럽 조와 서유럽 조의 穎 규산체 형태가 현저한 차이를 보이고 있음도 밝혀내었다.

따라서 유상돌기가 없는 매끄러운 면을 갖고 있다는 것만으로 조속, 기장속을 구분해서는 안 되고 여러 다른 특징들을 복합적으로 결합하여야 동정의 정확도를 높일 수 있다.

4) 전분 분석

최근 국내에서도 갈판, 토기, 토양 속에 잔존하는 전분을 동정하는 잔존 전분(녹말) 분석이 소개되고 있으나 아직 종의 정확한 동정 수준까지는 이르지 못하고 있다.[16] 중국 측 연구 성과에 의하면 기장아과는 전분 낟알의 형상과 크기, 윤곽선과 표면 특징, 臍点(배꼽, 형성핵, hilum)과 裂溝(fissure)의 위치 및 형태, 돌기 유무에서 화본과 다른 전분립과 구분이 가능할 뿐 아니라 조속, 기장속의 종 단위 분류까지 가능하다고 한

---

16 孫晙鎬·上條信彦, 2011, 「청동기시대 갈돌·갈판의 사용흔 및 잔존 녹말 분석」, 『中央考古硏究』 9, 중앙문화재연구원.

다.[17] 그러나 개별 연구마다 동정 기준이 계속 바뀌고 있는데 가장 많은 시료(조속 7종, 기장속 2종의 31품종)를 이용한 Yang 등(2012)의 논문이 계측된 개체수와 방법론 모두에서 가장 신뢰할 수 있다.

상기 논문에 따르면 조속 야생종은 주름진 표면과 거친 가장자리가 특징이다. 평균 크기는 10 μm보다 작다. 야생종 중에서 가장 큰 강아지풀 전분립 형태는 조와 다소 중복되나 원형, 卵形이 많고 길이는 최대 98%가 7.6-7.9 μm에 속하며 배꼽부터 다양한 형태의 열구(선형 21.5%, Y형 32%, 무 34.5)가 있다. 조속의 다른 야생종은 두드러진 열구가 없다. 조 전분립은 다각형이 많으며(65~96%), 원구형이나 난형도 보인다. 다양한 형태 열구가 제점 중앙에서 가장자리까지 뻗어 있다(Y형 34.7%, 별모양 12.2%, 무 30.2%). 길이는 95%가 9.7-10.0 μm에 속하고 11 μm 이상도 37.3%에 이른다. 기장도 다각형이 압도석이며 75%는 열구가 없다. 길이는 대부분 7.2-7.4 μm에 속하고 11 μm 이상은 없다. 개기장은 기장과 형태가 유사하나 장폭비 차이가 있어 기장은 1미만, 개기장은 1-1.7이다.[18] 따라서 조와 기장, 야생종과 재배종의 구분은 개별 전분립으로는 거의 불가능하고 많은 전분립을 통계적 방법과 여러 속성들을 복합적으로 분석하여야 가능하다.

한편 磁山유적에서 식물규산체 분석으로 기장으로 동정된 시료를 다시 전분 분석을 실시한 결과 전분립 길이(4.7-15.1 μm, 10.5±2.8 μm)가 현생보다 평균 3 μm 이상 길게 나타났다.[19] 山寨유적(7,500~7,000 cal.B.P.) 석기 검출 조 전분 역시 현생보다 크다.[20]

---

17 葛威·刘莉·金正耀, 2010, 「几种禾本科植物淀粉粒形态比较及其考古学意义」, 『第四纪研究』30-2.
杨晓燕·吕厚远·刘东生·韩家懋, 2005, 「粟、黍和狗尾草的淀粉粒形态比较及其在植物考古研究中的潜在意义」, 『第四纪研究』25-2, pp.224~227.
杨晓燕·孔昭宸·刘长江·葛全胜, 2010, 「北方现代粟、黍及其野生近缘种的淀粉粒形态数据分析」, 『第四纪研究』30-2, pp.364~371.
Yang, Xiaoyan et al. 2012, From the modern to the archaeological: starch grains from millets and their wild relatives in China. *Journal of Archaeological Science* 39, pp.247~254.

18 중국의 조속, 기장속 9종 31품종당 50-200립을 계측한 楊晓燕 등(2010), Yang et al(2012)의 분석에 따르면 전분립 길이(평균)는 기장 2.0-11.9(7.3±1.4) μm, 개기장 2.3-9.3(6.9±1.2) μm, 조 2.1-17.3(9.9±2.3) μm, 강아지풀 2.0-14.0(7.7±1.4) μm이며, 葛威 등(2010)에서는 조 2.77-18.40 μm, 기장 3.93-12.85 μm, 강아지풀 2.19-11.90 μm이 보고되었다. 중국 품종을 기준으로 하였기에 한국에서는 별도의 계측을 실시할 필요가 있다.

19 Yang, Xiaoyan et al. 2012, ibid.

20 Yang, X., Yu, J., Lu, H., Cui, T., Guo, J., Ge, Q. 2009, Starch grain analysis reveals function of grinding stone tools at Shangzhai site, Beijing. *Earth Sciences* 52, pp.1164~1171. Science in China Series D.

172 | 한국 신석기문화의 양상과 전개

표 8 _ 조, 기장과 근연종의 전분립 열구(fissure) 형태 빈도(Yang et al. 2012, Table 3)

시료 / 열구형%	none	linear	transverse	Y-shaped	stellate
기장	75	10.8	2.2	11.8	0
개기장	65.9	14.7	16.6	3.8	0
조	34.5	21.5	6.6	32	5.4
강아지풀	30.2	14.0	8.8	34.7	12.2

따라서 기존 전분 분석에서 동정을 길이에만 의존할 경우 기장 비율이 과소평가될 가능성이 있다.

전분립 분석의 한계로는 첫째, 야생종과 재배종의 중복 범위 때문에 야생형 전분 비율이 실제 야생형 비율과 정확히 일치하지 않으며, 둘째, 잡곡의 모든 다각형 전분립은 성숙 또는 거의 성숙된 종자에서 산출된 반면 미성숙된 종자의 전분립은 매우 작고 난형 또는 구형을 이룬다. 따라서 미성숙 종자를 수확하면 재배종이라도 야생형 비중이 증가한다.

5) 탄소 · 질소동위원소 분석

화북에는 야생 C4식물이 드물기 때문에 탄소 · 질소동위원소 분석에서 C4식물의 비중이 높게 나타나면 조, 기장의 인위적 관리 및 재배와 집중적 섭취의 증거로 보고 있다. 기원전 6천년경의 後李文化에 속하는 산동성 小金山유적 출토 인골의 동위원소분석 결과 잡곡 또는 잡곡 섭취 동물로부터의 단백질 비중은 전체 단백질 섭취의 25% 정도로 추정되었다.[21] 중국 현생 잡곡의 탄소동위원소($\delta^{13}C$)는 -12.0~-11.6‰이며 동물이나 사람이 100% 잡곡만 섭취하였을 경우는 -5.3‰로 계산되었다. 잡곡의 질소동위원소($\delta^{15}N$)는 2.4~3.9‰이다. 老官臺文化에 속하는 산서성 百家(7,500~6,500 cal.B.P.), 大地灣(7,900~7,200 cal.B.P.)유적의 동위원소에서도 잡곡이 생업에서 차지하는 비중은 한정되며 단백질의 대부분은 사냥된 동물에서 섭취되었음이 밝혀졌다.[22] 요령성 興陵溝

---

21 Hu, Y., Wang, S., Luan, F., Wang, C., Richards, M.P. 2008, Stable isotope analysis of humans from Xiaojingshan site: implications for understanding the origin of millet agriculture in China. *Journal of Archaeological Science* 35, pp.2960~2965.

표 9 _ 先仰韶 · 仰韶文化 인골 탄소 · 질소동위원소분석(주 22)

Site	Culture	Sample N.	$\delta^{13}C$ (‰)	$\delta^{15}N$ (‰)
Baija	Laoguantai	2	-13.3±1.8	10.8±1.7
Xiaojingshan	Huli	5	-17.8±0.3	9.0±0.5
Xinglongwa	Xinglongwa	5	-8.9±2.1	9.6±0.4
Dadiwan	Laoguantai	3(dog)	-11.1~-10.2	7.3~7.7
Daiwan	Yangshao	6	-9.8±3.0	9.7±0.8
Jiangzhao	Yangshao	8	-9.7±0.9	9.1±0.6
Shijia	Yangshao	9	-10.0±0.7	8.1±0.4
Banpo	Yangshao	5	-14.8±1.9	9.1
millets			-12.0~-11.6	2.4~3.9(2.6)
animals or human with 100% millets			-5.3	

유적 인골은 예외적으로 C4식물의 비중이 높아 양사오문화 수치와 비슷한데 이는 잡곡의 직접적 섭취보다는 야생종을 포함한 잡곡을 섭취한 동물 사냥에서 비롯된 것으로 해석되었다. 양사오문화 단계부터는 잡곡 집약농경 발달의 영향으로 잡곡의 비중이 크게 증가하여 75~85%까지 이른다.[23]

3. 재배실험, 탄화 및 종자 크기 변이

맥류와 벼는 야생 선조종의 재배실험과 모의실험을 통해 재배종으로 바뀌는 순화과정이 어느 정도 밝혀졌지만[24] 조, 기장의 잡곡은 그러한 연구가 아직 없다. 유일하게

----

22 Barton, L. et al. 2009, Agricultural origins and the isotopic identity of domestication in northern China. *Proceedings of the National Academy of Sciences* 106(14), pp.5523~5528.
Atahan, P. et al. 2011, Early Neolithic diets at Baijia, Wei River valley, China: stable carbon and nitrogen isotope analysis of human and faunal remains. *Journal of Archaeological Science* 38, pp.2811~2817.
Pechenkina, E.A., Ambrose, S.H., Xiaolin, M., Benfer, J.R.A., 2005, Reconstructing northern Chinese Neolithic subsistence practices by isotopic analysis. *Journal of Archaeological Science* 32, pp.1176~1189.
23 Hu et al. 2008, ibid.
24 Fuller, D. 2007, Contrasting patterns in crop domestication and domestication rates: recent archaeobotanical insights from the old world. *Annals of Botany* 1-22. doi:10.1093/aob/mcm048

강아지풀 재배실험이 있으나 실험 기간이 2년에 불과하고 연구 목적도 형질적, 유전적 변화보다 수확량 변화와 도구(특히 수확도구) 실험에 초점을 맞추고 있다.[25] 그렇지만 강아지풀의 원추화서가 동시에 성숙하지 않아 실제 사람이 이용할 수 있는 수확량은 줄어든다는 점, 자연적으로 밭에 떨어진 종자가 인위적으로 수확된 종자보다 많아 다음 해 파종하여도 자연적 발아한 종자와 혼합되기 때문에 같은 경작지를 반복 이용하면 비탈립의 돌연변이가 선발되지 않는다는 사실은 밝혀내었다. 따라서 최초 경작에서는 수확물이 한정되기 때문에 최초 경작자는 여전히 수렵채집민이고 종자는 어려운 시기를 위한 저장 식량으로 활용하였을 가능성을 제시하였다.

조, 기장의 동정에서 영과의 크기가 이용되기도 한다. 이 경우 현생 조, 기장 또는 야생종 낟알의 크기와 형태가 과거에도 동일하였는지, 탄화 등 고고학적 맥락에서 낟알 크기나 형태의 변화는 없는지, 강아지풀의 수확실험에서 보았듯이 미성숙 낟알이 종실유체에 포함되어 있을 가능성은 없는지에 대한 고려가 필요하다.

맥류, 쌀, 두류 종자에 비해 소립의 잡곡 종자에 대한 탄화실험은 제한적이다. 劉長江과 孔昭宸[26]은 조, 기장 각 3개 품종의 종자 10립씩을 전기오븐에서 200도로 3시간(바닥), 28시간(망 속) 가열하여 크기를 계측하였다. 종자의 길이, 폭, 두께, 胚部의 길이와 폭 모두 감소하였으나 기장의 배부 길이는 오히려 증가하였다. 오븐 바닥에 놓인 시료는 열을 빨리 받아 균열이나 폭발하는 종자가 많았으나 胚部 형태는 유지되므로 동정 기준으로 유효하다고 보았다. 또한 탄화종자는 보존과 가공과정에서 胚가 탈락되어 깊게 패인 흔적이 나타나는데 조는 장삼각형이나 장조형, 기장은 이등변삼각형의 모습을 보인다고 하였다.

Yang 등[27]은 조와 기장 낟알 5립씩을 전기오븐 속에서 50·100도는 3시간, 200·250·300도는 1·2·4·8시간을 가열하고, 야외에서도 다양한 조건에서 45분 동안 탄화시킨 후 종자 형태와 미세구조 변화를 분석하였다. 200도에서부터 크기가 줄어들지만 조 두께만 예외적으로 약간 증가하였다. 영과의 장폭비는 큰 변화가 없으나 胚 부위

---

25 Lu, T.L.D. 2002, A green foxtail (Setaria viridis) cultivation experiment in the Middle Yellow River Valley and some related issues. Asian Perspectives 41, pp.1~14.

26 劉長江·孔昭宸, 2004, 「粟, 黍籽粒的形態比較及其在考古鑑定中的意義」, 『考古』 8期.

27 Yang, Qing et al. 2011, Investigation of the ultrastructural characteristics of foxtail and broomcorn millet during carbonization and its application in archaeobotany. Chinese Science Bulletin 56(14), pp.1495~1502.

06. 동아시아 조·기장 기원 연구의 최근 동향 | 175

의 장폭비는 조는 증가, 기장은 감소하였다. 전분 알갱이는 구조를 그대로 유지하였다. 250도에서 조 영과의 길이, 폭, 두께, 胚 폭 모두 현저히 증가한 반면 胚 길이, 영과와 배 장폭비는 크게 감소하였다(15~30%까지). 기장은 변형이 심해 측정이 불가능하였다. 조, 기장 모두 전분립 구조는 파괴되어 구분할 수 없다. 영과가 크게 변형되고 부풀어 오르면 배유의 지방산이 밖으로 유출되고 이후 냉각되면서 주변 낟알과 둘러붙는 현상 이 발견되었다. 300도에는 조, 기장 모두 재가 되거나 구멍이 뚫린다. 전분립의 초미세 구조는 사라지고 벌집모양 空洞으로 변형되었다. 따라서 250도 이상 가열되어 팽창되 거나 변형된 종자는 크기와 형태를 이용한 동정에 유의할 필요가 있다. 야외 화재 실험 에서는 지상에서 불에 바로 노출된 종자들은 형태가 파괴되어 초미세구조는 비결정질 이 되었다.

미성숙립의 관찰은 우크라이나에서 보고되었다. 자노프스코에(Zanovskoe, 기원전 5~1세기) 유적에서 출토된 기장 종자는 크기의 변이가 심하여 그 원인을 찾고자 다양 한 조건에서 종자 크기의 변이를 관찰하였다.[28] 개체 내에서의 변이, 원추화서에서의 위치, 수분 공급의 차이(환경적 스트레스)에서는 유의할만한 종자 크기 차이가 없었고 미성숙이 기장 낟알 크기 변이의 가장 중요한 원천으로 밝혀졌다. 기장 종자는 수정 후 10일이 되면 형태가 갖추어지고 16일까지 크기, 무게 모두 계속 급증하며 16일 이후 30 일까지는 크기에 거의 변화가 없다. 반면 胚盤은 길이와 폭 모두 지속적으로 증가한다. 성숙 단계별로 235도와 325도에서 1시간 동안 가열하여 탄화된 기장 종자의 크기와 형 태 변화도 관찰하였다. 수정 후 10일이 지난 종자는 235도에서도 형태가 유지된다. 16 일 이후 235도에서는 형태가 유지되나 325도에서 종자는 파괴되었다.

미성숙립은 고고학적 시료 속에서 작은 낟알의 원천이 될 수 있으므로 식물고고학 적 해석에 중요하다. 조, 기장의 미성숙립은 기장족으로 통합되거나 또는 기장족 속의 다른 속으로 잘못 분류되기도 한다. 미성숙립은 현저히 크기가 작고 납작하며 특히 배 가 있는 기부 쪽이 납작하다. 잡곡은 성숙이 매우 불규칙하므로 미성숙립의 출현 빈도 가 높다. 특히 장강유역의 벼 순화 과정에서 나타나듯이 조, 기장도 재배화 초기 과정에 서 미성숙립이 더 많이 종자유체에 표현될 가능성이 높다.[29]

....

28 Giedre Motuzaite-Matuzeviciute, Harriet V. Hunt, Martin K. Jones. 2012, Experimental approaches to understanding variation in grain size in *Panicum miliaceum* (broomcorn millet) and its relevance for interpreting archaeobotanical assemblages. *Vegetation History and Archaeobotany* 21, pp.69~77.

4. 식물유체로 본 동아시아 조·기장의 기원과 확산

조의 선조종은 일찍부터 강아지풀로 밝혀졌다.[30] 강아지풀은 유라시아대륙 곳곳에서 자생하고 있기 때문에 조 순화의 기원지에 대하여도 조 품종의 다양성과 원시적 형질의 존재를 근거로 동아시아,[31] 아프가니스탄-인도서북부-중앙아시아를 포함한 지역[32]을 기원지로 보거나, 중국 화북과 유럽에서의 독자적 순화,[33] 핵 게놈, 리보좀 DNA 등 유전적 분화 연구에 기초한 유라시아대륙 다원 기원[34] 등 다양한 주장이 있다.[35] 그러나 고고학적 증거를 결합하면 화북이 조 재배의 역사가 가장 오래된 곳이다. 조는 러시아에서는 기원전 3천년기, 유럽과 인도에서는 기원전 2천년기부터 출현하고 있어 중국에 비해 재배역사가 짧다.[36]

기장은 선조종이 여전히 불명이다. 중국 동북부(만주)에서 중부유럽에 걸친 광범위한 지역에서 조밭에 잡초로 자라는 잡초기장(P. miliaceum ssp. ruderale)이 선조종에

29 Fuller, D. H. Zhang, 2007, 「潁河中上流谷地植物考古調査初步報告」, 『登封王城崗考古發現與研究 (2002-2005)』, 北京大學考古文博學院·河南省文物考古研究所 編, 大象出版社. http://archaeobotanist.blogspot.com/ (Dorian Fuller Blog), 10 October 2011.

30 d' Ennequin M.L, Panaud O, Toupance B, Sarr A. 2000, Assessment of genetic relationships between *Setaria italica* and its wild relative *S. viridis* using AFLP markers. *Theoretical Applied Genetics* 100, pp.1061~1066.

31 Vavalop, N.I. 1951, The origin, variation, immunity and breeding of cultivated plants. *Chronica Botanica* 13.

32 Sakamoto S. 1987, Origin and dispersal of common millet and foxtail millet. *Japan Agricultural Research Quarterly* 21, pp.84~89.
    阪本寧男, 1988, 『雜穀のきた道』, 日本放送出版協會. (번역: 윤서석 외, 2007, 제2장 「잡곡의 전파경로」, 『벼·잡곡·참깨 전파의 길』, 신광출판사.)

33 Harlan, J.R. 1992, *Crops and Man*. American Society of Agronomy & Crop Science Society of America.

34 Fukunaga K, Wang Z.M, Gale M.D, Kato K, Kawase M. 2002, Geographical variation of nuclear genome RFLP and genetic differentiation in foxtail millet, *Setaria italica* (L.) P. Beauv. *Geneict Resources & Crop Evolution* 49, pp.95~101.
    Fukunaga K, Ichitani K, Kawase M. 2006, Phylogenetic analysis of the rDNA intergenic spacer subrepeats and its implication for the domestication history of foxtail millet, *Setaria italica*. *Theoretical Applied Genetics* 113, pp.261~269.

35 안승모·이준정, 2009, 「DNA 분석을 통해 본 구대륙 곡물과 가축의 기원」, 『선사 농경 연구의 새로운 동향』, 사회평론, pp.117~119.

가장 가깝다고 하나 잡초기장은 재배종 기장에서 파생된 후생 야생(feral)으로 보는 견해가 많다.[37] 기장은 기원에 대한 식물지리학적, 생물분자학적 연구가 극히 부족하다. 앞서 언급한 바빌로프는 기장이 생물학적 다양성이 매우 높은 동아시아(만주, 몽골, 황하유역)에서 기원하였다고 보았으나, 사카모토는 기장 역시 조와 마찬가지로 중앙아시아, 아프가니스탄, 인도에서 처음 순화되어 유럽과 동아시아로 확산되었다고 주장하였다. 동아시아는 조, 기장의 순화 기원지가 아니라 다양성의 2차중심지로 파악한 것이다. 그러나 식물유체 출토로 보면 기장은 유럽에서도 중국과 마찬가지로 기원전 7·6천년기부터 출현하고 있어 거의 비슷한 시기에 두 지역에서 각각 독립적으로 재배된 것으로 보는 견해가 우세하다.[38]

그러나 최근 중국에서는 기장과 조의 출현이 기존에 알고 있던 연대보다 수천 년 이상 소급된다는 증거들이 잇달아 보고되면서 잡곡 기원지로서의 입지를 굳히고 있다. 여기서는 최근 자료를 중심으로 동아시아에서의 조, 기장 출현 과정을 요약하여 소개한다.[39]

1) 중국 북부

화북지방에서 가장 오래된 토기가 보고된 河北省 南庄頭(11,500~11,000 cal.B.P.),

---

36 Zohary D. and Hopf M. 2000, *Domestication of Plants in the Old World*. Oxford University Press.
Nasu, H, Momohara A, Yasuda Y, He J.J. 2007, The occurrence and identification of *Setaria italica* (L.) P. Beauv. (foxtail millet) grains from the Chengtoushan site (ca. 5800 cal BP) in central China, with reference to the domestication center in Asia. *Vegetation History and Archaeobotany* 16, pp.481~494.

37 Sakamoto, 1987, 앞의 글.
阪本寧男 1988, 앞의 글.

38 Zohary D. and Hopf M. 2000, ibid.
Hunt H.V. et al. 2008, Millets across Eurasia: chronology and context of early records of the genera *Panicum* and *Setaria* from archaeological sites in the Old World. *Vegetation History and Archaeobotany* 17, pp.5~18.

39 20세기에 중국 유적에서 보고되었던 조, 기장에 대한 정보는 陳文華(2000)의 『農業考古』에 잘 요약이 되어 있어 소개를 생략한다. 관련되는 부분은 필자가 번역하여 신석기연구회 홈페이지 자료실에 올린 바 있다.

東胡林(11,150~9,500 cal.B.P.) 두 유적에서 출토된 갈판, 갈돌, 토기잔류물의 전분분석을 통해 조의 출현이 홀로세 시작 시기까지 소급되었다.[40] 南庄頭 갈돌·갈판에서 검출된 전분립의 52%가 잡곡(miilet)[41]이고 잡곡의 46.8%가 조의 특징인 14 μm 이상의 크기를 보인다. 東胡林 전기 문화층 검출 전분립에서의 잡곡과 조 비중은 각각 60%, 36.2%이고 후기 문화층에서의 비중은 73.4%, 51.4%이다. 東胡林의 경우 갈판의 기존 전분분석에서는 도토리가 검출되었으나[42] 잡곡(재배종 여부 불명) 종자도 출토되었고, 토기잔존물에 대한 식물규산체 분석에서도 잡곡이 확인되었다.[43] 또한 후기문화층 노지 재에서는 기장 규산체도 발견되었기 때문에 후기 문화층의 전분에도 기장이 포함되어 있을 가능성이 높다. 전분립의 기본 형태는 유전적으로 조절되기 때문에 순화형 조의 일부 유전형이 야생 강아지풀의 관리 또는 재배로 인하여 11,500년 전에 발생하였다고 주장되었다. 재배 또는 순화 여부와 관계없이 구석기~신석기시대 전환기에 기장족 잡곡 종자가 식료로 편입되었음을 증명하는 자료이다.

16,000년 무렵으로 추정되는 山西省 下川유적의 갈판은 식물성 식료 가공용으로, 석기 사용흔 분석에서도 화본과 원추화서 수확에 이용된 것으로 분석되었기 때문에 기장족 종자의 이용이 이미 세석인문화 단계부터 시작되었을 가능성도 제시되고 있다.[44]

1970년대 후반 河北省 磁山유적의 발굴에서 발견된 저장혈(灰坑) 476기 중 88기에서 50,000kg이 넘는 어마어마한 양의 곡물이 발견된 바 있다.[45] 발견 당시 낟알의 길이가 2mm 정도로 작고 외부 형태에서도 조와 상동하며 회상분석에서도 조의 흔적이 발견되었다고 보고되었으나 노출되자마자 재로 변해버려 동정의 정확성에 계속 의문이 제기되고 있었다.[46] 당시에 측정된 목탄 방사성탄소연대(6,860±100, 7,140±100, 7,020

---

40 Yang, Xiaoyan et al. 2012, Early millet use in northern China. *PNAS* 109(10), pp.3726~3730.
    南庄頭 유적 C14연대로는 9,690±95(wood), 9,850±90(wood), 10,510±110(charcoal) B.P. 등이 보고되었다.

41 명시되어 있지는 않지만 위 논문의 millet은 조속, 기장속의 재배종, 야생종을 지칭하고 있다.

42 Lie L. et al. 2010, A function analysis of grinding stones from an early Holocene site, North China. *Journal of Archaeological Science* 37, pp.2630~2639.

43 Yang et al. 2012, ibid, p.3726.

44 Lu, T.L.D. 2006, The occurrence of cereal cultivation in China. Asian Perspectives 45, pp.129~158.

45 河北省文物管理處·邯鄲市文物保管所, 1981, 「河北武安磁山遺址」, 『考古學報』 62, pp.303~338.
    陳文華, 2000, 『農業考古』, 文物出版社, pp.43~45.

46 Harvey, E.L., Fuller, D.Q. 2005, Investigating crop processing using phytolith analysis: The example of rice and millets. *Journal of Archaeological Science* 32, pp.739~752.

±100B.P.)는 보정하면 기원전 6,000년기 전반에 해당한다. 그런데 최근에 磁山유적의 저장혈 5기를 추가 조사하고 AMS 측정을 한 결과 3기(CS-I, III, IV호)에서 10,300~8,700 cal.B.P.(1시그마 범위)의 연대가 측정되었다. 나머지 2기와 기존 저장혈은 8,700~7,500 cal.B.P.의 연대를 나타낸다. 저장혈에 남은 재를 앞장에서 언급한 穎 표면세포의 식물 규산체 분석을 시도하니 이른 연대에서는 시료 27건이 모두 기장으로 감정되었고, 늦은 연대에서는 시료 27건 중 97% 이상이 기장이고 0.4~2.8%가 조로 감정되었다. 방향 탄화수소와 에테르를 이용한 분자생물학적 분석에서도 기장의 특징적 피크가 확인되었다.[47]

상기 논문에서 화북지방은 11,000~8,700 cal.B.P.는 건조-냉량, 8,700~5,500 cal.B.P. 는 습윤-온난한 기후이기 때문에 홀로세 전기의 건조한 기후에 적합한 기장이 먼저 재배된 것으로 해석되었다. 大地灣, 月庄, 興陵溝유적 역시 기장이 선호되었다(표 10). 그러나 南庄頭, 東胡林에서는 조가 압도적이기 때문에 조, 기장의 선호도는 지역에 따라 달랐을 가능성이 크다. 磁山유적 저장혈의 재조사로 기장의 이용 또는 재배의 역사가 조와 마찬가지로 홀로세 시작 무렵까지 올라가게 되었다. 그러나 磁山유적의 새로운 연대들을 그대로 인정할 수 있을지 확신이 서지 않는다. 과연 3천년 동안이나 유물, 유구의 큰 변화 없이 지속적으로 점유될 수 있었을지 의문이 남는다. 연대가 올라가는 시료들이 모두 단애면에 장기간 자연적으로 노출된 유구에서 채취한 것이라 신뢰하기 어렵다는 견해도 있다.[48] 실제 磁山博物館에 소장된 시료의 새로운 AMS 연대도 7,671~7,596 cal.B.P.로 측정되어 기존 연대와 부합하며, 磁山과 裴李崗文化에 속하는 다른 유적들에서도 9,000 cal.B.P.를 소급하는 C14연대가 보고된 바 없기 때문이다.

또한 磁山의 조, 南庄頭의 기장이 재배되었거나 형질적으로 순화(비탈립성, 종자 크기 증가, 휴면성 감소 등)되었다는 확실한 증거는 여전히 제시되고 있지 못하다. 조와 기장 낟알의 대량 저장이 반드시 재배나 순화를 의미하는 것은 아니다.[49] 화본과 종자의 대량 비축이 야생 식료 부족을 대비한 위기관리 차원에서 이루어진 것으로 보는 주

---

47 Lu, H. et al. 2009, Earliest domestication of common millet (*Panicum miliaceum*) in East Asia extended to 10,000 years ago. *PNAS* 106(18), pp.7367~7372.
  Crawford, G.W. 2009, Agricultural origins in North China pushed back to the Pleistocene-Holocene boundary. *PNAS* 106(18), pp.7271~7272.
48 Zhijun Zhao. 2011, New archaeobotanic data for the study of the origins of agriculture in China. *Current Anthropology* 52-S4, pp.S295~S306.

장도 있다.[50] 양자강유역의 벼 순화과정에는 5천년 이상의 기간이 소요되었기 때문에 조, 기장 역시 그러할 가능성이 크다. 실제 이경아가 분석한 하남성 渭河유역의 우뤄시포(裵李崗文化 후기)유적 출토 조 영과는 背部가 납작하여 야생형과 순화형의 과도기적 양상을 띠고 있다.[51]

裵李崗文化에 속하는 하남성 裵李崗, 沙窩李유적에서 조 탄화종자가 보고된 바 있으나 동정이 불확실하였다. 그런데 최근 위에서 언급한 裵李崗文化 후기의 우뤄시포와 푸디엔 두 유적에서 부유선별과 과학적 동정을 거친 조가 각 2립씩 검출되었다. 검출된 식물유체 대부분은 도토리 등 야생식물이고 재배식물의 출토양은 미미하여 당시 생업에서 잡곡이 차지하는 비중은 그리 크지 않은 듯하다. 산동지역에서도 벼가 출토되어 유명한 기원전 6천년기 後李文化의 月庄유적에서 기장과 조를 보관한 저장혈이 발견되었다.[52]

잡곡 재배는 황하 중하류 유역뿐 아니라 요하 이서와 내몽고에 이르는 西遼河유역에서도 이루어졌다. 沈陽 新樂遺蹟의 新樂下層文化(기원전 5천년기 전반) 주거지에서 출토된 탄화곡물이 기장으로 보고된 바 있으나 초보감정이라는 한계가 있었다.[53] 최근 내몽고 興陵溝유적 1지점 신석기 취락(B.C.6,000~5,500)에서 부유선별을 통해 검출된 1만여립의 탄화종자 중에 기장 1400립과 조 60여립도 확인되었다.[54] 조와 기장은 아래의 기준으로 동정되었다. "조는 球形에 가깝고 직경 1.5mm 정도이며 강아지풀 종자는

49 Dorian Fuller's Blog (http://archaeobotanist.blogspot.com/) 27 May & 25 August 2009.

50 Lu, 2002, ibid.

51 Lee, G.-A., Crawford, G.W., Liu, L., Chen, X. 2007, Plants and people from the early Neolithic to Shang periods in north China. *Proceedings of the National Academy of Sciences* 104, pp.1087~1092.

52 Crawford, G.・陳雪香・王建華, 2006, 「山東濟南長清月庄遺址發現後李文化時期的炭化稻」, 『東方考古』3, pp.247~251.
靳桂云, 2007, 「海岱地區新石器時代人類生業與環境關係研究」, 『環境考古研究』4, pp.117~129.
欒豊實, 2008, 「海岱地區における初期農耕の諸問題」, 『日本水稻農耕の起源地に關する總合的研究』, 宮本一夫 編, 九州大學考古學研究室.

53 王富德・潘世泉, 1983, 「關于新樂出土炭化穀物形態鑑定初步結果」, 『新樂遺址學術討論會文集』(농업고고 1986년 1기, p.81에서 재인용).

54 趙志軍, 2005, 「粟類作物及中國北方旱作農業起源研究的新資料和新思考」, 『景觀의 考古學』, 고려대학교 고고환경연구소 제1회 국제학술회의.
Zhao, Zjijun, 2008, 「Domestication of millet-paleoethnobotanical data and ecological perspective-」, 『極東先史古代の穀物』3, 熊本大學, pp.299~302.

長扁菱形이며 길이 1mm 정도이다. 기장도 球形이나 지름 2mm 이상이다. 야생 기장은 長扁圓形으로 腹部는 편평하고 背部는 약간 융기하며 길이 1mm 이상이다. 기장속 야생 탄화종자는 경도가 강해 불에 타더라도 胚部가 완전한 형태로 보존되고 기본적으로 터진 흔적은 보이지 않는다. 그러나 조, 기장 같은 재배잡곡은 경도가 약해 胚部가 불에 타면서 파열이 생겨 爆裂狀이 나타난다. 유적 출토 탄화기장도 모두 같은 현상이다." 유적 출토 기장 자체의 AMS 연대도 기원전 5,700~5,500년이 산출되었다. 조와 기장의 출토확률도 5%에 불과하고 야생식물과 야생돼지가 다량 출토된 점에서 興陵溝유적은 여전히 수렵채집 중심의 사회로 보고 있다.[55]

황하유역 선주민들은 집약적 수렵채집에서 잡곡의 소규모 재배(저차원식량생산)를 거쳐 기원전 5천년기 양사오문화 단계부터 잡곡 집약농업 단계로 진입한다.[56] 陝西省 魚化寨유적(양사오 전기)의 경우 부유선별로 검출된 종자 55,000립 중에서 조(3.6만립)와 기장(1.4만립)이 90%를 차지하며 출토확률에서도 기장 67%, 조 63%의 높은 비율을 나타낸다.[57] 또한 쌀도 4립 검출되었다. 다른 양사오문화 유적에서도 조가 기장보다 점차 우세해지면서 주곡이 된다. 앞장에서 언급한 바 있듯이 탄소·질소동위원소분석에서도 先양사오문화 단계에서는 잡곡이 당시 섭취된 단백질의 25% 정도를 기여하지만 양사오문화 단계부터는 잡곡의 비중이 압도적으로 높아진다.[58]

2) 중국 남부와 동남아시아

벼농사 기원지인 장강 중하류 유역의 신석기시대 유적에서는 벼 이외의 다른 밭작물이 출토된 예는 극히 드물다. 중국에서 가장 오래된 환호, 토성과 더불어 논의 흔적이 발견되었던 호남성 城頭山유적의 大溪문화층(6,400~5,700 cal.B.P.)에서 최근 다량의 벼와 함께 조 종자가 검출되었다.[59] 18,500m³의 해자 퇴적물을 부유선별하여 조 121립

---

55 Zhao. 2011, ibid.
56 Bettinger, R.L., Barton, L., Morgan, C. 2010, The origins of food production in North China: a different kind of agricultural revolution. *Evolutionary Anthropology* 19, pp.9~21.
57 Zhao. 2011, ibid.
58 Barton et al. 2009, ibid.
   Hu et al. 2008, ibid.

을 찾은 것이어서 출토 양은 미미하나 벼 집약농경이 실시되었던 시기에 잡곡 역시 재배되었다는 사실이 중요하다. 대계문화층의 세 시기 동안에 벼는 높은 빈도로 계속 출토되나 논잡초는 점차 감소하면서 조가 밭잡초와 함께 증가하는 양상이 나타난다. 즉 유적 주변 충적평야에서는 논농사가 계속 실시되었으나 인구 증가나 자연 재해에서 비롯되는 식량 부족 사태를 극복하기 위하여 조를 밭작물로 재배하고 야생 견과류와 과실류 채집도 병행한 것으로 추정된다.[60] 장강 상류의 사천성 成都平原에서도 기원전 4천년 무렵부터 잡곡(조, 기장)농사가 실시되었으며 조와 벼의 혼합농경은 寶墩文化(B.C. 2,500~1,750) 유적에서 처음 출현한다.[61]

동남아시아의 식물규산체 분석에서는 기장아과가 다량 확인되어 기원전 2천년기 잡곡의 존재를 암시하고 있었으나[62] 잡곡 종자가 유적에서 출토된 예는 거의 없었다. 최근 태국 중부의 카오윙프라챤(Khao Wong Prachan)유역의 식물고고학적 연구에 의하면 이곳에서는 기원전 2천년기에는 조가 재배된 반면, 도작은 기원전 1천년부터 출현하였다.[63] 또한 논파이와이(Non Pai Wai)유적에서 검출된 조의 AMS 연대가 3,870±40B.P.로 측정되어 조의 출현이 기원전 3천년기 후반까지 올라갈 수 있게 되었다. 기원전 3천년기 후반에서 2천년기에 걸친 시기에는 동남아시아에 재배벼가 출현하고 있기 때문에 조와 벼는 유적 주변의 재배 환경에 따라 선택되었던 것 같다. 현재 동남아시아에서는 남아시아 유래 잡곡도 널리 재배되고 있으나 선사유적에서는 조와 기장만 보고된다는 점, 그리고 도작의 확산과정을 고려하면 장강 중상류의 조가 벼와 함께 히말라야 산지를 넘어 동남아시아로 전파되었을 가능성이 크다.

---

59 Nasu et al. 1997, ibid.

60 Nasu, H. et al. 2012, Land-use change for rice and foxtail millet cultivation in the Chengtoushan site, central China, reconstructed from weed seed assemblages. *Archaeological and Anthropological Sciences* 4(1), pp.1~14.

61 Jade d' Alpoim Guedes. 2011, Millets, rice, social complexity, and the spread of agriculture to the Chengdu Plain and Southwest China. *Rice* 4(3-4), pp.104~113.

62 Kealhofer, L. Grave P. 2008, Land use, political complexity, and urbanism in mainland Southeast Asia. *American Antiquity* 42(1), pp.72~95.

63 Weber, S. et al. 2010, Rice or millets: early farming strategies in prehistoric central Thailand. *Archaeological and Anthropological Sciences* 2(2), pp.79~88.

표 10 _ 중국 기원전 4천년 이전 유적 출토 조와 기장 (고딕체: 과학적 동정)[64]

유적	유구	시료, 잡곡 종류, 참고문헌	연대
하북성 南庄頭	주거지	토기, 갈돌 전분 : millets (Yang et al. 2012)	B.C.9,500~9,000
하북성 東胡林	주거지	토기, 갈돌, 문화층 전분 : millets 노지 재 규산체 : 기장 2립 (ibid)	B.C.9,000~7,500
하북성 磁山	저장혈	규산체 : 시료 27건 **기장**(Lu et al. 2009)	B.C.8,500~7,500
	저장혈	규산체 : 시료 20건 **기장** 97% 이상, **조** 0.4~2.8% (Lu et al. 2009)	B.C.6,700~5,500
	저장혈	재 전분 : **기장** (Yang et al. 2012)	B.C.5,700
하북성 山寨	주거지	갈판 전분 : **조**, 도토리 (Yang et al. 2009)	B.C.5,500~5,000
하남성 裵李崗 (추가발굴)	저장혈	조(고고학보 84-1) 동정? 陳文華 부정	裵李崗文化 B.C.6천년기후반
하남성 沙窩李	2문화층	탄화종자 : 조 다량 출토(고고 83-12). 동정?	裵李崗文化 5,220±105B.P.
하남성 Fudian	문화층	탄화종자 : **조** 2립(Lee et al. 2007)	裵李崗文化 후기
하남Wuluoxipo	문화층	탄화종자 : **조** 2립 (Lee et al. 2007)	裵李崗文化 후기
산서성 百家	주거지, 묘	조?	老官臺文化 B.C.5,800~5,300
감숙성 大地灣	저장혈 1기	탄화종자 : **기장** 8립 (중원문물 2004-4)	老官臺文化
	저장혈 2기	탄화종자 : T109(**기장** 500립); H379(**기장** 285립, **조** 10립)	仰韶 전기 B.C.4,500~4,000
감숙성 靑龍泉	주거지	탄화종자 : 조 (발굴보고서)	仰韶 전기
감숙성 姜寨	주거지	2문화기 토기내부 기장 (동정?) (발굴보고서)	仰韶 전기
섬서성 半坡	저장혈, 집터, 묘	탄화종자 : 조 다량 (동정?) (발굴보고서)	仰韶 전기
산동성 月庄	저장혈	탄화종자 : **기장** 40립, **조** 1립 (Crawford et al. 2007)	後李文化 B.C.6,100~5,500
산동성 北辛	주거지, 저장혈	토기 조 압흔, 저장혈 탄화조 (동정?) (고고학보 1984-2)	北新文化 B.C.5,500~4,300
산동성 南屯嶺	문화층	탄화종자 : 기장 6립(南方文物 2007-1)	北新文化
산동성 張山		탄화종자 : 조	北新文化
호남성 城頭山	문화층	탄화종자 : **조** 121립 (벼 압도적) (Nasu et al. 2007)	大溪文化 4,400~3,700BC
요령성 興陵溝	주거지 40기	탄화종자 : **기장** 1500립, **조** 수십립 (趙 2005)	興陵注文化 중기 B.C.6,000~5,500(조)
요령성 新樂	주거지 1기	탄화종자 : 기장 (동정?) (농업고고 86-1)	新樂文化 B.C.5,000~4,600

---

64 중국 신석기시대 잡곡 출토 현황은 아래 논저 참조.

　　劉長江 外, 2008, 『植物考古』, pp.162~171.

　　甲元眞之, 2001, 『中國新石器時代の生業と文化』.

　　Hunt et al. 2008, Millets across Eurasia. *VHA* 17, pp.5~18.

3) 러시아 극동지방과 일본

러시아 극동지방에서는 연해주 쪽에서 기원전 4천년기 후반의 자이사노프카문화 단계부터 기장과 조가 처음 출현한다.[65] 크로노프카1유적에서는 중층의 4·5호 주거지에서 가래, 개암, 도토리 등의 야생종자와 함께 기장 종자가 부유선별을 통해 검출되었다. 4호 주거지에서는 조와 유사한 종자도 1립 확인되었으나 확실한 동정은 유보되고 있다. 4호 주거지 목탄과 도토리 AMS 연대는 4,640±40, 4,790±40B.P.로 측정되었으며 5호 주거지 연대도 4호와 비슷한 것으로 보인다.[66]

자아사노프카7유적에서는 자이사노프카문화에 속하는 하부문화층 부유선별 시료 220건 중 26건에 대한 분석결과가 보고되었는데 검출된 종자는 도토리를 중심으로 모두 야생식물 종자이다. 심발형토기 바닥 한 점에 직경 2mm 미만의 동일한 크기 종자 압흔 60개가 확인되었다. Sergusheva[67]는 기장과 유사하다고 보았으나 오바타는 내영 표면에 유두상 돌기가 보여 조 가능성이 높다고 주장하였다.[68] 종자의 AMS 연대는 4,480±40B.P.이다.

자이사노프카1유적에서는 주거지 내부 퇴적토에서 기장족 종자 20립 이상이 검출되었는데 크기와 형태에서 피속으로 동정하였으며 繩文피처럼 반재배형일 가능성이 제시되었다. 세크랴에보7유적에서도 자이사노프카 전통의 주거지 저장혈에서 기장 종자 1립이 가래 등 다른 야생종자와 함께 부유선별을 통해 검출되었다. 방사성탄소연대는 측정되지 않았으나 토기 형식에서 크로노프카1, 자이사노프카7유적과 비슷한 시기로 추정하였다.

무스탕1유적의 주거지 노지에서 출토된 기장족 종자 1점은 조일 가능성도 지적되고

---

65 이하 러시아 극동지방 잡곡 출토 현황은 아래의 글을 참조하였다.
강인욱, 2009, 「연해주 남부 신석기시대 자이사노프카 문화의 유형·분기 및 원시농경에 대하여」, 『선사 농경 연구의 새로운 동향』, 안승모·이준정 편, 사회평론.
小畑弘己, 2011, 『東北アジアの古民族植物學と繩文農耕』, 同成社.
Vostretsov Yu.E., Sergusheva E.A. 2008, Advance of study of ancient agriculture in Primorye, 『極東先史古代の穀物』3, 熊本大學.

66 강인욱(2009, p.389)은 크로노프카 신석기시대 상층에서 대량의 곡물자료가 확인되었으며 5,310±50, 5,210±50B.P.가 제시되었다고 하였으나 곡물은 중층에서 출토되었으며 앞의 C14연대는 하층 연대이다.

67 Vostretsov & Sergusheva. 2008, ibid, pp.175~176.

68 小畑弘己, 2011, 앞의 글, p.255.

표 11 _ 러시아 극동지방 신석기시대 유적 출토 잡곡

유적	유구	시료, 잡곡 종류	연대
크로노프카1	4호 주거지	flotation 탄화종자 : 기장16, 기장족8	4,740±40B.P.(도토리)
	5호 주거지	flotation 탄화종자 : 기장11, 조? 1, 기장족5	B.C.4천년기 후반
자이사노프카7	포함층	토기 저부(1점) : 조 압흔 60개	4,480±40B.P.(종자)
자이사노프카1	주거지	flotation 탄화종자 : 피(반재배형?) 20립 이상	4,010±40B.P.(도토리)
세크랴에보	주거지	flotation 탄화종자 : 기장 1	c. 4,400B.P.(추정)
무스탕	주거지	기장족 영과 1점 (조 가능성?)	4,050±70B.P.(목탄)
노보셀리쉐4	주거지	flotation 탄화종자 : 기장 (5층 409, 6층 20, 7층 24, 최하층 6)	3,880±40B.P.(기장)
레티호프카	포함층	flotation 탄화종자 : 조〉기장	3,310±45B.P.(목탄)

있으나 파편이라 확신하기 어렵다. 노보셀리쉐4유적에서는 주거지 2기의 부유선별 시료 46건 중 19건에서 기장 482립이 개암, 도토리, 야생두류, 머루속 등의 야생종자와 함께 검출되었다. 상층의 청동기시대 자료가 일부 포함되었을 가능성도 있으나 기장 자체의 AMS 연대 3,840±40B.P.가 확보되었다. 레티호프카유적에서도 부유선별로 다량의 잡곡 종자가 검출되었는데 양적으로 보면 조가 기장보다 우세하다.

일본에서는 죠몽 조기부터 북해도를 중심으로 야생피와 재배피의 중간 형태인 소위 죠몽피가 재배되었다고 보고 있다.[69] 그러나 조, 기장은 종실과 압흔 모두 죠몽 만기부터 출현하며 출토되는 양과 빈도도 극히 빈약하다. 조는 죠몽 만기 전반부터 九州에, 기장은 만기 후반부터 중부와 동북지방에 출현하여 유입 경로가 서로 다른 것 같다. 조는 죠몽 중기에 속하는 북해도 臼尻, 관동지방의 岐阜縣 戶入村平, 長野縣 屋代유적에서도 보고되고 있으나 시대 비정에 문제가 있는 C급 자료로 신뢰성이 약하다.[70] 잡곡 종자 자체의 AMS 연대로 가장 오랜 것은 滋賀縣 龍崎유적의 2,550±25B.P.(기장)이다.

4) 한반도 : 조, 기장 출현 시점과 동기에 대한 의문점

1980년대까지만 하더라도 북한의 지탑리, 남경, 마산리유적에서만 보고되었던, 그

---

69 일본 잡곡 출토 현황은 아래 논저 참조.
　小畑, 2011, 앞의 글.
　中山, 2010, 앞의 글.

것도 동정이 의문스러운, 조와 기장이 1990년대 이후 식물고고학 전공자(이경아)에 의한 부유선별법의 도입과 과학적 동정의 결과로 중서부와 동남부의 많은 중·후기 유적에서 조와 기장이 검출되었다(표 12).[71] 그리하여 요하유역의 초기 잡곡농경이 기원전 4천년기에 한반도 중서부를 거쳐 남부까지 확산되었다는 필자의 생각, 그리고 宮本一夫의 한반도 농경화 제1단계 가설[72]이 증명되는 듯하였다. 그런데 최근 새로운 기법의 토기 압흔 분석이 일본에서 도입되어 동삼동패총에서 신석기 조기에서 말기에 걸친 전시기의 조, 기장 압흔이 보고되면서 한반도 조, 기장의 출현 시점과 확산 경로에 대한 기존 학설의 재검토가 요구되었다.[73]

결론부터 이야기하면 필자는 조, 기장의 한반도 출현 시점에 대한 기존 학설이 잘못되었을 가능성도 있고 조와 기장 압흔 동정에 오류가 있을 가능성도 배제할 수 없기 때문에 동삼동 조기 기장 압흔에 과도한 의미를 부여하는 것은 신중을 기할 필요가 있다고 본다.

융기문토기 압흔 기장의 동정이 만약에 정확하다면 정말로 많은 궁금증들이 떠오른다.

① 기장이 현지에서 재배된 것인가, 남해안 죠몽토기처럼 동북아 평저토기권을 아우르는 교역의 일시적 부산물인가? ② 만약 재배되었다면 다양한 해상, 육산 야생자원을 활용하였던 융기문토기 집단이 기장을 재배하고 식료로 편입한 이유는 무엇일까? ③ 조기 단계에 명아주속 같은 일년생 초본류 습성에 이미 익숙해져 있어서[74] 명아주속과 생태조건이 유사한 기장이 큰 무리 없이 수용되었던 것일까?[75] ④ 만약 앞의 先적응 가설이 가능하다면, 명아주와 유사한 기장족(강아지풀 등) 종자는 왜 식용을 하지 않았

---

70 中山誠二, 2007, 「關東·中部地方の植物有存體から見た植物栽培の開始」, 『日本考古學協會 2007年度 熊本大會 研究發表資料集』, pp.385~397.

71 안승모, 2008, 「韓半島 先史·古代 遺蹟 出土 作物資料 解題」, 『極東先史古代の穀物』 3, 熊本大學.
    Lee, Gyoung-Ah. 2003, *Changes in Subsistence Patterns from the Chulmun to Mumun Periods*. Ph.D. Thesis. Univ. of Toronto.
    Lee, Gyoung-Ah. 2011, The transition from foraging to farming in prehistoric Korea. *Current Anthropology* 52-S4, pp.S307~S329.

72 宮本一夫, 2009, 『農耕の起源を探る』, 吉川弘文館, pp.43~70.

73 하인수 외, 2011, 앞의 글.

74 이경아, 2005, 「식물유체에 기초한 신석기시대 농경에 대한 관점의 재검토」, 『한국신석기연구』 10.

75 아메리카와 남아시아 원주민이 명아주속 종자를 식용하고 재배하였다는 사실에 토대하여 캐나다의 Crawford, 그리고 그 제자였던 이경아가 동아시아 신석기유적 출토 명아주속 종자도 같은 기능으로 해석하려고 한 것이지만, 우리나라를 포함한 동아시아의 민족지적 자료에도, 고문헌에도 명아주속 나물은 식용하였어도 명아주속 종자를 식용하였다는 정보는 보지 못하였다. 세죽패총은 발굴보고서에서도 패총이 자연적 퇴적으로 형성된 것으로 보고 있기 때문에 명아주속 종자 역시 그러할 가능성이 크다.

을까? ⑤ 기장의 야생선조종은 국내에서 보고되지 않았지만 기장을 재배하였다면 조의 야생선조종인 강아지풀은 왜 재배를 시도하지 않았을까? ⑥ 기장 재배가 조기 단계에 지속적으로 이루어지면서 전기와 중기까지 이어진 것인가, 아니면 일시적 식용, 또는 재배 실험으로 그치고 만 것일까? ⑦ 연해주는 남해안 중기부터 기장이 출현하는데 요하유역의 기장이 어떠한 루트로 동삼동에 도달한 것일까? ⑧ 남해안 신석기 잡곡 재배는 동해안 루트로 유입된 조기의 기장과 서해안 루트로 유입된 조, 기장(전기말-중기)의 복수 전파의 결과인가 아니면 남해안 중기의 조, 기장 역시 이전 시기로부터의 연속적 산물인가?

그러나 동삼동 융기문토기의 압흔으로 보고된 기장의 동정이 학술적 공인을 받으려면 기장 동정의 과학적 근거를 확실히 밝혀야 한다. 토기 제작 현장에는 다양한 경로의 풀씨가 깔려 있을 가능성이 많기 때문에 기장이 속한 기장족 야생종을 모두 염두에 놓고 동정하여야 한다. 동정의 통계학적 신뢰성을 높이기 위해서도, 고고학적 해석을 풍부하기 위해서도 조기, 전기 단계의 곡물 압흔 시료 수가 많아져야 하고, AMS 연대를 동반한 종자가 유적에서 찾아져야 한다. 아울러 갈돌, 갈판이나 토기 부착 탄화물에 대한 전분 분석도 실시할 필요가 있다.[76] 조, 기장 재배 여부와 관계없이 기존에 보고된 신석기시대 인골 탄소·질소동위원소 분석 결과를 보면 당시의 식료는 야생자원 중심이며 재배식물은 보완적, 또는 비상식량 역할에 머물렀을 가능성이 크다.[77]

표 12 _ 한반도 신석기시대 조, 기장 (from 하인수 2011, 안승모 2008, 이경아 외 2011)

유적 및 유구	종류	시료	시기	비고
지탑리 2호 주거지	조 또는 피? 3되	탄화종자	전기후반	동정 의문
마산리 7호 주거지	조 3주먹 분량	탄화종자	전기후반	동정 의문
남경 31호 주거지	조 1되	탄화종자	후기전반	동정 의문
소정리 2지점 4호 주거지	피(?) 다량	탄화종자	중기전반	동정 의문
능곡동 19호 주거지	조258립, 기장2립, 팥1립, 두류1	탄화종자	4,770±40B.P.(조)	부유선별
능곡동 15호 주거지	기장1립, 두류5립	탄화종자	4,665±25B.P.(목탄)	부유선별
석교리 23호 주거지	조, 기장	탄화종자	중기	부유선별

---

76 부유선별을 통한 종자분석, 토기 압흔분석, 석기 전분 분석을 동시에 실시하여 잡곡의 존재를 증명한 인천 중산동유적(한강문화재연구원 2012)이 모범 답안이라 하겠다.

77 이준정, 2011, 「작물 섭취량 변화를 통해 본 농경의 전개 과정 -한반도 유적 출토 인골에 대한 안정동위원소 분석 결과를 중심으로-」, 『한국상고사학보』 73, pp.31~66.

장재리 안강골 6호 주거지	조5립	탄화종자	4,550±50B.P.(목탄)	부유선별
장재리 안강골 1호 주거지	조14립, 기장1립	탄화종자	중기	부유선별
대천리 주거지	조(?)4립, 쌀, 맥류	탄화종자	중기	동정,연대 의문
중산동 21지점 22호 주거지	조3립	탄화종자	후기	부유선별
중산동 21지점 22호 주거지	조1립, 기장1립	압흔	후기	
중산동21지점 22호 주거지(2차)	기장1립	압흔	3,740±50	
중산동 21지점 25호 주거지	조1립	탄화종자	4,260±50(목탄)	부유선별
중산동 23지점 9호 주거지	조2립, 기장1립	탄화종자	후기	부유선별
중산동 23지점 3호 주거지	조2립, 기장1립	압흔	후기	
중산동 23지점 4호 주거지	조1립	압흔	4,180±50(목탄)	
중산동 23지점 8호 주거지	조2립	압흔	후기	
중산동 23지점 10호 주거지	기장1립	압흔	4,085±25(목탄)	
중산동 23지점 13호 주거지	조1립	압흔	후기	
중산동 23지점 14호 주거지	조1립, 기장1립	압흔	후기	
중산동 23-18,346,375호 수혈	기장 각1립	압흔	후기	
중산동 21지점 20호 주거지	기장3립	압흔	후기	
중산동 21지점 21호 주거지	기장2립	압흔	후기	
중산동 21지점 23호 주거지	조1립	압흔	후기	
중산동 21지점 26호 주거지	조1립	압흔	후기	
김포 가현리 패총	조, 벼	탄화종자	4,010±25B.P.(토탄)	연대 의문
동삼동1호주거지 융기문토기	기장	토기압흔	조기	
동삼동5-1층 영선동식토기	조	토기압흔	전기후반	
비봉리 IV피트 패총1	조1립	탄화종자	전기전반	부유선별
비봉리 I피트 1호 야외노지	조1립	탄화종자	전기후반	부유선별
동삼동패총 1호 주거지	조75립, 기장16립	탄화종자	4,590±100B.P.(조)	부유선별
동삼동1호 주거지수가리1식 토기	조, 기장, 들깨	토기압흔	중기전반	
동삼동2호 주거지수가리1식 토기	기장	토기압흔	중기후반	
평거 3-1지구 28호 수혈	조260립, 기장979립, 두류26립	탄화종자	4,340±40(기장)	부유선별
평거 3-1지구 13호 토취장 A수혈	조1185립, 기장440립, 두류45립	탄화종자	4,200±40(콩)	부유선별
평거 3-1지구 13호 토취장 B수혈	조28립,기장18립, 두류3립	탄화종자	중기후반	부유선별
평거3-1지구 13호 토취장C수혈	기장4립, 두류20립	탄화종자	4,350±25(팥)	부유선별
평거 3-1지구 61호 수혈	기장1립	탄화종자	후기	부유선별
평거 3-1지구 15호 저장혈	조	탄화종자	후기	부유선별
평거 3-1지구 18호 저장혈	조, 두류	탄화종자	4,320±30(도토리)	부유선별
평거동 3-1지구 2호 주거지	조146,기장2747립	탄화종자	3,940±20(기장)	부유선별
어은1지구 6호 야외노지	조17립, 기장6립	탄화종자	4,030±100B.P.(조)	부유선별
어은1지구 1호 야외노지	조17립	탄화종자	후기	부유선별
어은1지구 3호 야외노지	조2립	탄화종자	후기	부유선별
어은1지구 4호 야외노지	조1립, 기장7립	탄화종자	후기	부유선별
상촌리 B지구 1호 야외노지	조, 기장	탄화종자	4,060±140B.P.(조)	부유선별

상촌리 B지구 3-125-3 수혈	조8립, 기장1립	탄화종자	후기	부유선별
상촌리 B지구 3-124-3 수혈	조19립, 기장1립	탄화종자	후기	부유선별
상촌리 B지구 3-114-1 수혈	조4립, 기장3립	탄화종자	후기	부유선별
상촌리 B지구 3-2 수혈	조5립, 기장1립	탄화종자	후기	부유선별
상촌리 B지구 3-8-1 수혈	조16립, 기장2립	탄화종자	후기	부유선별
상촌리 B지구 3-8-2 수혈	조7립, 기장1립	탄화종자	후기	부유선별
상촌리 B지구 2-140-1 수혈	조1립, 기장1립	탄화종자	후기	부유선별
동삼동 4층	기장	토기압흔	후기	
동삼동 교란층 이중구연토기	기장	토기압흔	말기	
동삼동 2층 무문양토기	기장	토기압흔	말기	

* 상촌리유적은 Lee(2003), 이경아 외(2011)에서 인용된 유구 번호 다름.

5. 맺음말

이상 잡곡의 동정 기준과 동아시아 각 지역에서의 잡곡 출현 상황에 대하여 알아보았다. 기장족의 잡곡은 다른 화본과 재배식물보다도 종자, 식물규산체, 전분립 모두 동정에서 오류가 발생할 가능성이 높기 때문에 동정에 신중하여야 하고 명확한 동정 기준을 제시하여야 한다. 야생종과 재배종을 구분하는 가장 신뢰성 높은 동정 기준인 소수축 분석이 잡곡에서는 결여되어 있다는 점도 잡곡 기원과 재배화 과정 연구에서 큰 걸림돌이다. 잡곡 종자는 작은 크기 때문에 자연적, 문화적 교란으로 하강 등의 위치 이동에 취약하므로 다량 출토되지 않는 한 몇 점 검출된 것만으로 출토 유구와 동시기성을 담보하기 어렵고 그래서 종자 자체의 AMS 연대 측정이 요구된다.

화북지방에 토기가 출현할 시점에는 조속과 기장속을 중심으로 하는 기장족 종자의 식용이 이루어졌으나 재배화와 순화가 완료된 시점은 벼와 맥류 재배화 과정에 대한 연구를 참조하면 양사오문화가 시작되는 기원전 5천년기부터일 가능성이 크다. 이후 기원전 4천년기에는 장강유역, 한반도, 러시아 연해주까지 잡곡 재배가 확산된다. 현 단계에서 한반도에 신석기 조기단계부터 잡곡 재배가 이루어졌는지는 동삼동 압흔 자료 한 점만으로는 결정짓기 어렵다. 지속적으로 잡곡 식물유체 자료가 누적되기를 기다릴 뿐이다.

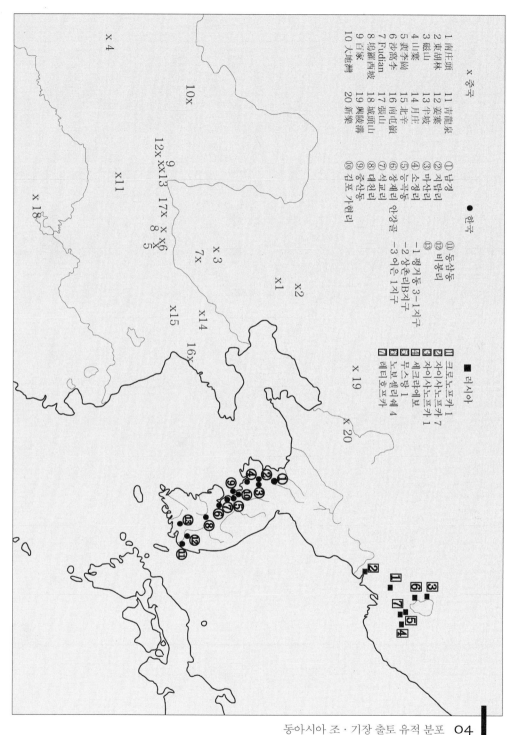

동아시아 조·기장 출토 유적 분포 04
(중국은 기원전 4천년 이전, 한반도·연해주는 신석기시대 유적)

參考文獻

참고문헌

國文

강인욱, 2009, 「연해주 남부 신석기시대 자이사노프카 문화의 유형·분기 및 원시농경에 대하여」, 『선사 농경 연구의 새로운 동향』(안승모·이준정 편), 사회평론.

孫晙鎬·上條信彦, 2011, 「청동기시대 갈돌·갈판의 사용흔 및 잔존 녹말 분석」, 『中央考古硏究』 9, 중앙문화재연구원.

安承模, 2008, 「韓半島 先史·古代 遺蹟 出土 作物資料 解題」, 『極東先史古代の穀物』 3, 熊本大學.

안승모·안현중, 2008, 「완주 용흥리 주거지 출토 종자 분석」, 『완주 용흥리유적』, 전북문화재연구원.

안승모·이준정, 2009, 「DNA 분석을 통해 본 구대륙 곡물과 가축의 기원」, 『선사 농경 연구의 새로운 동향』, 사회평론.

이경아, 2005, 「식물유체에 기초한 신석기시대 농경에 대한 관점의 재검토」, 『한국신석기연구』 10, 한국신석기학회.

이경아·윤호필·고민정, 2012, 「선사시대 팥의 이용 및 작물화에 대한 고고학적 검토」, 『한국상고사학보』 75, 한국상고사학회.

이경아·윤호필·고민정·김춘영, 2011, 「신석기시대 남강유역 식물자원 이용에 대한 고찰」, 『영남고고학』 56, 영남고고학회.

이준정, 2011, 「작물 섭취량 변화를 통해 본 농경의 전개 과정 -한반도 유적 출토 인골에 대한 안정동위원소 분석 결과를 중심으로-」, 『한국상고사학보』 73, 한국상고사학회.

李昌福 외, 1985, 『新稿 植物分類學』, 鄕文社.

하인수·小畑弘己·眞邊彩, 2011, 「동삼동패총 즐문토기 압흔분석과 곡물」, 『신석기시대 패총문화』, 한국신석기학회 학술대회.

日文

甲元眞之, 2001, 『中國新石器時代の生業と文化』, 中國書店.

宮本一夫, 2009, 『農耕の起源を探る』, 吉川弘文館.

欒豊實, 2008,「海岱地區における初期農耕の諸問題」,『日本水稲農耕の起源地に關する總合的研究』, 宮本一夫 編, 九州大學考古學研究室.

山口裕文・河瀬眞琴 編, 2003,『雑穀の自然史』, 北海道大學圖書刊行會.

小畑弘己, 2011,『東北アジアの古民族植物學と繩文農耕』, 同成社.

中山誠二, 2007,「關東・中部地方の植物有存體から見た植物栽培の開始」,『日本考古學協會 2007年度 熊本大會 研究發表資料集』.

———, 2010,『植物考古學と日本の農耕の起源』, 同成社.

椿坂恭代, 1993,「アワ・ヒエ・キビの同定」,『先史學と關聯科學』, 吉崎昌一先生還曆記念論集.

阪本寧男, 1988,『雑穀のきた道』, 日本放送出版協會. (번역: 윤서석 외, 2007, 제2장「잡곡의 전파경로」,『벼・잡곡・참깨 전파의 길』, 신광출판사)

中文

葛威・刘莉・金正耀, 2010,「几种禾本科植物淀粉粒形态比较及其考古學意义」,『第四紀研究』30-2.

靳桂云, 2007,「海岱地區新石器時代人類生業與環境關係研究」,『環境考古研究』4.

杨晓燕・吕厚远・刘东生・韩家懋, 2005,「粟, 黍和狗尾草的淀粉粒形态比较及其在植物考古研究中的潜在意义」,『第四紀研究』25-2.

杨晓燕・孔昭宸・刘长江・葛全胜, 2010,「北方现代粟, 黍及其野生近缘种的淀粉粒形态数据分析」,『第四紀研究』30-2.

劉長江・孔昭宸, 2004,「粟, 黍籽粒的形態比較及其在考古鑑定中的意義」,『考古』8期.

劉長江・靳桂云・孔昭宸, 2008,『植物考古 -種子和果實研究-』, 科學出版社.

趙志軍, 2005,「粟類作物及中國北方旱作農業起源研究的新資料和新思考」,『景觀의 考古學』, 고려대학교 고고환경연구소 제1회 국제학술회의.

陳文華, 2000,『農業考古』, 文物出版社.

Crawford, G.・陳雪香・王建華, 2006,「山東濟南長淸月庄遺址發現後李文化時期的炭化稻」,『東方考古』3.

Fuller, D. and H. Zhang, 2007,「潁河中上流谷地植物考古調查初步報告」,『登封王城崗考古發現與研究 (2002-2005)』, 北京大學考古文博學院, 河南省文物考古研究所 編, 大象出版社.

河北省文物管理處・邯鄲市文物保管所, 1981,「河北武安磁山遺址」,『考古學報』62.

英文

Atahan, P. et al. 2011, Early Neolithic diets at Baijia, Wei River valley, China: stable carbon and nitrogen isotope analysis of human and faunal remains. *Journal of Archaeological Science* 38, pp.2811~2817.

Barton, L. et al. 2009, Agricultural origins and the isotopic identity of domestication in northern China.

Proceedings of the National Academy of Sciences (PNAS) 106(14), pp.5523~5528.

Bettinger, R.L., Barton, L., Morgan, C. 2010, The origins of food production in North China: a different kind of agricultural revolution. *Evolutionary Anthropology* 19, pp.9~21.

Crawford, G.W. 2009, Agricultural origins in North China pushed back to the Pleistocene-Holocene boundary. *PNAS* 106(18), pp.7271~7272.

D' Ennequin M.L, Panaud O, Toupance B, Sarr A. 2000, Assessment of genetic relationships between *Setaria italica* and its wild relative *S. viridis* using AFLP markers. *Theoretical Applied Genetics* 100, pp.1061~1066.

Fukunaga K, Wang ZM, Gale MD, Kato K, Kawase M. 2002, Geographical variation of nuclear genome RFLP and genetic differentiation in foxtail millet, *Setaria italica* (L.) P. Beauv. *Genetic Resources & Crop Evolution* 49, pp.95~101.

Fukunaga K, Ichitani K, Kawase M. 2006, Phylogenetic analysis of the rDNA intergenic spacer subrepeats and its implication for the domestication history of foxtail millet, *Setaria italica*. *Theoretical Applied Genetics* 113, pp.261~269.

Fuller, D.Q. 2006, A millet atlas: some identification guidance. University College London. http://www.homepages.ucl.ac.uk/*tcrndfu/Abot/Millet%20Handout06.pdf.

Fuller, D.Q. 2007, Contrasting patterns in crop domestication and domestication rates: recent archaeobotanical insights from the Old World. *Annals of Botany* 100, pp.903~924.

Fuller, D.Q, Ling Qin, Emma garvey. 2009, 「An evolutionary model for Chinese rice domestication」, 『선사농경연구의 새로운 동향』(안승모 · 이준정 편), 사회평론.

Giedre Motuzaite-Matuzeviciute, Harriet V. Hunt, Martin K. Jones. 2012, Experimental approaches to understanding variation in grain size in *Panicum miliaceum* (broomcorn millet) and its relevance for interpreting archaeobotanical assemblages. *Vegetation History and Archaeobotany* 21, pp.69~77.

Harlan, J.R. 1992, *Crops and Man*. American Society of Agronomy & Crop Science Society of America.

Harvey, E.L., Fuller, D.Q. 2005, Investigating crop processing using phytolith analysis: the example of rice and millets. *Journal of Archaeological Science* 32, pp.739~752.

Hu, Y., Ambrose, S.H., Wang, C. 2006, Stable isotopic analysis of human bones from Jiahu site, Henan, China: implications for the transition to agriculture. *Journal of Archaeological Sciences* 33, pp.1319~1330.

Hu, Y., Wang, S., Luan, F., Wang, C., Richards, M.P. 2008, Stable isotope analysis of humans from Xiaojingshan site: implications for understanding the origin of millet agriculture in China. *Journal of Archaeological Science* 35, pp.2960~2965.

Hunt H.V, Vander Linden M, Liu X, Motuzaite-Matuzeviciute G, Colledge S, Jones M.K. 2008, Millets across Eurasia: chronology and context of early records of the genera *Panicum* and *Setaria* from archaeological sites in the Old World. *Vegetation History and Archaeobototany* 17, pp.5~18.

Jade d' Alpoim Guedes. 2011, Millets, rice, social complexity, and the spread of agriculture to the Chengdu Plain and Southwest China. *Rice* 4(3-4), pp.104~113.

Kealhofer, L. Grave P. 2008, Land use, political complexity, and urbanism in mainland Southeast Asia. *American Antiquity* 42(1), pp.72~95.

Lee, Gyoung-Ah. 2011, The transition from foraging to farming in prehistoric Korea. *Current Anthropology* 52-S4.

Lee, G.-A., Crawford, G.W., Liu, L., Chen, X. 2007, Plants and people from the early Neolithic to Shang periods in north China. *PNAS* 104, pp.1087~1092.

Lee G-A, Crawford GW, Liu L, Sasaki Y, Chen X. 2011, Archaeological Soybean (Glycine max) in East Asia: Does Size Matter? *PLoS ONE* 6(11), e26720.

Le Thierry d' 'Ennequin M, Panaud O, Toupance B, Sarr A. 2000, Assessment of genetic relationships between *Setaria italica* and its wild relative *S. viridis* using AFLP markers. *Theoretical Applied Genetics* 100, pp.1061~1066.

Lie L. et al. 2010, A function analysis of grinding stones from an early Holocene site, North China. *Journal of Archaeological Science* 37, pp.2630~2639.

Lu, H. et al. 2009, Earliest domestication of common millet (Panicum miliaceum) in East Asia extended to 10,000 years ago. *PNAS* 106, pp.7367~7372.

Lu, H. et al. 2009, Phytoliths analysis for the discrimination of foxtail millet *(Setaria italica)* and common millet *(Panicum miliaceum)*. *PLoS ONE* 4(2), e4448.

Lu, T.L.D. 2002, A green foxtail *(Setaria viridis)* cultivation experiment in the Middle Yellow River Valley and some related issues. *Asian Perspectives* 41, pp.1~14.

Lu, T.L.D. 2006, The occurrence of cereal cultivation in China. *Asian Perspectives* 45, pp.129~158.

Matsutani, A. 1986, Identification of italian millet from Esashika site by means of scanning electron microscope. *The Journal of Anthropological Society of Nippon* 94, pp.111~118.

Matsutani, A. 1987, Identification of Japanese millet from the Gangetsu site by means of a scanning electron microscope. *The Journal of Anthropological Society of Nippon* 95(2), pp.187~193.

Matsutani, A. 1988, Identification of common millet from the Toyosato site in Hokkaido by means of a scanning electron microscope. *The Journal of Anthropological Society of Nippon* 96(1), pp.111~117.

Nasu, H, Momohara A, Yasuda Y, He J.J. 2007, The occurrence and identification of *Setaria italica* (L.) P. Beauv. (foxtail millet) grains from the Chengtoushan site (ca. 5800 cal BP) in central China, with reference to the domestication center in Asia. *Vegetation History and Archaeobotany* 16, pp.481~494.

Nasu, H.B. Gu, A. Momohara and Y. Yasuda. 2012, Land-use change for rice and foxtail millet cultivation in the Chengtoushan site, central China, reconstructed from weed seed assemblages. *Archaeological and Anthropological Sciences* 4(1), pp.1~14.

Pechenkina, E.A., Ambrose, S.H., Xiaolin, M., Benfer, J.R.A., 2005, Reconstructing northern Chinese Neolithic subsistence practices by isotopic analysis. *Journal of Archaeological Science* 32, pp.1176~1189.

Sakamoto S. 1987, Origin and dispersal of common millet and foxtail millet. *Japan Agricultural Research Quarterly* 21, pp.84~89.

Vostretsov Yu.E., Sergusheva E.A. 2008, Advance of study of ancient agriculture in Primorye. 『極東先史古代の穀物』3, 熊本大學.

Weber S. & Fuller D. 2008, Millets and their role in early agriculture. *Pragdhara* 18, pp.69~90.

Weber S., Lehman H., Barela T., Hawks S. Harriman D. 2010, Rice or millets: early farming strategies in prehistoric central Thailand. *Archaeological and Anthropological Sciences* 2(2), pp.79~88.

Yang, Qing et al. 2011, Investigation of the ultrastructural characteristics of foxtail and broomcorn millet during carbonization and its application in archaeobotany. *Chinese Science Bulletin* 56(14), pp.1495~1502.

Yang, Xiaoyan et al. 2012, Early millet use in northern China. *PNAS* 109(10), pp.3726~3730.

Yang, Xiaoyan et al. 2012, From the modern to the archaeological: starch grains from millets and their wild relatives in China. *Journal of Archaeological Science* 39, pp.247~254.

Yang, X., Yu, J., Lu, H., Cui, T., Guo, J., Ge, Q. 2009, Starch grain analysis reveals function of grinding stone tools at Shangzhai site, Beijing. *Earth Sciences* 52, pp.1164~1171. Science in China Series D.

Zhang, J., Lu, H., Wu, Q., Yang, X., Diao, X. 2011, Phytolith analysis for differentiating between foxtail millet (Setaria italica) and green foxtail (Setaria viridis). *PLoS ONE* 6(5), 19726. doi:10.1371/journal.pone.0019726.

Zhao, Zjijun, 2008, 「Domestication of millet-paleoethnobotanical data and ecological perspective-」, 『極東先史古代の穀物』3, 熊本大學, pp.299~302.

Zhao, Zhijun. 2011, New archaeobotanical data for the study of the origins of agriculture in China. *Current Anthropology* 52-S4, pp.295~306.

Zohary D and Hopf M. 2000, *Domestication of Plants in the Old World*. Oxford University Press.

남부지방
중기 생업문화에 대한 연구

최 종 혁 부경문물연구원

1. 머리말

우리나라 신석기시대 시작은 토기 발생 및 마제기법 등의 요소와 수렵·채집·어로 활동, 즉 획득경제로 정의될 수 있다. 이렇게 시작된 신석기문화는 토기 속성변화와 생업 변화와 함께 해수면 변동 등의 자연환경 변화를 거치며 형성·변천되어 왔다. 그러나 제 4기연구의 부족과 북한쪽의 단편적인 자료 등으로 우리나라 신석기시대 문화상을 파악하기에는 많은 어려움이 남아있는 것도 주지하는 사실이다. 편년에 있어서도 최근 제주도 고산리 문화를 시작으로 초창기의 설정과 융기문토기의 偏在·광역 편년·청동기시대로의 전환 등은 앞으로 해결해 나아가야 할 문제이다.

이런 상황에서도 중기[1]가 되면 중서부지방을 중심으로 형성된 즐문토기(삼부위시문토기)의 광역화·마제기법의 보편화·농경활동의 정착 등 문화적인 큰 변화가 확인됨과 동시에 공간적으로는 각각의 지역성을 나타내는 시기이기도 하다. 따라서 본고에서는 중기에 나타나는 광역적인 문화 양상을 기반으로 남부지방의 생업문화에 대해 살펴보기로 한다.

---

1 여기서 중기란 남부지방의 편년으로 삼부위시문(수가리식) 토기가 주체를 점하는 시기이다.

2. 공간과 시간

1) 공간

　우리나라 신석기시대 문화는 자연환경과 토기의 문양·시문기법·저부 등의 속성을 중심으로 크게 5개 지역으로 분류할 수 있다. 즉 평저토기가 중심이며 식물대는 亞寒帶林과 北部溫帶林인 서북지방과 동북지방, 첨저·환저토기가 중심이며 식물대는 中部溫帶林인 중서부지방, 시기에 따라 평저토기에서 첨저·환저토기로 변화하며 식물대는 溫帶林과 南部溫帶林인 남부지방과 중부온대림인 동해안지방(중동부지방)으로 분류된다.

　본고에서 다루는 남부지방은 행정구역으로 경상도·전라도·제주도가 포함된다. 자연조건을 간단히 살펴보면, 한반도의 남단에 위치하고 있으며 삼면이 바다에 접해있고 태백산맥의 支脈인 소백산맥과 노령산맥에 의해 중서부지방과 구분된다. 지형은 이 산맥에 둘러싸인 침식분지의 남쪽에 해당한다. 전체적으로 고도가 낮은 구릉성 산지가 많고, 노년기 지형을 형성하고 있다. 해안은 구릉성 산지가 침강에 의해 복잡한 리아스식해안을 형성해 많은 반도와 만이 발달하고 동시에 3,000여개의 섬으로 구성된 다도해를 형성하고 있다. 식물대[2]는 도서·해안·내만지역이 난대림(暖溫帶常綠照葉樹), 내륙지역이 남부·중부온대림(暖溫帶落葉廣葉樹)에 속한다. 수자원도 풍부해 동남부에는 낙동강이 남하하면서 금호강·황

⑤ 냉대 삼림대
④ 온대 북부 삼림대
③ 온대 중부 산림대
② 온대 남부 삼림대
① 난대 삼림대

동 해

황 해

우리나라 식물대(김연옥, 1985, 改變)　**01**

강·남강 등의 지류와 합류한다. 중남부에는 보성강 등의 지류로 구성되어 있는 섬진강이 있고 서남부에는 영산강이 있다.

이와 같이 남부지방은 지리나 환경 등으로 크게 4개의 지역(도서·해안·내만·내륙지역)으로 구분된다. 내륙지역은 풍부한 삼림과 수원, 도서·해안·내만지역에는 리아스식해안과 다도해라고 하는 지형조건과 寒·暖流의 유입에 의해 어류의 산란장으로 적합한 조건을 갖추고 있고 패류가 많이 서식하는 暗礁性海岸을 이루고 있기 때문에 많은 유적이 형성되어 있다.

2) 시간

본고에서 중기란 남부지방의 편년 중 6시기 구분에 의한 것이다. 남부지방의 6시기 구분이란 문양종류·시문기법·구순부 형태 등을 토기의 속성을 중심으로 초창기(고산리식토기)→조기(융기문토기)→전기(자돌·압인문토기)→중기(태선침선문토기)→후기(퇴화침선문토기)→말기(무문양토기·이중구연토기)로 크게 구분하는 것이다. 여기서 중기의 토기문화에 대해 간단히 살펴보면, 전기에 비해 토기가 대형화되며 문양에 있어서도 구연부·동체부·저부에 각각 다른 문양이 시문되어 소위 삼부위시문토기로 정의할 수 있다. 문양은 여러 양상이 있지만, 대표적인 것은 구연부에 단사선문, 동체부에 횡주어골문, 저부에 집선문 또는 방사상의 침선문이 시문된 것이다. 그 외에도 전기의 전통이 남아있는 것으로 구연부 또는 동체 상부까지 시문된 것이 있으며 문양은 단사선문과 제집선문이 주류이다. 시문기법에 있어서는 태선침선문이 가장 큰 특징이지만, 중서부지방과 유사한 침선문도 확인된다. 이 두 침선문은 수가리패총에서 층위적으로 구분되어 중서부지방과 유사한 침선문이 빠른 단계, 즉 시간차이로 확인되었다.[3] 따라서 남부지방의 중기는 전·후반으로 구분되며, 전반은 전기의 요소를 가지는 것과 태선침선문이 아닌 삼부위시문토기가 혼재하고, 후반은 전부 태선침선문으로 변화하고 구연부 문양은 단사선문에서 제집선문으로 변화하는 양상을 보인다. 후기는 문양 시문부위의 축소와 태선침선문의 퇴화(조잡화), 말기는 무문양화와 이중구연토기

---

2 김연옥, 1994, 『한국의 기후와 문화』, 이화여자대학교출판부.

3 최종혁, 2000, 「신석기시대 남해안지역 토기편년에 대한 검토 -중기를 중심으로-」, 『考古歷史學志』16.

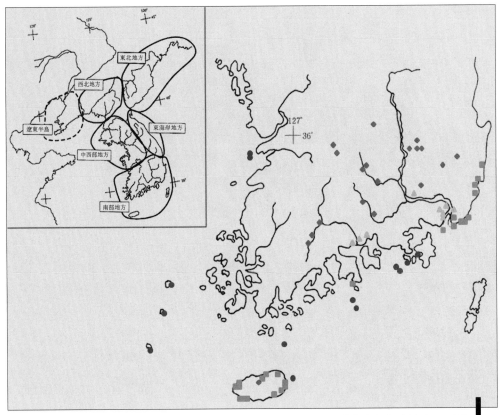

남부지방 유적 분포도 **O2**

로 변화한다.

　이와 같이 중기가 되면 남부지방에서는 토기문화에 있어 많은 변화를 보이고 있으며, 유적 분포에 있어서도 해안·도서지역에 집중되어 있던 양상에서 서남부지역과 제주도에서는 유적 수가 급감하는 반면, 내륙지역에서는 유적 수가 급증하는 양상을 보이고 있다. 이렇게 중기는 남부지방에 있어 가장 큰 변화를 보이는 시기이다.

3. 중기의 문화상

　앞에서 언급했던 것 같이 중기는 남부지방뿐 아니라 우리나라 신석기시대 문화에 있어서 가장 큰 변화를 보이는 시기라 할 수 있다. 토기에 있어서는 지역성은 있지만,

청천강 이남은 삼부위시문토기로 통일되며, 석기는 전면 마제석촉을 시작으로 마제기법이 보편화된다. 또 생업활동에 있어서도 유적 입지 변화와 도구조성의 변화를 통해 농경활동이 정착된다. 여기서는 위 요소를 바탕으로 남부지방의 문화상에 대해 살펴보기로 한다.

1) 중기 문화 성립

남부지방의 중기 성립 요소로는 삼부위시문토기 발생·유적 입지 변화·농경 시작 등을 들 수 있지만, 가장 큰 요인으로는 삼부위시문토기의 발생이라 할 수 있다. 삼부위시문토기는 현재까지 중서부지방에서 발생한 것으로 이후 청천강 이남으로 확산되는 양상을 보인다. 남부지방에서 확인되는 삼부위시문토기에 대해서는 연구자들에 따라 이견을 보이고 있으며 크게 세 가지로 구분된다. 첫 번째로 남부지방 중기 토기문화의 성립에 대해서는 크게 중서부지방에서의 영향설[4]이 있으며 재지 토기문화가 동해안지방의 오산리식토기문화가 결합하는 과정에서 발생했다는 설[5]과 재지 토기문화와 중서부지방의 영향으로 성립되었다는 설[6]이 있다. 아직 우리나라 전체의 광역 편년이 정확히 이루어지지 않아 이런 차이가 나타나는 것으로 판단되며, 필자는 적어도 남부지방에서 삼부위시문토기가 나타나는 원인은 중서부지방과의 관련성에 주목해야 된다고

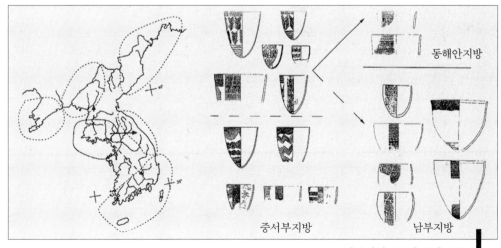

삼부위시문토기 동태 03

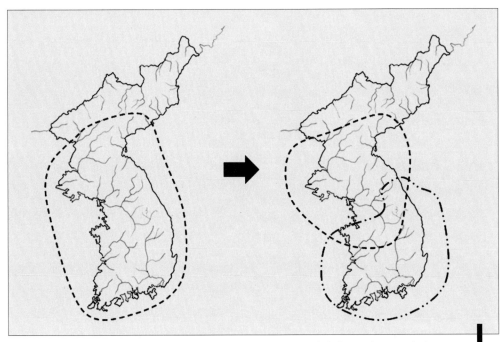

삼부위시문토기(---)와 태선침선문토기(-·-)의 분포 **04**

판단한다. 먼저 시문기법에서도 수가리패총 최하층에서는 내륙지역 유적에서 보이는 것과 같이 침선문이 태선침선이 아닌 중서부지방과 유사한 양상을 보이고 있으며, 남부지방 전기의 요소를 띠는 토기와 공반한다는 점이다. 다음으로 문양대 구분이다. 문양을 구연부·동체부·저부에 각각 다른 문양을 시문하는 것으로 이러한 요소는

---

4   전파루트와 자세한 내용은 각자 다르지만 크게 보아 분류한 것이다.
    김원룡, 1986, 『韓國考古學槪說』, 일지사.
    宮本一夫, 1986, 「朝鮮有文土器の編年と地域性」, 『朝鮮學報』121.
    小原哲, 1987, 「朝鮮櫛目文土器の變遷」, 『岡崎敬先生退官記念論集-東アジアの考古學と歷史』上.
    한영희, 1996, 「신석기시대 중서부지방 토기문화의 재인식」, 『한국의 농경문화』5, 경기대학교박물관.
    송은숙, 2002, 『한국 빗살무늬토기 문화의 확산과정 연구』, 서울대학교 대학원 박사학위논문.
    최종혁, 2002, 「韓半島新石器文化の動態」, 『韓半島考古學論叢』, すずさわ書店.
5   이동주, 1997a, 「전면시문 침선문토기문화의 전개와 편년」, 『고문화』50, 한국대학박물관협회.
    이동주, 1999, 「빗살무늬토기 문화의 성격」, 『先史와 古代』13, 한국고대학회.
    이동주, 2001, 「중동부 해안지역 빗살무늬토기문화의 성격」, 『한국신석기연구』1, 한국신석기연구회.
6   하인수, 2008, 「남해안지역 중기 즐문토기사회의 동향」, 『남해안지역의 신석기문화』, 2008년 한국신석기학회 추계 학술대회 발표자료집.

남부지방에서 전기에는 찾아볼 수 없고, 구연부 문양도 대부분 단사집선문으로 전기와는 다른 양상을 보이고 있다.

이렇게 남부지방의 중기문화는 전기의 요소가 남아 있는 토기문화에 중서부지방의 삼부위시문토기가 혼재하면서 형성되고 이후에는 남부지방의 특징적인 태선침선문토기가 주체를 점하면서 그 분포도 동해안지

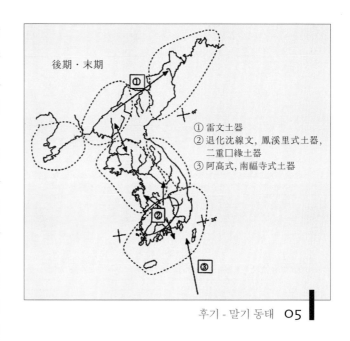

後期·末期

① 雷文土器
② 退化沈線文, 鳳溪里式土器, 二重口緣土器
③ 阿高式, 南福寺式土器

후기 - 말기 동태 05

방과 충청도지방까지 넓어지는 경향을 볼 수 있다. 여기서 형성된 문화권은 퇴화침선문토기와 이중구연토기의 분포 등에서 신석기시대 말기까지 계속되고 있다.

2) 유적입지

남부지방에 있어 중기가 되면 토기문화의 변화 외에도 유적의 입지에 있어서도 큰 변화를 보이고 있다. 유적입지에 대해 살펴보면, 서남부지역과 제주도에서는 해안·도서지역에 집중해있던 유적(패총)이 중기가 되면 그 문화 내용을 찾아볼 수 없다. 또 중남부지역에서도 전기까지의 위치와 다른 지역에서 확인되고 있다. 단 동남부지역에서는 대부분의 유적이 같은 지점에서 전 시기의 것이 퇴적되어 있는 실정이다. 그리고 서남부지역과 제주도에서는 후기가 되면 다시 그 문화 내용이 확인된다는 것이 특이한 점이라 할 수 있다. 한편 내륙지역에서의 조사가 일부 수몰 지구에 한정되어 앞 시기의 양상을 정확히 알 수 없지만, 내만지역과 내륙지역에서는 유적의 분포가 확대되고 있다는 점이 주목된다.

특히 서남부지역과 제주도에서 중기의 문화 내용을 찾을 수 없는 이유에 대해서는 아직 정확한 내용은 알 수 없다. 그리고 현재 이 두 지역에서 중기의 요소를 보이는 유

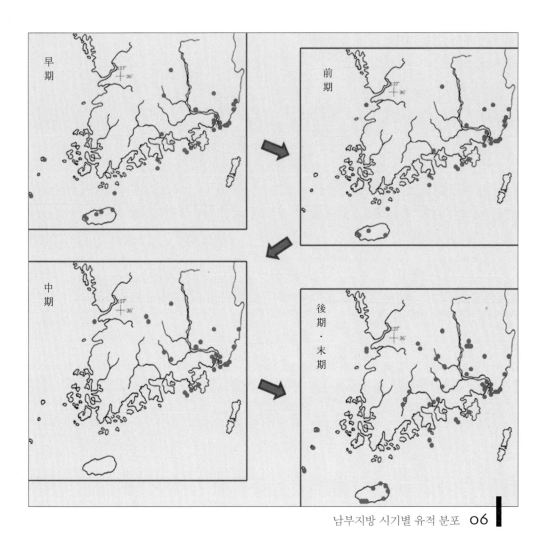

早
期

前
期

中
期

後
期 ·
末
期

남부지방 시기별 유적 분포 06

적은 가도·노래섬·갈머리·진안 진그늘유적뿐이다. 그러나 가도와 노래섬패총은 영선동식토기·결합식낚시 등이 출토하여 남부지방에 속하나, 도구 조성이나 패총 형태 등은 중서부지방과 유사성을 보인다. 이런 현상은 시기 차이일 가능성이 높다. 한편 갈머리와 진안 진그늘유적은 금강유역에 위치하는 내륙유적으로 내륙지역에서의 유적 확대의 결과로 생각되어야 할 것이다. 따라서 현재의 상태로 보면, 서남부지역에서는 중기가 시작되면서 해안·도서 인들이 어떤 이유로 인해 다른 곳으로의 이주 또는 전기 문화의 연속으로 생각할 수 있을 것이다.[7]

한편 내륙지역의 유적 확산[8]은 삼부위시문토기의 확산과 연관해 생각해 볼 수 있을

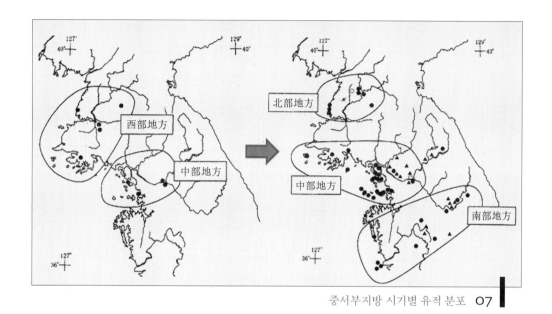

것이다. 삼부위시문토기의 전파 루트에 있어서는 대부분 직접적인 전파이지만, 동해안
지방을 경유하는 전파설[9]도 있다. 먼저 동해안지방을 경유하는 설은 지경리 · 가평리유
적에서 층위적으로 태선침선문토기가 중서부지방의 침선문토기보다 늦은 단계의 것으
로 확인되었고, 서남부지역과 동일하게 동해안지방에서 남부지방으로의 연결 유적이
확인되지 않는다는 점에서 동해안지방을 경유해 남부지방으로 남하했다는 것에는 의
문점이 남는다.

  한편 이러한 양상은 남부지방의 내륙지역에서의 확산과 중서부지방에서의 유적 확

---

7 동남부지역에서도 세죽유적과 울산 신항만 연결도로 개설부지 유적은 조-전기의 유적이며, 신암리 · 연
  대도유적에서는 조-전기와 중기이후의 유적 위치가 다르다. 이 이유에 대해서는 아직 정확한 양상은 알
  수 없어 차후의 연구 과제로 남겨두고자 한다.
    한편 이 문제에 대해서는 이영덕(2004,「全南 南海岸과 濟州道 新石器土器의 接觸과 展開樣相」,『남부지
  방 신석기문화의 제문제』2006년 한국 신석기학회 학술대회 발표자료집)과 강창화(2005,「제주도 신석
  기문화의 형성과 전개」,『제주도의 고고학』제13회 호남고고학술대회발표요지)씨의 의견이 있어 참
  고하길 바란다.
8 여기서 확산이란 내륙지역에 중기 이전의 유적이 없던 유적이 나타난다는 것이 아니라 광역화 된다는
  의미이다. 그 예로 경주 황성동유적, 김천 송죽리유적, 진주 상촌리유적, 청도 오진리유적 등에서는 융기
  문토기와 전기 토기가 확인된다는 점을 들 수 있다.
9 송은숙, 2002, 앞의 글.

산과 맞물려 이해될 것이다. 이러한 양상을 잘 보여주는 요소로는 서남부지방의 가도·노래섬유적과 남한강유역의 유적을 들 수 있으며, 남부지방에서는 수가리유적의 최하층 토기와 내륙 유적에서 나타나는 중서부지방의 요소가 많은 삼부위시문토기라 할 수 있을 것이다.

위와 같이 남부지방에 있어 유적의 입지는 서남부지역의 중기 문화의 공백 내지 전기문화의 존속에 대해서는 아직 정확한 양상은 알 수 없으나, 적어도 내륙지역에서의 확산은 확인된 유적의 대부분이 큰 강 또는 지류에 형성된 강안 충적대지에 입지한다. 즉 홍수의 부담이 적고 자연적인 퇴적으로 인해 영양분이 많아 농경에 적합한 곳으로 중서부지방과의 유적 입지와 유사해 그 관련성은 밀접하다고 판단된다.

4. 중기 생업활동

남부지방의 중기 문화는 토기문화와 유적입지 변화라는 큰 변화 속에서 형성된 문화로 생업에 있어서도 큰 변화를 가져오게 된다. 여기서는 앞에서 언급한 내용을 중심으로 중기의 생업에 대해 알아보고자 한다.

신석기시대 생업은 수렵·어로·채집활동(획득경제)으로 시작하여 지역마다 시기와 비중의 차이는 있지만, 조와 기장을 중심으로 하는 잡곡농경(생산경제)이 첨가된다고 할 수 있다. 남부지방의 생업에 대해서는 많은 연구자들의 연구에 의해 타 지방보다는 많은 진전을 보이고 있으며 그 결과도 대동소이한 실정이다. 필자 또한 여러 번에 걸쳐 남부지방의 생업활동에 대해 논한 바 있으므로 여기서는 그 결과를 간단히 소개하면 다음과 같다.

먼저 유적을 입지에 따라 도서·해안·내만·내륙지역으로 구분하고 시기적인 변화를 고찰한 결과, 남부지방의 중심된 생업활동은 도구 조성이나 동물유체 등으로 보아 어로활동이며, 중기에 내륙지역을 중심으로 농경이 시작[10]될 뿐 아니라 동삼동유적과 같이 앞 시기와는 다른 성격의 유적[11]이 나타나기도 한다. 그리고 생업의 중심활동인 어로활동은 지역·시기별로 차이를 보이며, 수렵활동은 시기 차이를 보이고 있다.

1) 어로

어로 방법에 있어서는 출토하는 어로구로 볼 때 弓矢漁法(촉)·낚시어법(결합식조침·역T자조침)·자돌어법(작살·찌르개)·어망어법(토추·석추·패추) 등이 있으나, 이른 시기에는 결합식조침 등을 이용한 낚시어법이 유행하지만, 중기이후가 되면 결합식조침은 출토량이 감소한다. 그러나 서남부지역과 중남부지역에서는 발굴조사된

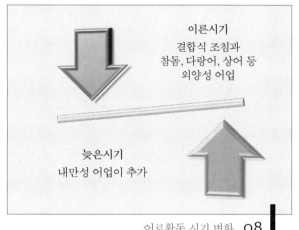

이른시기
결합식 조침과
참돔, 다랑어, 상어 등
외양성 어업

늦은시기
내만성 어업이 추가

어로활동 시기 변화 o8

중기의 유적이 없어 정확한 양상은 알 수 없다. 또 우리나라 신석기시대 유적에서는 어망추의 출토가 적은 것이 특징이다. 한편 많은 출토 양을 보이는 강치·돌고래 등은 작살이나 자돌구를 이용한 자돌어법을 사용했던 것으로 판단된다. 그리고 비봉리·세죽유적에서 출토한 때죽나무는 식용은 아니지만, 마취성분이 있어 이경아씨의 지적과 같이 어로활동에 사용되었을 것으로 추정된다.[12]

어업의 변천을 출토 어종으로 보면, 남부지방에서는 참돔·상어·다랑어 등이 주체를 점하는 등 외양성 어업이 성행하나, 중기부터는 외양성 어업에 내만성 어업이 추가되어 외양성＋내만성 어업으로의 변화를 보인다.

---

10 최근 동삼동유적에서 출토한 조기, 전기, 중기, 말기의 토기편을 압흔 레프리카 분석법을 행해 조와 기장의 압흔이 확인되었으며, 특히 융기문토기(조기)와 압날문토기(전기)에서도 확인되어 우리나라 농경의 시작을 재검토해야한다는 의견도 있다. 하인수 외, 2011, 「동삼동패총 즐문토기 압흔분석과 곡물」, 『신석기시대 패총문화』, 2011년 한국신석기학회 학술대회 발표 자료집.

11 필자(2009a, 「동삼동 패총인의 생업」, 『한국신석기연구』제18호)는 동삼동유적을 중기가 되면 다량의 패천이 출토하며 그 패천은 내륙지방뿐만 아니라 대마도와 서북구주지역까지 나타나는 것으로 보아 생산과 교류의 중심지로 추정하였다. 또 수가리와 구평리패총도 신숙정(1994, 『우리나라 남해안지방의 신석기문화 연구』, 학연문화사)씨의 의견과 같이 동물유체의 출토나 유물의 조성 등으로 보아 남부지방의 다른 패총과는 다른 성격(수렵 또는 교역)의 유적으로 추정된다.

12 이경아, 2008, 「비봉리유적 출토 식물유체 약보고」, 『飛鳳里』, 국립김해박물관 학술조사보고 제6책.

한편 남부지방 패총에서 어느 정도의 출토 양을 보이는 고래에 대한 어로활동은 어떤 형태였는가라는 문제가 남는다. 울산 반구대 암각화에서 작살에 찔린 고래와 울산 신항만부두 연결도로 개설부지 유적에서 작살로 추정되는 골각기가 박힌 채 출토한 고래의 견갑골과 척추(尾椎부분)가 있다. 이러한 사실을 토대로 신석기시대에 고래에 대한 어로활동이 행해졌다고 추정되지만, 필자는 신석기시대의 작살 등으로 포획이 가능했을까하는 의문이 남는다. 그 이유는 울산 신항만부두 연결도로 개설부지 유적에서 출토한 고래 견갑골은 작살(?)이 박힌 부분은 상완골과 연결되는 關節窩의 옆 부분이며, 척추 역시 옆에서 찌른 것으로 포획 시 찌르기 어려운 곳이며, 뼈에 박히기까지는 가죽과 지방·고기 등을 뚫고 들어가야 하기 때문에 신석기시대에 그렇게 단단하고 긴 도구(골각기)가 있었는지 하는 의문도 있다. 따라서 이 결과는 해체 등 2차적인 작업[13]을 행했을 때 생긴 결과의 가능성이 많을 것으로 추정된다. 따라서 고래의 포획활동은 길을 잃거나 병약해진 고래가 해안으로 올라왔을 때나 고래의 혈우병 등을 이용해서 포획했을 가능성이 많을 것으로 판단된다.

어로활동은 우리나라에서 신석기시대부터 본격적으로 시작되었으나, 다양한 어로구와 유체 등으로 보아 이른 시기는 매우 활발한 활동이 추정되나, 중기 이후에는 전체적으로 쇠퇴하는 경향을 보인다고 할 수 있다.

2) 수렵

수렵활동에 있어서는 전 시기와 지역을 통해 수렵구로는 석촉·석창이 대표적으로 단순한 편이다. 수렵대상 역시 사슴·노루·고라니 등의 사슴科가 대부분이며, 그 외로 멧돼지·늑대·여우·너구리·족제비·수달·곰·호랑이 등이 있다. 이 동물 중, 호랑이·곰·멧돼지 등은 석촉과 석창으로는 획득하기 용이하지 않았을 것으로 아직 출토 예는 없지만 덫이나 함정 등과 같은 시설이 있었을 것으로 판단된다.

수렵 대상의 種은 중기를 중심으로 변화를 보인다. 즉 이른 시기에는 고기·가죽·

---

13 현재 (재)한국문물연구원의 배려로 울산 신항만부두 연결도로 부지유적의 고래 뼈에 대한 정리 작업을 하고 있는데 상완골과 척추 등에서 많은 해체 흔 또는 이차적 작업 흔적을 확인할 수 있다.

뿔·뼈·견치 등 사용 가치가 많은 사슴科와 멧돼지이다. 중기 이후에도 여전히 사슴科와 멧돼지의 출토양은 많지만, 너구리·족제비·수달 등이 처음 출토한다. 이 동물들은 고기가 목적이 아닌 털과 이빨 등에 그 목적이 있었을 것으로 판단된다. 이렇게 수렵활동은 수렵대상의 다양화를 통해 수렵의 목적이 변화해 가는 것을 알 수 있다.

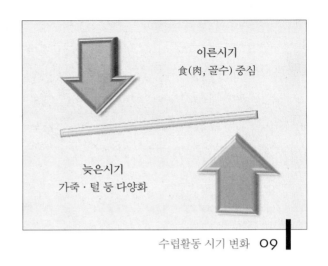

이른시기
食(肉, 골수) 중심

늦은시기
가죽·털 등 다양화

수렵활동 시기 변화 09

한편 우리나라에서는 주체 종인 사슴科를 비롯해 멧돼지 등은 다른 부위와 비교해 두개골의 출토가 매우 적은 것이 특징이다. 따라서 수렵행위가 공동으로 행해지고 그 결과 부위 별로 분배했을 가능성을 생각할 수 있으며, 또 아직 출토 예는 없지만 두개골을 이용한 제사행위도 생각해 볼 수 있을 것이다.

3) 채집

채집활동은 수렵활동과 같이 인류가 탄생했을 때부터 행해진 생업활동으로 활발한 활동이 추정되나, 식물유체의 출토에 한계가 있어 특히 육상식물에 대한 정확한 양상을 이해하기에는 자료가 부족함이 많은 실정이다. 그러나 패 채집의 경우는 남부지방에 있어 많은 패총이 확인되고 있어 주체 종과 인간 활동의 범위와 방법 등을 이해할 수 있다.

(1) 식물채집

식물채집의 자료는 현재 비봉리·세죽·동삼동·상촌리유적에서 확인된 것이 대부분이며, 비봉리·동삼동·상촌리유적 등에서는 경작물인 기장과 조가 출토되었다. 경작물이 아닌 유체로는 비봉리유적에서 견과류(도토리·가래·때죽나무속)와 육질과과실류(생강나무속·벗속·산딸기속 등)·구근류(달래속)·잡초류(기장족), 세죽유적에서 잡초류(기장속 · 보리족 · 명아주속 등) · 육질과과실류(다래나무속 · 머루속 · 산딸기나무속) · 견과류(도토리), 동삼동유적에서 잡초류(기장족 · 마디풀속 등), 상촌리유적에서 잡초류(기장족 · 마디풀속) · 육질과과실류(야생머루)가 있다. 이외에도 봉계리유적 등지에서 도토리 · 호두 등이 확인되었다. 이렇게 식물 채집에 있어서는 다양한 활동을 행하고 있었으며 비봉리유적에서 출토한 달래속의 구근이 탄화된 채 토기에 부착되어 있었던 것으로 보아 구근류의 조리 흔적과 더불어 남부지역에서 비교적 많은 출토 양을 보이는 굴지구의 용도를 추정할 수 있게 한다. 또 비봉리와 세죽유적에서는 다량의 도토리 저장공이 확인되었으며 탄닌 성분을 제거하기 위해 저지대에 형성되어 있다. 이 저장공은 대부분 전기에 해당하는 것으로 수렵채집민들의 식량 저장과 정주생활에 대한 좋은 예를 보여준다 할 수 있다. 또한 현재 남부지방은 온대림에 속해 도토리 · 산딸기 · 자두 · 죽순 · 대추 · 보리수 열매 등 식물자원이 풍부하며 앞 유적에서 출토된 식물유체와 대동소이하다. 또 이른 시기부터 굴지구와 갈돌과 갈판 · 공이 등이 출토되는 것으로 보아 신석기시대 전반에 걸쳐 채집활동이 행해진 것을 알 수 있다.

(2) 조개 채집

신석기시대 패총에서 확인되는 조개 종류는 시기와 지역을 막론하고 굴류가 주체를 점하는 특징을 보이고 있다. 굴과 같이 채집이 용이한 종류가 있는 반면, 전복과 소라 등 잠수를 통해 획득할 수 있는 종류도 있다. 채집 방법으로는 빗창과 같은 도구를 사용하였으며, 연대도 · 욕지도유적에서 잠수병의 일종인 外耳道骨腫이 남녀 구분 없이 확인되는 것에서도 잘 알 수 있다. 이런 잠수법은 어종에서도 해저에 서식하는 가오리 · 넙치 등과 바다거북 등의 출토에서도 활발히 이루어졌던 것으로 판단된다. 또 서남부지역에서는 해변이 泥質 · 沙泥質로 이루어져 굴지구인 타제석부가 도구로 사용되었던 것으로 추정된다.

각 유적군 별로 조개 채집활동의 변천을 출토 조개류를 보면, 도서유적에서는 沿岸水에

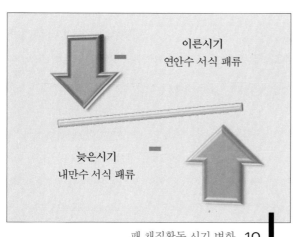

패 채집활동 시기 변화 **10**

서식하는 조개류와 기술적으로도 용이한 것을 주로 채집했고 후기-말기에는 조개류도 다양해지며 장소도 확대된다. 해안유적은 도서유적과 유사한 양상을 보이지만 전기부터 연안수와 내만수에 서식하는 종류가 출토하며 후기에 가장 많은 종류가 확인된다. 내만유적은 자료가 적어 정확한 양상은 알 수 없으나, 도서·해안유적과 비교해 내만수에 서식하는 종이 많은 편이며 주 무대도 灣奧部로 추정된다.

이와 같은 조개 채집은 시기적인 변화보다는 유적이 입지한 위치에 따라 다른 양상을 보이고 있으며, 수렵과 어로활동의 보조적인 생업수단으로 꾸준한 활동을 보인다 할 수 있다.

4) 농경

농경활동을 알 수 있는 고고 자료로는 농경활동에 수반되는 도구(경기구·수확구·조리구)와 결과물인 곡물, 田畓 등이 있으나, 아직 신석기시대의 田畓은 그 발견 예는 없다.[14] 남부지방에서 농경의 시작은 삼부위시문토기가 출현하는 중기부터이다. 그러나 앞에서 언급했듯이 동삼동유적에서 조·전기 토기에서 조와 기장의 압흔과 비봉리유적에서는 전기에 조가 확인되어 주목되고 있다. 그러나 동반된 도구 조성을 보면 주로 수렵·어로구이며, 농경구로 판단되는 것은 거의 없는 실정이다.

남부지방에서 농경활동의 흔적을 잘 나타내고 있는 상촌리유적의 경우를 살펴보면, 유적의 입지는 강안 충적대지이며, 곡물로 조·기장이 출토하였으며 농경구로는 경기구·수확구·조리구가 세트로 출토되어 농경활동을 잘 보여준다. 그리고 송죽리유적의 경우는 곡물은 출토되지 않았으나, 유적의 입지와 도구 조성 등으로 볼 때 상촌리유적과 유사해 농경활동이 행해졌다는 것을 알 수 있다. 농경구 이외의 도구로는 수렵·어로구로 석촉·석창·어망추 등이 있다. 이렇게 내륙지역에 위치하고 있는 유적에서는 중기부터 유적이 확산되며 곡물(기장·조)과 농경구가 세트로 출토되는 등 농경활동을 확인할 수 있으며 동반된 수렵·어로구는 석촉·석창·어망추이며 그 출토 양도

---

14 원고를 제출한 후, 강원 고성 문암리유적에서 신석기시대 중기로 추정되는 밭이 발굴조사되었다. 앞으로 신석기시대 농경활동의 내용을 파악하는데 중요한 단서가 될 것으로 판단된다(문화재청 보도자료 2012. 6. 26).

	유적명	시기	출토유체		유적성격	유적입지
			곡물	곡물 외		
남부지방	동삼동	조기 - 말기	조기 기장(압흔) 전기 조(압흔) 중기 기장, 조 후기, 말기 기장(압흔)	기장속, 명아주속 마디풀소 등	패총, 주거지	구릉경사면
	비봉리	조기 - 말기	전기, 중기 조	도토리, 가래, 산 딸기, 상구 등	패총, 저습지	구릉경사면
	세죽리	조기 - 전기		도토리, 명아주속, 다래나무속, 산 딸기속 등	저습지	구릉경사면
	상촌리	중기이후	조, 기장	도토리, 호두 등	주거지	강안충적대지
	평거 3-1지구	중기이후	조, 기장, 두류		주거지	강안충적대지
	어은 1지구	후기이후	조, 기장		주거지	강안충적대지
	봉계리	후기이후		도토리, 호두	주거지	강안충적대지
	농소리	후기이후	벼의 Plant-opal		패총	강안충적대지

남부지방 유적 출토 식물유체와 농경구 **11**

매우 적다. 따라서 중기부터 내륙지역에서는 농경활동이 생업의 비중에 있어 많은 부분을 차지하였다고 판단된다. 이러한 양상은 후기에 해당하는 어은 1지구 · 평거 3지구 등에서 기장과 조가 출토하는 것을 보아도 잘 알 수 있다.

한편 해안지역에서는 동삼동유적에서 중기에 해당하는 1호 주거지에서 조와 기장이 출토하였고 조기와 전기의 토기 편에서 조와 기장의 압흔이 확인되는 등 농경의 흔적이 확인되고 있다. 그러나 농경구가 세트로 출토하지 않는다는 점에 의문점이 남는다. 농경구로 추정되는 굴지구와 봉상의 갈돌·갈판[鞍形磨臼] 등은 후기에 세트로 출토한다. 또 중기에는 가장 많은 어로구가 출토해 동삼동유적에서 가장 활발한 어로활동을 엿볼 수 있는 시기이며 패천의 전문적인 생산과 교류에 의해 타 문화권의 유물이 다량으로 출토하는 등 앞 시기와는 다른 성격을 보이고 있다. 따라서 출토한 곡물은 현 단계에서는 내륙이나 내만지역의 유적과의 교류에 의한 것으로 판단된다.

이러한 양상은 내만지역에 위치하는 범방유적을 보면, 중기가 되면 어로구는 감소하는 반면, 굴지구가 증가하며 봉상의 갈돌·갈판[鞍形磨臼]이 세트로 출토하는 등 동삼동유적과는 달리 내륙지역의 도구 조성과 유사하다. 따라서 동삼동유적에서의 곡물은 농경구가 세트로 출토하지 않는 점, 패천의 교류 범위와 재첩 등의 조개가 출토하는 점을 감안하면 내륙 또는 내만과의 교류의 결과로 이해되어도 무방할 것으로 판단된다.

농경은 남부지방에서는 중기가 되면 내륙으로의 입지 변화와 도구 조성 등으로 내륙지역부터 시작된다고 볼 수 있으며, 점차 내만과 해안 유적까지 확산된 것으로 판단된다. 그러나 도구 조성에서 볼 때 내륙과 내만지역에서는 생업에 있어 상당한 비중을 차지했을 것으로 추정되지만, 해안·도서지역에서는 후기-말기에 나타나며 그 비중도 미비했을 것으로 추정된다. 한편 비봉리와 동삼동유적에서 조기와 전기에 출토한 기장과 조의 문제는 남부지방 농경의 시작 나아가서는 우리나라 신석기시대 농경의 시작에 있어 신중히 다루어져야 할 것으로 판단된다.

5. 맺음말

이상 남부지방 중기의 생업문화에 대해 그 형성 배경과 각 생업활동의 시간적인 변천에 대해 알아보았다. 그 결과 남부지방의 생업은 수렵·어로·채집활동이 시기에 따라 비중을 달리하며 행해졌으며, 중기가 되면 내륙지역을 중심으로 잡곡농경이 시작되고 수렵에 있어서는 수렵 대상이 증가하면서, 수렵의 목적이 食 중심에서 다변화되는 양상을 보였다. 어로는 이른 시기에는 외양성 어로가 중심적인 역할을 하나, 중기 이후에는 내만성 어로로 변화되며, 동삼동유적 이외에는 소극적으로 변화는 양상을 보이고 있다. 채집은 전 기간에 걸쳐 큰 변화는 없으며 활동의 용이성과 안전성으로 수렵·어로활동의 보조적인 생업으로 행해졌던 것을 확인할 수 있었다. 따라서 여기서는 남부지방 중기의 생업 변화의 원인에 대해 정리하면서 맺음말에 대신하고자 한다.

　중기는 우리나라 신석기시대에서도 즐문토기(삼부위시문토기)의 광역화·마제기법의 보편화·농경활동의 정착으로 획기라 할 수 있을 만큼 큰 변화를 보이는 시기이다. 이 세 요소는 각각의 문화가 아닌 하나의 문화로 서남부와 중남부지방에는 그 흔적이 희박하지만, 비교적 빠른 시간에 청천강 이남으로 확산된다고 할 수 있다.

　그러면 이 문화의 중심지라 할 수 있는 중서부지방의 문화상을 약간 살펴보자.

　먼저 유적의 입지를 보면 대동강유역의 지탑리나 마산리유적과 한강유역의 암사동유적을 비롯한 집락유적은 川이나 강 주변의 구릉 사면이나 충적지에 위치하는 경우가 많고, 시기에 따라 남한강이나 충청도지역까지 확산된다. 토기문화는 삼부위시문토기부터 시작되어 종속문과 동부문의 변화·시문부위 축소·시문기법의 퇴화 등으로 변천한다. 따라서 구체적인 내용은 남부지방과는 차이점은 있지만, 하나의 토기문화권에서의 지역성 또는 전파와 교류의 결과를 나타내는 것으로 이해할 수 있을 것이다. 그리고 남부지방에서 태선침선문토기가 성행할 때는 동해안지방과 충청도지역까지 그 문화가 나타나고 이 문화권은 말기 이중구연토기가 출토하는 범위와 거의 일치하는 것에서도 잘 알 수 있을 것이다. 생업은 이른 시기에는 수렵·어로구가 많으나, 중기가 되면 곡물 출토와 함께 농경구가 세트로 출토하여 생업에 있어 농경활동의 비중이 커지는 것을 알 수 있다. 이와 같이 중서부지방의 문화 동태는 남부지방, 특히 내륙지역과 유사하며 그 맥을 같이 한다고 할 수 있다.

　따라서 남부지방 중기의 생업문화는 앞 시기에서 활발했던 수렵·어로·채집활동에서 중서부지방의 농경문화(잡곡)의 영향으로 농경활동의 시작과 함께 한층 복잡한 사회상을 반영한다고 할 수 있다. 또한 이러한 배경에는 비봉리나 세죽유적에서와 같이 도토리 저장공, 장항유적에서 집단 묘역이 확인되고, 동삼동유적과 같이 교류의 중심지가 나타나는 것으로 보아 남부지방의 중기 이전의 문화상은 단순한 획득경제에 머문 것이 아니라, 식량 저장과 정주를 기본으로 하며 교류의 중심 집단이 있는 등 매우 발전된 사회상을 보이고 있었기 때문이 아닐까 생각된다.

參考文獻

참고문헌

國文

강창화, 2005, 「제주도 신석기문화의 형성과 전개」, 『제주도의 고고학』, 제13회 호남고고학학술대회발표요지.

구자진, 2009, 「서·남해안지역 신석기시대 조개더미 유적의 집자리 의미」, 『한국신석기연구』제18호, 한국신석기연구회.

곽종철, 1990, 「낙동강 하구역에 있어서 선사·고대의 어로생활」, 『가야문화』3, 가야문화연구원.

길경택, 1985, 「한국선사시대의 농경과 농구의 발달에 관한 연구」, 『고문화』27, 한국대학박물관협회.

김건수, 1999, 『한국 원시·고대의 어로문화』, 학연문화사.

_____, 2009, 「해협을 둘러싼 신석기시대 어민」, 『한·일 신석기시대의 어로와 해양문화』, 제8회 한·일 신석기시대 공동학술대회 발표자료집.

김동호, 1984, 「상노대도의 선사문화연구서설」, 『동아대학교 대학원논문집』8.

김연옥, 1994, 『한국의 기후와 문화』, 이화여자대학교출판부.

김원룡, 1986, 『韓國考古學槪說』, 일지사.

김장석, 2005, 「신석기시대 경제연구와 패총」, 『한국신석기연구』제9호, 한국신석기연구회.

김장석·양성혁, 2001, 「중서부 신석기시대 편년과 패총 이용전략에 대한 새로운 이해」, 『한국고고학보』45, 한국고고학회.

김희찬, 1995, 「신석기시대 식량획득과 저장성」, 『아세아고문화』, 학연문화사.

도유호, 1960, 『조선원시고고학』.

박구병, 1992, 「선사시대의 어구」, 『한국민속종합조사보고서』.

박영철, 1969, 「한국 선사시대의 자연환경 연구」, 『한국사연구』14, 한국사연구회.

반용부·곽종철, 1991, 「낙동강 하구 김해지역의 환경과 어로문화」, 『가야문화연구』2, 부산여자대학 가야문화연구소.

신숙정, 1994, 『우리나라 남해안지방의 신석기문화 연구』, 학연문화사.

송은숙, 2002, 『한국 빗살무늬토기 문화의 확산과정 연구』, 서울대학교 대학원 박사학위논문.

안승모, 1998, 『동아시아 선사시대의 농경과 생업』, 학연문화사.

안덕임, 1993a, 「패총 출토 동물유존체」, 『한국고고학보』29, 한국고고학회.

_____, 1993b, 「魚遺體와 고고학」, 『선사와 고대』4, 한국고대학회.

이경아, 2008, 「비봉리유적 출토 식물유체 약보고」, 『飛鳳里』, 국립김해박물관 학술조사보고 제6책.

이기길, 1991, 「우리나라 신석기시대 주민들의 생계유형 -암사동·동삼동·오산리유적을 중심으로-」 『박물관기요』7, 단국대 중앙박물관.

이동주, 1992, 「남해 도서지방의 선사문화 자료1」, 『고고역사학지』8, 동아대학교박물관.

_____, 1997a, 「전면시문 침선문토기문화의 전개와 편년」, 『고문화』50, 한국대학박물관협회.

_____, 1997b, 『한국 선사시대 남해안 유문토기 연구』, 동아대학교 대학원 박사학위논문.

_____, 2001, 「중동부 해안지역 빗살무늬토기문화의 성격」, 『한국신석기연구』제1호, 한국신석기연구회.

이영덕, 2006, 「서·남해안 신석기시대 어로구와 어로방법의 예찰」, 『남부지방 신석기문화의 제문제』, 2006년 한국 신석기학회 학술대회 발표자료집.

_____, 2011, 「생업과 도구」, 『한국 신석기문화 개론』, 중앙문화재연구원 학술총서 3.

이준정, 2002a, 「가도패총 신석기·청동기시대 생계양식의 변화상」, 『한국신석기연구』제3호, 한국신석기연구회.

_____, 2002b, 「패총유적의 기능에 대한 고찰 - 생계주거체계 연구를 위한 방법론적 모색」, 『한국고고학보』46, 한국고고학회.

_____, 2003, 「동물 자료를 통한 유적 성격의 연구 - 동삼동 패총의 예」, 『한국고고학보』50, 한국고고학회.

이준정·김은영, 2007, 『연평도지역 패총출토 동물유존체 분석보고서』, 국립문화재연구소.

임상택, 1998, 「패총유적의 성격」, 『과기고고연구』제3호, 아주대학교박물관.

_____, 2001, 「중서부 신석기시대 석기에 대한 초보적 검토 I」, 『한국신석기연구』창간호.

임학종, 2007, 「洛東江 下·支流域의 貝塚文化에 對한 再認識」, 『大東考古』창간호.

임효재, 1969, 「韓國西海中部島嶼의 櫛文土器遺跡」, 『考古學』2.

장명수, 1989, 「섬진강하류의 패총문화」, 『古文化』第34輯, 한국대학박물관협회.

장호수, 1988, 「조개더미유적의 성격 - 서해중부도서지역의 신석기유적을 중심으로」, 『백산학보』35, 백산학회.

정의도, 2009, 「부산 천가동 신석기시대 유적 조사 개요」, 『한국신석기연구』제18호, 한국신석기연구회.

지화산, 1993, 「신석기시대 조선옛류형 사람들의 기본생업에 대하여」, 『조선고고연구』1993-2.

차종환 외, 1975, 『한국의 기후와 식생』, 서문문고.

최삼용 외, 1986, 「우리나라 신석기시대 짐승잡이의 예」, 『박물관기요』2.

최종혁, 1997, 「신석기시대 남해안지역의 생산활동에 관한 연구(2)」, 『영남지역의 신석기문화』, 제6회 영남고고학회 학술발표 자료집.

_____, 2000, 「신석기시대 남해안지역 토기편년에 대한 검토 -중기를 중심으로-」, 『考古歷史學志』16.

_____, 2004, 「신석기시대 남부지방 생업에 대한 연구」, 『제주도 신석기문화의 형성과 전개』, 한국신석기학회 학술세미나.

_____, 2006, 「신석기시대 어로민의 생계유형」, 『신석기시대의 어로문화』, 동삼동패총전시관 학술총서 II.

_____, 2008, 「신석기시대 남부지방 문물교류 양상 - 생업을 중심으로」, 『석당논총』40.

_____, 2009b, 「한반도 남부지방 신석기문화」, 『한・일 신석기시대의 어로와 해양문화』, 제8회 한・일 신석기시대 공동학술대회 발표자료집.

_____, 2009a, 「동삼동 패총인의 생업」, 『한국신석기연구』제18호.

하인수, 2004, 「동삼동패총문화에 대한 예찰」, 『한국신석기연구』제7호, 한국신석기연구회.

_____, 2006, 『영남 남해안 지역의 신석기문화 연구 -편년과 생업을 중심으로-』, 부산대학교 대학원 박사학위논문.

_____, 2008, 「남해안지역 중기 즐문토기사회의 동향」, 『남해안지역의 신석기문화』, 2008년 한국 신석기학회 추계 학술대회 발표자료집.

하인수 외, 2009, 「한국 신석기시대 유적 목록」, 『한국의 신석기시대 집자리』, 한국신석기학회・(재)한강문화재연구원.

_____, 2011, 「동삼동패총 즐문토기 압흔분석과 곡물」, 『신석기시대 패총문화』, 2011년 한국신석기학회 학술대회 발표자료집.

한영희, 1978, 「韓半島中・西部地方의 新石器文化」, 『韓國考古學報』5, 한국고고학회.

_____, 1996, 「신석기시대 중서부지방 토기문화의 재인식」, 『한국의 농경문화』5, 경기대학교박물관.

황기덕, 1962, 「두만강류역의 신석기시대문화」, 『문화유산』1962-1.

日文

江坂輝彌, 1983, 『化石の知識－貝塚の貝』, 東京美術.

_____, 1989, 「對馬・大韓(朝鮮)海峽岸の新石器時代遺蹟」, 『思想』22.

宮本一夫, 1986, 「朝鮮有文土器の編年と地域性」, 『朝鮮學報』121.

_____, 2003, 「朝鮮半島新石器時代の農耕化と繩文農耕」, 『古代文化』第55卷 第7號.

金子浩昌, 1980, 「貝塚にみる繩文人の漁撈生活」, 『自然』35-2.

_____, 1983, 「狩獵對象と技術」, 『繩文文化の研究』2, 雄山閣.

_____, 1984, 『貝塚の獸骨の知識』東京美術.

金子浩昌・中山淸隆, 1992, 「東三同貝塚と動物遺存體資料」, 『武藏野考古學』.

金廷鶴, 1980, 「幾何文(櫛文)土器の編年」, 『考古學ジャーナル』183.

甲元眞之, 1993, 「朝鮮先史時代の漁勞關係自然遺物」, 『古文化談叢』第30(下)集.

_____, 1997, 「朝鮮先史時代の漁撈文化」, 『古文化淡叢』第39集.

甲元眞之編, 1999, 『環東中國海沿岸地域の先史文化』第2編.

渡邊 誠, 1982, 「繩文人の食生活」, 『季刊考古學』創刊號, 雄山閣.

_____, 1984, 『繩文時代の漁業』考古學選書7, 雄山閣.

鈴木公雄, 1989, 『貝塚の考古學』, UP考古學選書5, 東京大學出版會.

富岡直人, 1988, 「朝鮮半島東南海岸島嶼地域における櫛目文土器時代の貝採集活動について」, 『九州考古學』第62號.

西本豊弘・松井章編, 1999, 『考古學と動物學』, 同成社.

西田正規, 1989, 『繩文の生態史觀』, UP考古學選書13, 東京大學出版會.

小原哲, 1987, 「朝鮮櫛目文土器の變遷」, 『岡崎敬先生退官記念論集-東アジアの考古學と歷史』上.

松井章, 1983, 「貝類の情報性」, 『繩文文化の研究』2, 雄山閣.

松島義章, 1995, 「貝類の情報と繩文時代の自然環境」, 『繩文人の世界』, 新泉社.

松島義章・前田保夫, 1985, 『先史時代の自然環境』, 考古學シリーズ21, 東京美術.

有光教一, 1962, 『朝鮮櫛目文土器の研究』, 京都大學文學部考古學叢書第三册.

佐藤達夫, 1963, 「朝鮮有紋土器の變遷」, 『考古學雜誌』第48卷 3號.

최종혁, 2002, 「韓半島新石器文化の動態」, 『韓半島考古學論叢』, すずさわ書店.

八木奬三良, 1938, 「朝鮮咸鏡北道石器考」, 『人類學叢』2.

찾아보기